人类学

经典理论视野下的
田野工作与民族志书写

拉马文才　著

西南财经大学出版社

中国·成都

图书在版编目(CIP)数据

人类学经典理论视野下的田野工作与民族志书写/
拉马文才著.--成都:西南财经大学出版社,2024.8.
ISBN 978-7-5504-6325-7

Ⅰ.C91-03;K18

中国国家版本馆 CIP 数据核字第 2024Z160Q0 号

人类学经典理论视野下的田野工作与民族志书写

RENLEIXUE JINGDIAN LILUN SHIYEXIA DE TIANYE GONGZUO YU MINZUZHI SHUXIE

拉马文才 著

策划编辑:刘佳庆
责任编辑:刘佳庆
责任校对:植 苗
封面设计:墨创文化
责任印制:朱曼丽

出版发行	西南财经大学出版社(四川省成都市光华村街 55 号)
网 址	http://cbs. swufe. edu. cn
电子邮件	bookcj@ swufe. edu. cn
邮政编码	610074
电 话	028-87353785
照 排	四川胜翔数码印务设计有限公司
印 刷	成都金龙印务有限责任公司
成品尺寸	170 mm×240 mm
印 张	14.25
字 数	403 千字
版 次	2024 年 8 月第 1 版
印 次	2024 年 8 月第 1 次印刷
书 号	ISBN 978-7-5504-6325-7
定 价	88.00 元

前言

　　田野工作（田野调查）被看作现代民族学人类学的基石，是民族学人类学研究中最常用、最主要、也是最基本的方法。它不仅推动了民族学人类学学科自身的创新发展，也推动了其他相近人文社会科学的积极发展。民族志是民族学人类学者通过田野工作（田野调查）后结合相关概念和理论，思考和认识等撰写出来的文本。撰写民族志被认为是民族学人类学者的成年礼。在前期众多的出版物中，要么就是专门针对田野工作（田野调查）和民族志的描述和介绍的书，要么就是单独地阐释和梳理民族学人类学相关概念和理论的书。本书想让读者明白，民族学人类学经典理论概念与田野工作（田野调查）和民族志书写是相互契合的，是一本既有理论高度又有实践深度的参考书。本书认为如果没有丰富的概念理论储备是无法做好田野工作（田野调查）和民族志书写的；相反，如果没有扎实的田野工作（田野调查）和民族志书写，也是无法真正深刻地理解概念理论。正所谓，感觉到的东西，我们不能立刻理解它，只有理解了的东西才能更深刻地感觉它。

　　本书重点阐述了对民族学人类学这一学科来说，理论、田野工作（田野调查）与民族志，这三者之间是紧密相连、互为犄角、相互契合，并非孰轻孰重而是螺旋式上升的关系。"紧密相连"是指民族学人类学的理论、田野工作（田野调查）与民族志三者是一个环环相扣、十分紧密、不可分割的统一体。"互为犄角"是指民族学人类学的理论、田野工作（田野调查）与民族志三者是一种互相支持、相互照应、同频共振、相互支撑的关系体。"相互契合"是指民族学人类学理论、田野工作（田野调查）与民族志三者具有相互吻合、完美匹配、高度符合的一致性特征。"并非孰轻孰重"是指民族学人类学理论、田野工作（田野调查）与民族志之间并没有哪个重要、哪个次要之意思。没有丰富的理论储备，就无法做好田野工作（田野调查），也就无法写好民族志；没有扎实的田野工作（田野调查）也就无法对理论深度把握，也就无法写出有深度的民族志；没有深度的民族志，也就没有丰富的理论和扎实的田野工作（田野调查）。

从既有的前期成果综述来看，国内众多的出版物，要么单独讲田野工作（田野调查），这类著作主要偏重对田野工作（田野调查）的工具、方法、操作和运用等技术手段进行论述，但对理论田野工作（田野调查）的价值和意义或者民族志对于田野工作（田野调查）的启示或启发的认识关注不足；要么单独讲民族志，这类著作主要偏重从民族志的书写、类型、新范式、价值、成果、案例等角度进行论述，但对理论如何作用和体现在民族志，以及田野工作（田野调查）对于民族志的价值和意义这两方面都缺乏应用的关注；要么单独讲理论，这类著作主要偏重从理论的来源、背景、概念、建构等角度进行论述，但对理论如何实践和作用于田野工作（田野调查）或者如何指导民族志书写的关注不足。诸如此类，导致了一大批的学者和初学者在理论、田野工作（田野调查）和民族志三个方面上，存在着科研、教学和实践三者长期"偏离"的倾向，实际上这也影响了学科进一步发展。

本书从民族学人类学经典理论出发，重点选取民族学人类学的经典理论如传统理论、仪式理论、深描理论以及全球化、文化权力网络、中国式现代化等核心理论和概念，集中呈现和凝练出这些经典理论和概念视角下田野工作（田野调查）和民族志的新范式、新理论和新方法。本书为我们呈现出理论是如何指导我们进行深入研究和观察的，以及在田野工作（田野调查）和民族志书写中如何领悟到经典概念理论。本书可供民族学、人类学、新闻学、社会学、政治学、管理学、历史学等人文社科类的研究者和对田野工作（田野调查）和民族志书写感兴趣的读者朋友们阅读和参考。本书既是一本民族学人类学理论、田野工作（田野调查）与民族志撰写的入门书籍，又是跨学科专业背景的读者快速地掌握和理解民族学人类学理论、田野工作（田野调查）和民族志主旨的指南，还能为具有民族学人类学学科背景的读者提供可借鉴的丰厚理论、典型的田野案例以及丰富的民族志文本。

全书分为七章，第一章民族学人类学意义上的田野工作（田野调查）和民族志，重点展示什么是民族学人类学的田野工作（田野调查）和民族志，民族学人类学的田野工作（田野调查）和民族志何为等；第二章民族学人类学传统理论与田野工作（田野调查）和民族志新范式，其中对"论传统"理论、"大小传统"理论和"传统的发明"理论的概念进行学术性的讨论以及对于田野工作（田野调查）和民族志的价值和意义进行追溯；第三章民族学人类学仪式、符号和象征理论与田野工作（田野调查）和民族志新范式，对仪式的阈限理论、结构与反结构理论、"仪式习俗"理论以及象征性工具等进行详细的分析，以及对民族学人类学的田野工作（田野调查）和民族志的价值和意义进行重点论述；第四章民族学人类学经典"文化、权力与'国家'①"理论

---

① 本书中的"国家"泛指与文化、秩序有关的历代王朝、文化正统与现代国家等，与我们常说的现代民族国家有别，故用引号区别。

与田野工作（田野调查）和民族志新范式，其中对"权力的文化网络""国家"与个体的生活机遇，以及文化与权力的互动进行重点分析和把握；第五章民族学人类学经典"全球化、世界体系和现代性"理论与田野工作（田野调查）和民族志新范式，重点关注什么是"全球化"理论，什么是"世界体系"理论，什么是"现代性"理论，全球化、世界体系与现代性对民族学人类学的田野工作（田野调查）和民族志何为等；第六章中国式现代化引领中国民族学人类学的田野工作（田野调查）和民族志新范式，认为中国式现代化指导着中国民族学人类学的田野工作（田野调查）和民族志实践；第七章对民族学人类学理论、田野工作（田野调查）与民族志进行总结。

　　本书是笔者近二十年来的学习、思考与阅读的成果，也是笔者进行田野工作（田野调查）、体验、教学、研究民族学人类学以来的一些粗浅的认识和想法。笔者在写作本书时深深地感受到自己才疏学浅，有几次想中途放弃，但还是坚持了下来。本书文责自负，书中的不足与欠缺敬请专家及读者指正，将在本书修订时一并修改。衷心期望本书能对民族学人类学专业的中国化时代化蓬勃发展和民族学人类学理论、田野工作（田野调查）和民族志的发展起到抛砖引玉的作用，也期望能给民族学人类学理论、田野工作（田野调查）和民族志的从业者、兴趣爱好者和读者朋友们提供一些启发和思考。

拉马文才

2024 年 1 月

目录

第一章 民族学人类学意义上的田野工作（田野调查）和民族志

民族学人类学家林耀华指出，要想成为一个成功的民族学人类学研究者应具备的知识包括："简略言之，首先是理论水平和抽象思维能力，若在此方面欠缺，则难成大家。其次是汉语水平，包括文字表达能力、素材搜集整理能力，行文要有些文采，即古人所云之'言之无文，行之不远'。要掌握考辨方法，因材料之真伪虚实，于成果价值所关甚巨。再次是外语能力，外语既是对外交流的工具，又是掌握学术动态、获取科研信息的途径；当然，在一定程度上掌握你所研究之少数民族的语言文字也是十分必要的。这样既可以拉近与调查对象的心理距离，又可为获得真实信息提供保证。最后，要有好身体，乐于下田野，没有田野工作（田野调查）的第一手资料，研究成果的价值就将大打折扣。要做到腿勤、嘴勤、手勤，要善与人交流，不耻下问，不怕吃苦。其实，往往是苦中有乐，新奇的感受，付出后的收获，会使你忘掉一切烦恼，洗尽所有疲劳。这就是根据我一生经历总结出的几点感受，仅供参考。"①

田野工作（田野调查）和民族志对民族学人类学的学科以及从业者来说，是技和艺、是根本、是本质、是手段、是方法、是新范式、是路径、是价值、是情感、是本体论、是认识论等。田野工作也叫田野调查〔本书

---

① 林耀华：《林耀华先生访谈录》，摘自《民族学通讯第139期》，邱永君访谈，1999年。

为了便于论述，全部用"田野工作（田野调查）"这个名称，另外田野工作（田野调查）概念也契合民族学人类学的学科属性]，民族学人类学的田野工作（田野调查）是民族学人类学学科的重要方法，它不仅推动了民族学人类学学科的发展，也给其他相近的人文社会科学（如历史学、政治学、心理学、经济学、法学、文学、社会学等学科）提供了很多重要的养分。因此，田野工作（田野调查）对人文社会学科来说并不陌生，以至于近年来不同学科都在强调田野工作（田野调查）对于本学科的重要性，如田野的政治学、田野的历史学、田野的经济学、田野的法学、田野的诗学等。本章将重点关注什么是民族学人类学，民族学人类学何为，什么是中国民族学人类学，民族学人类学意义上的田野工作（田野调查）和民族志是什么，田野工作（田野调查）和民族志对于民族学人类学有什么意义。

第一节　民族学人类学的三个基础问题

要理解民族学人类学意义上的田野工作（田野调查）和民族志，首先要理解民族学人类学是什么，然后民族学人类学何为，什么是中国民族学人类学？本节将重点论述之。

一、什么是民族学人类学

什么是民族学人类学（Anthropology）？人类学一词来自希腊文的"anthropos"（人）以及"logia"（研究），意思是一门研究人的学科。"民族学"一词起源于古希腊文，由'γos［ethnos（族体、民族）］和λγos［logos（科学）］两字组成，是一门研究民族共同的学问。英文的 ethnology、法文的 ethnologie、德文的 vlkerkunde 都是民族学的意思。英国的"社会人类学"（social-anthropology）、美国的"文化人类学"（cultural-anthropology）和当前合称的"社会文化人类学"（sociocultural-anthropology）在研究对象和范围上与民族学相近。因此，本书涉及以上概念就拟用民族学人类学统称。那么民族学人类学是研究人的什么呢？一句话，民族学人类学是研究与人有关的体质、社会及其文化的学科。因此，作为民族学人类学的从业者要实实在在地提高对社会、文化和人的敏感性，要时时刻刻感悟到社会、文化和人。费孝通在《文化的生与死》一书中指出了社会学人类学者认识社会和认识文化的必要性："我觉得，人类学也好，社会学也好，从一开始，就是要认识文化、认识社会。"①

民族学人类学广义上分为体质民族学人类学（也叫生物民族学人类学）和文化人类学。狭义上的民族学人类学也就是文化人类学，就是研究人的社会和文化的学科。体质民族学人类学主要是从生物演化的角度，研究人类体质差异与种族概念、灵长目与人类的演化关联、人类物种的起源与扩散过程，与考古学、古人类遗传学、古生物学、古民族学人类学等交叉融合。文化人类学主要是从社会和文化的角度，研究人的语言、历史、生态、习俗、信仰、社会、文化、道德、法律、经济、记忆、认同等，与民俗学、社会学、历史学、语言学等学科交叉和融合，形成了富有融合特色的学科，如民族历史学和历史人类学②、民族政治学和政治人类学③、民族宗教学和宗教人类学④、民族旅游学和旅游人类学⑤、民族经济学和经济

---

① 费孝通：《文化的生与死》，刘豪兴编，上海：上海人民出版社，2009 年，第 202 页。

② 历史人类学被界定为在历史学和人类学相互渗透的基础上发展起来的一门新鲜的边缘学科，以人类全部社会生活为研究对象，从历史学的领域出发，研究和回答民族学人类学家提出来的一系列问题，其特点是综合历史学和民族学人类学的研究方法，重视并采用被传统历史学家所忽略的各种间接材料作为叙述对象，同时参照一些现存的口承文化和考古文物，深刻地再现历史上普通人民群众的日常生活。

③ 政治人类学是文化人类学的一门分支学科，它诞生于 20 世纪 40 年代，以福蒂斯（Meyer Fortes）和埃文斯-普里查德（E. E. Evans-Pritchard）《非洲政治制度》（1940）一书的出版为标志。政治人类学是政治学和民族学人类学的交叉学科，它用民族学人类学的方法、知识、原理解释人类政治现象的起源、机制和发展，注重研究人类早期社会、初级社会以及现代社会的政治和政治关系。

④ 宗教人类学：主要是指用民族学人类学的理论方法来研究宗教现象与宗教本质。它的研究对象就是一切存在于人类社会的信仰现象和宗教现象。民族学人类学的宗教研究包括世界性的宗教：如基督教、天主教、伊斯兰教、佛教和道教等，也包括散在于世界各个民族和地区的民间信仰、民俗宗教和教派、邪教、巫术、萨满、灵魂、信仰、仪式、禁忌等。民族学人类学把宗教看成一个文化体系和文化的一个重要组成部分来研究。

⑤ 旅游人类学：是文化民族学人类学的一门分支学科，主要运用民族学人类学的理论、方法与视角对旅游的六要素吃、穿、住、游、购、娱进行研究和考察。它主要研究旅游对地方社会与文化的变迁和影响，以及地方社会与文化对旅游的作用。民族旅游学或旅游人类学常关注旅游引起的权力、商品、市场、信息、生计、文化、传统与现代、"国家"与地方等方面的关系。

人类学①、民族影视和视觉人类学②、民族医学和医学人类学③、民族法学和法律人类学④、民族城市和都市人类学⑤、民族教育学和教育人类学⑥、民族生态学和生态人类学⑦等。文化人类学家很多时候把理解和呈现人的观念、价值、情感和行为也纳入自己的研究领域里。

毛泽东在《关于人的基本特性及其他》确认了人的社会性这一根本特征，指出如果不明了人的社会性这一基本特性就会陷入唯心论。"即说人，它只有一种基本特性——社会性，不应说它有两种基本特性：一是动物性，一是社会性，这样说就不好了，就是二元论，实际就是唯心论。……自从人脱离猴子那一天起，一切都是社会的，体质、聪明、本能一概是社会的，不能以母腹中为先天，出生后才算后天。……拿体质说，现在人的

---

① 经济人类学：也叫工商民族学人类学、企业民族学人类学，主要是将民族学人类学的整体观视角、理论与方法嵌入人类社会的经济行为当中去分析和考察，以及人在这一经济行为中发挥的影响与作用。它包括在生产、分配、交换、分享、消费过程中人的经济行为、组织形式、经济制度和社会关系。文化民族学人类学家注意到，在人类社会中有关经济问题普遍存在，围绕着经济，不同地点、区域、时间的人群、组织、集团、家族、公司、法人在理解经济形成的起因、观念、行为、处理、政策制定与执行等问题时可能呈现出多样化的实践方式，而所有这些因素跟地方的社会与文化有关，而有关经济问题也常常导致地方社会与文化急剧变化。即经济问题往往夹杂着社会和文化的问题，与"国家"、地方、组织等的倡导和理念有关。

② 视觉人类学：也叫媒体民族学人类学、媒介民族学人类学、影视民族学人类学，既研究人类的图像或影视的思维和意识，也包括图像和影视的符号制造、存储、表达、记录、传播、造型、颜色等，同时，对图像或影视所传达出来的视觉信息、视觉符号与权力、视觉行为、视觉政治、我看与他观进行探讨和分析，对新媒体和新媒介对人类社会和文化的影响进行关注，也对人类社会和文化是如何影响新媒体和新媒介等问题进行研究。

③ 医学人类学：是从社会与文化的角度研究组织、族群与"国家"在疾病、健康与治疗方面的实践行为和方式，以及它们之间形成的复杂互动关系。

④ 法律人类学：是法学和民族学人类学的交叉学科，运用民族学人类学的理论、方法与视角，关注法律的生成过程以及意义。法律民族学人类学更关注区域、人群和地方的法律，包括民族区域自治、习惯法、习俗、犯罪、礼制、法制、纠纷解决机制等内容。

⑤ 都市人类学：是指用民族学人类学的理论与方法对都市社区、都市化，以及都市的起源与文化、都市的职能、都市中的族群关系、都市中的移民、都市中的流动人口、都市空间、都市文化和都市社会等问题进行探究的学科。

⑥ 教育人类学：是指从民族学人类学的参与观察以及跨文化的研究视角对文化的传承与习得、学校教育、家庭教育、组织教育、儿童教育、仪式教育、幼儿园教育、社区教育、文化教育、多元文化教育、多语教育等问题进行探究的学科。

⑦ 生态人类学：是指从民族学人类学的参与观察和跨文化的研究视角对人类与生态环境之间错综复杂的互动关系等进行探究的学科。生态民族学人类学的互动观点认为，文化和环境之间是一种对话的关系，文化和环境的重要程度因时因地而有所不同，有时文化显得比较重要，有时环境显得比较重要。

脑、手、五官，完全是在几十万年的劳动中改造过来了，带上社会性了，人的聪明与动物的聪明，人的本能与动物的本能，也完全两样了。……人的五官、百体、聪明、能力本于遗传，人们往往把这叫作先天，以便与出生后的社会熏陶相区别。但人的一切遗传都是社会的，是在几十万年社会生产的结果，不指明这点就要堕入唯心论。"①

民族学家、人类学家也认为人的社会性和文化性是人的根本和唯一本质特征。民族学人类学研究的是人的社会性和文化性，产生出了以"人文学"为传统的民族学人类学和以"社会科学"为传统的民族学人类学。人文学传统的民族学人类学注重对文化的相对性和一致性以及文化的丰富性和多样性进行研究，社会科学传统的民族学人类学注重对社会的合理性、有效性、经验性、结构性和普遍性等特征进行研究。因此，民族学人类学极具人文性和社会性的综合特质。

二、民族学人类学何为

民族学人类学何为？民族学人类学研究什么？民族学人类学有什么研究传统？民族人类学研究婚姻、家庭与亲属，衣食住行以及宗教信仰，并且，民族学人类学也具有很强的跨学科性质："民族学人类学研究我们身边最熟悉的事（婚姻、家庭与亲属等），也研究我们的日常生活（衣食住行），还研究这个世界上多样的文化（宗教信仰等），旨在消弭文化间的误解，架起文化沟通的桥梁；同时，民族学人类学还不断超越自我，与多个学科形成了跨领域的合作，共同探索日益变迁的世界。"② 因此，民族学人类学研究的对象包括个人、家庭、信仰、社会、文化、民族、"国家"等。

民族学人类学学科自诞生以来，概括起来形成了三个主要的学术和研究传统：一个是以英法德为中心的欧洲社会民族学人类学学术和研究传统，它侧重于以"社会"（social）为特点的社会人类学（social anthropology）传

① 中共中央文献研究室：《毛泽东文集 第三卷》，北京：人民出版社，1996 年，第 83 页。
② 《民族学人类学概论》编写组：《民族学人类学概论》，北京：高等教育出版社，2019 年，绪论第 1 页。

统，这个学术和研究传统以美国民族学人类学家摩尔根①的《古代社会》为起点，特别注重对亲属制度、婚姻家庭、社会组织、法律和道德、社会结构、礼物交换、政治制度等的研究，主要代表人物包括杜尔凯姆②、莫斯③、马林诺夫斯基、拉德克里夫·布朗④、普理查德、布迪厄等的社会学、民族学、人类学家；另一个是以美国民族学人类学侧重于以"文化"（cultural）为特点的文化人类学（cultural anthropology）传统，这个传统以英国民族学、人类学家泰勒⑤的《原始文化》为起点，特别注重对风俗礼仪、宗教仪式、文化教育、文化传承、文化变迁、语言文化、历史神话、体质等的研究，主要代表人物包括博厄斯⑥、米德⑦、玛丽·道格拉斯、

---

① 路易斯·亨利·摩尔根（Lewis Henry Morgan，1818—1881年），出生于纽约州奥罗拉，是美国著名的民族学家、民族学人类学家。《古代社会》是他的代表作。他指出了人类历史上的两种社会制度。古代社会的政治结构：以血缘关系为基础——氏族社会，血缘亲属；近代社会的政治结构：以地域和财产为基础——"国家"。

② 埃米尔·杜尔凯姆（法语：Émile Durkheim，1858—1917），又译为迪尔凯姆、杜尔凯姆，涂尔干、杜尔干等，法国犹太裔社会学家、人类学家。其代表作有《宗教生活的基本形式》《社会分工论》《论自杀》，提出社会的问题只能由社会来解决的重要观点和认识。

③ 马塞尔·莫斯（Marcel Mauss，1872—1950年），犹太人，法国著名民族学人类学家。主要论著有《早期的几种分类形式：对于集体表象的研究》（1903）、《关于爱斯基摩社会季节性变化的研究》（1910）、《礼物》（1923）、《关于原始交换形式——赠予的研究》（1925）、《社会学与民族学人类学》（2014）、《论技术、技艺与文明》等，提出礼物具有了物质的、社会的和心理的总体意义，同时对技艺与文明，技术与技艺等研究颇深。

④ 阿尔弗雷德·拉德克里夫·布朗（Alfred Radcliffe-Brown，1881—1955年），功能主义的代表人物。主要著作有《安达曼岛人》（1922）、《澳大利亚各部落的社会组织》（1931）、《原始社会的结构与功能》（1952）、《社会民族学人类学方法》（1958）以及《非洲的亲属制度和婚姻制度》（1950）。

⑤ 爱德华·伯内特·泰勒（Edward Burnett Tylor，1832—1917年），英国著名的民族学家、民族学人类学家。《原始文化》是他的代表作。他指出，文化或文明，就其广泛的民族学意义来说，包括全部的知识、信仰、艺术、道德法律、风俗以及作为社会成员的人所掌握和接受的任何其他的才能和习惯的综合体。

⑥ F. 博厄斯（Boas，1858—1942年），博厄斯学派创始人，美国民族学人类学协会创始人之一，美国民族学人类学之父。著作有《原始艺术》《原始人的心智》《种族、语言和文化》《民族学人类学与现代生活》。博厄斯一生尤为值得称道的是他始终坚持反对种族主义、沙文主义和殖民主义。他提出了文化的相对主义观点，在当时美国整个社会充斥着"欧洲中心论""白人种族优越论"等种族主义思想的情况下，他本着一个正直的知识分子的良知与勇气写了许多论文和专著，从理论上系统地驳斥了种族主义。

⑦ 玛格丽特·米德（Margaret Mead，1901—1978年），美国民族学人类学家。主要著作有《萨摩亚人的成年》《新几内亚儿童的成长》《三个原始部落的性别与气质》《文化与承诺》。她是文化决定人格论的代表，她指出：在美国，青春期的反叛被认为是天性，那是文化塑造导致的结果；性别关系也是后天文化塑造的结果；米德建议要正视两性的生物性局限，保留男性和女性的基本差异。

格尔茨、萨林斯等民族学、人类学家；还有一个是以中国民族学人类学融合于民族学、社会学和人类学为特点的民族学人类学和社会文化民族学人类学传统，这个传统主要由国家民委直管下的民族院校的"民族学"（ethnology）研究传统、社会学研究视野下的民族学人类学研究传统以及文化民族学人类学研究视野下的民族学人类学传统组成，主要代表人物包括费孝通、林耀华等社会学家、民族学家、人类学家。民族学人类学形成的三个重要研究传统，与以英法为中心的欧洲社会对"社会"、以美国、加拿大为中心的美洲社会对"文化"以及以苏联和中国为中心的东亚社会对"民族"概念的深入认识和阐发有关。

王铭铭指出，民族学、人类学、社会学、民俗学、文化学等在世界各国有不同叫法，实际上也反映了这些学科之间的复杂关系，以及其在不同"国家"中的特殊历史际遇："这些年来的游学让我知道，人类学在世界各国有不同的叫法，现在欧、美、澳等地区，都普遍接受'人类学'这个概念，但人类学曾与民族学和社会学有过不解之缘，曾被称为'民族学'和'比较社会学'，而欧洲的'社会人类学'与美洲的'文化人类学'之间的差异，也同样令人困惑。在我们国内，不同名称并存，同时，社会学、民俗学和文化学这些学科，在学术风格、研究对象和精神实质方面，与民族学人类学有着诸多相通、互补和重叠之处。诸如此类的学科名称和学科关系复杂性，反映了民族学人类学在不同地区和'国家'中的特殊历史际遇。"①

三、什么是中国民族学人类学

什么是中国民族学人类学？中国民族学人类学有什么特征？周大鸣在《学科恢复以来人类学的研究——基于对中大人类学系博士论文的分析》②一文中分析指出，中山大学人类学学系的博士论文主要集中在汉人社会的研究、少数民族社会的研究、海外民族的研究三个方面；另外，在研究领域的拓展上，有中山大学人类学学系的博士论文在宗教民间信仰的研究、族群与区域研究、都市研究、人类学的应用等方面做了大量研究；在交叉学科方向上，中山大学人类学学系的博士论文在历史人类学、法律人类

---

① 王铭铭：《人类学是什么》，北京：北京大学出版社，2016年，第5页。
② 参见周大鸣：《学科恢复以来人类学的研究——基于对中大人类学系博士论文的分析》，《西北民族研究》，2013年第一期。

学、医学人类学、视觉人类学、艺术人类学等方面也做了大量的工作。

华盛顿大学美国人类学家斯蒂文·郝瑞（Steven Harrell）在南京大学"紫金民族学人类学书系"丛书的序上归纳了现代中国民族学人类学的三个传承特质，他指出："现代中国民族学人类学的传承是多样性的，三条支流汇入一条新的主流。第一支流是新中国成立前接纳欧美的两个比较新的学科，将其与中国国情相融合。在人类学、社会学两个旗幡下，学者们在汉人农业社区和各少数民族群体实地调查。成果不少，包括中外文著作、文章，也有一些很嫩的新理论的萌芽。这条支流在新中国成立初期被堵塞，但没有完全断流。……第二条支流是新中国所带来的苏式民族学，从 20 世纪 50 年代一直到 90 年代初占据了学科霸权的地位。它为服务党和政府建立了统一多民族'国家'的需要，扩大了对象范围，推进学科的系统化，在之前比较薄弱的知识基础上添加了丰富宝贵的资料与知识。……第三条支流是世界人类学在 20 世纪 80 年代的巨变，对象从'原始'社区扩大到全球化的世界里的固定或流动的社群，理论从文化相对论和结构主义到文化互相交流、重构、融合论和后结构主义。……21 世纪一开始，这个支流的影响在中国加速。它的特点是注意世界各种人口、思想和资本的流动性，以及理论方法的多样性，社会服务精神有浓有淡。"① 郝瑞提到了中国民族学人类学的产生、发展具有浓厚的社会服务特点以及与中国社会学、民族学和国外民族学人类学学科发展之间的错综繁杂的关系。

林耀华指出构建具有特色的中国民族学是中国民族学的重要内容："在统一的多民族的国家里，民族研究必须以马克思主义，特别是历史唯物主义为指导原则。因此，新中国民族学的发展道路是和中国共产党领导的全国各族人民的革命和建设实践密切相联系着的。如是，新中国的民族学有其重要特色：1. 它继承的是马克思主义的科学的民族学，同时对西方资产阶级民族学也加以研究，批判地吸取其中有用的东西；2. 它为革命实践服务，为各民族的发展进步和广大人民群众的利益服务。"②

当前，中国民族学人类学研究的理论、手段和方法，主要来源有三个：第一个是以美国为代表的文化人类学研究传统，这个传统在仪式、宗教、文化、观念、价值、情感、心理学、文化史、文明史、观念史等研究方面获得极大成功；第二个是以苏联为代表的极具中国特色的民族学研究

---

① 节选自范可：《在野的全球化：流动、信任与认同》，北京：知识产权出版社，2015 年。

② 林耀华：《民族学通论》，北京：中央民族大学出版社，1997 年，第 12~13 页。

传统，这个传统在民族识别、民族语言、民族历史、民族经济、民族政策、民族的专题性研究等领域获得不断的深入和开拓；第三是以英、法、德为代表的社会人类学研究传统，这个传统在礼物交换、亲属制度、社会组织、社区与生计、宗族、关系网络等领域取得突破。这三个研究传统都对当前的中国民族学人类学有着深刻的影响，忽略其中之一都不是客观事实。

构建中国特色的民族学人类学研究传统，应在马克思主义指导下，要遵循的传统是融贯中西、取长补短。"融贯中西，取长补短。中国传统学术和西方学术源流不同，学术体系也有较大差异，二者各有所长。全盘肯定本国学术传统，不借鉴吸收国外学术精华，就无法跟上日新月异的世界学术发展趋势；全盘否定本国学术传统，必将处于世界学术的附庸地位。构建新时代中国特色民族学人类学，应在马克思主义指导下，继承我国优秀学术传统，吸收西方学术精华，把其中具有当代价值的认知方式和思想内容提炼出来，充实、更新现代民族学人类学，形成具有中国特色的理论体系和方法体系。"[1]

作为中国特色的民族学人类学，它的终极价值和意义就是为文明互鉴交流提供中国经验和中国智慧，为人类命运共同体贡献力量。"作为以解释民族学人类学社会文化、促进不同文明和文化彼此理解与尊重、增进世界和谐与人民福祉的学科，构建人类命运共同体必将是民族学人类学研究的重要主题，更是中国民族学人类学义不容辞的使命担当。以马克思主义为指导、以中国道路和中国制度为支撑、以中国文化和中国思想为底蕴的中国特色民族学人类学，将顺应全球化的历史潮流、响应'一带一路'倡议，走出国门、迈向世界各地的广袤'田野'，深入调查研究各个'国家'、文明、文化及其互动互鉴，为全球社会的对话协商和合作共赢机制建设提供中国经验和中国思想，为持久和平、普遍安全、共同繁荣、开放包容、清洁美丽的'人类命运共同体'贡献力量。"[2]

---

① 《民族学人类学概论》编写组：《民族学人类学概论》，北京：高等教育出版社，2019年，第60-61页。

② 《民族学人类学概论》编写组：《民族学人类学概论》，北京：高等教育出版社，2019年，第297页。

第二节　民族学人类学意义上的田野工作（田野调查）

每个学科都在讲田野工作（田野调查），那么民族学人类学意义上的田野工作（田野调查）有什么特点？作为民族学人类学的入门者、研究者、从业者应该如何认识民族学人类学意义上的田野工作（田野调查）等，这一系列问题是本节试图要解答的问题。

一、田野工作（田野调查）的定义、意义、过程、角度和方法

（一）田野工作（田野调查）的定义

民族学人类学的田野工作（田野调查）在这里不仅仅是一个研究手段和方法，还应包括民族学人类学学科的研究新范式、价值和路径。所有去实地或参与现场的调查研究工作，都可统称为"田野工作（田野调查）"或"田野考察"或"实地调查"①。可以说，田野工作（田野调查）是民族学人类学研究的最主要、最基本的方法。"所谓田野工作（田野调查），是经过专门训练的民族学人类学者亲自进入某一社区，通过直接观察、访谈、居住体验等参与方式获取第一手研究资料的过程。"② 这里主要的关键词，一是"专门训练的"，二是"民族学人类学者"，三是"通过观察、访谈和居住体验"，四是"获取第一手资料的过程"，这才是民族学人类学意义上的田野工作（田野调查）。这里也传达了民族学人类学意义上的田野工作（田野调查）具有了方法论（methodology）、认识论（epistemology）和本体论（ontology）的特质。林耀华指出民族学人类学的实地调查的要求与方法："可见，民族学实地调查是民族学研究的基础，也是民族学研究最主要、最基本的方法。所谓实地调查，是经过专门的训练的民族学工作者亲自进入民族地区，通过直接观察、具体访问、住房体验等方式获取第一手研究资料的过程。"③ 庄孔韶说："田野工作（田野调查）被看作'现代民族学人类学的基石'。可见，田野工作（田野调查）是民族学人类学

① 林耀华：《民族学通论》，北京：中央民族大学出版社，1997 年，第 150 页。
② 《民族学人类学概论》编写组：《民族学人类学概论》，北京：高等教育出版社，2019 年，第 67 页。
③ 林耀华：《民族学通论》，北京：中央民族大学出版社，1997 年，第 151 页。

研究的最主要、最基本的方法。所谓田野工作（田野调查），是经过专门训练的民族学人类学者亲自进入某一社区，通过直接观察、访谈、居住体验等参与方式获取第一手研究资料的过程。"① 何星亮说："田野工作（田野调查）是指研究者以人类社会文化为调查研究对象，在一定的时间和空间内，通过实地考察，以科学方法为手段，以收集第一手资料为主要目的，了解某一社区、某一群体或某种社会文化现象的活动和方法。"② 因此，一个田野工作（田野调查）者在接受了专业的学习和训练的同时，还要亲身去实地调研，最后通过参与观察以获得第一手的资料。可以说，田野工作（田野调查）是民族学人类学学科得以成立、壮大、发展、传承以及延续的充分和必要条件。

民族学人类学意义上的田野工作（田野调查）常常以"参与观察"（participant observation）的方式呈现，也被称为"马林诺夫斯基革命"，也叫科学式的田野工作（田野调查），主要有几个特点：

1. 田野工作（田野调查）的对象和地点

异文化即陌生的文化〔因民族学人类学是以研究人的社会与文化为己任的学科，故到异文化去寻找文化、了解文化、阐释文化就有了特别重要的意义。异文化可以给民族学人类学者以文化震撼（culture shock），也叫文化冲击，是指两种不同的文化差异导致的冲击之感。以及，跨文化（trans-culture）的观察和研究视角指不同文化之间达成的贯通和互补之意，因此早期的民族学人类学家把寻找和发现新文化视为自己的主业〕；异地即陌生的地方（想要寻找和了解新文化，或者说没有被现代文明所影响的文化，那么早期民族学人类学家都会选择到那些具有地理和文化都封闭的陌生地方去，很多岛屿、孤岛、丛林里的人和地方也常常是首选的）无文字社会（早期民族学人类学者去的地方以及接触的人群对象，交流基本上都是无文字的，他们常常以丰富的口头传统、仪式传统以及神话传说等方式传承和传播他们的文化和信仰）。

张建世认为对异文化的研究，以及对异文化、异民族的思考，是真正理解异文化、异民族的第一步：

1987 年夏季我到藏北调查，7 月在唐古拉山以北、海拔近五千米的安

---

① 庄孔韶：《人类学通论》（4 版），北京：中国人民大学出版社，2020 年，第 159 页。

② 何星亮：《文化人类学调查与研究方法》，北京：中国社会科学出版社，2017 年，导言第 12 页。

多县布曲乡碰上了一场大雪。当时正是布曲乡的赛马会，牧民们都带着夏季帐篷集中到了这片草滩，我们也骑了两天马赶到这里。这是一片很大、很平、很美的草滩，牧草茂密，还有片片小花。可早上起来一看，白茫茫一片，天上仍在飘着絮絮的雪花，牧民们的帐篷顶上、牦牛背上都还有一层薄薄的积雪。盛夏的大雪，令我兴奋不已。当时不由自主地想起了1984年隆冬时节在海南岛调查时在海边游泳的情景，温温的海水、暖洋洋的细沙，与这漫天大雪形成了强烈的对比，而且季节也颠倒了。大自然是多姿多彩的，它所孕育的民族文化更加多姿多彩，而更丰富、更复杂，更令人感到它的魅力。好多次在藏族牧民的帐篷里调查时，都曾浮现过在海南岛黎族村寨中、在西双版纳傣族竹楼里、在凉山彝族的火塘边调查时的情景。虽然能明显感受到不同民族文化的差异，然而要真正认识它、理解它却是那么困难。特别是有许多与本民族文化不同的东西，甚至有一些是被武断地称为"落后"的东西，要真正解它就更不容易。而且它往往有自己的逻辑，自己的道理，有它的生态适应性。当我们研究异文化，或与其他民族相处时，多一分异文化异民族角度的思考，少一分本民族、本文化角度的判断，是理解异文化、异民族的第一步。在当今多民族共处、多种文化加速碰撞的时代，真正的理解是很重要的[①]。（张建世，2016）

2. 田野工作（田野调查）的手段和方法

手段和方法包括参与观察、文献文物收集、访谈、问卷等。

3. 田野工作（田野调查）的时间

田野工作（田野调查）的时间是一段比较长的时间，一般都会有超过一年以上或者数年的持续关注和观察，比如中山大学民族学人类学博士研究生的田野工作（田野调查）至少要一年以上，硕士研究生的田野工作（田野调查）至少要三个月以上。

4. 田野工作（田野调查）的要求和道德伦理

这里的田野工作（田野调查）与书本上的介绍性的描述和研究是不一样的，要学会当地的语言、呈现出当地人的视角、熟练应用文化整体论、挖掘出地方性知识、明白地方文化和社会功能等。这叫作科学的田野工作（田野调查），"就是这样，《西太平洋的航海者》的学术实践既确立了功能主义人类学或科学人类学把田野作业、理论或主题、民族志等三要素相

---

① 张建世：《高原、山地与大海》，第273-274页；郑少雄，李荣荣：《北冥有鱼：人类学家的田野故事》，北京：商务印书馆，2016年。

结合的新范式，也成为追随者普遍奉行的具体操作规则的来源。这些规则大致包括：（1）选择特定的社区，（2）一年以上的现场调查时间，（3）对当地语言的掌握，（4）先从本土的观点参与体验，后面要达成客观的认识。"①

（二）田野工作（田野调查）的意义

关于田野工作（田野调查）的意义，民族学人类学家黄应贵在《反景入深林：民族学人类学的观照、理论与实践》②中总结了五个方面的内容：

"第一，田野工作（田野调查）之所以能够使一位初学者成为一位专业民族学人类学家，自然不只因它是'科学的'收集数据方法，更重要的是它具有认识论上的意义，可以培养其工作者具备民族学人类学家应有的能力和视野。

第二，经由参与观察的过程，田野工作（田野调查）很容易让研究者接触并了解到被研究者的观点。

第三，由前两者所产生的比较观点。

第四，长期而深入的田野工作（田野调查）可以培养整体的全貌观。这不只是因为工作者可以了解到社会文化的各个层面，如政治、宗教、亲属、经济等，实如功能论所强调的相互关联并构成一整体，更涉及莫斯所说的'整体'（totality）的观念，而牵涉不同层面之间如何透过某种特定行为（如交换）整合在一起的看法；它往往超越行动者个人所能意识到的层次。

第五，田野工作（田野调查）可以培养一种具有前瞻性的批判性视野。"（黄应贵，2010）

因此，民族学人类学家的田野工作（田野调查），对民族学人类学学科或民族学人类学家来说具有重要的认识论、本体论和方法论的价值和意义。

（三）田野工作（田野调查）的过程

田野工作（田野调查）的过程大致包括以下几个部分：①调查前期准备；②正式开展调查；③调查后资料的整理和分析；④进入民族志写作；

---

① 马林诺夫斯基：《西太平洋上的航海者》，梁永佳、李绍明译，高丙中校，北京：华夏出版社，2001年，译序第6页。

② 黄应贵：《反景入森林：民族学人类学的观照、理论与实践》，北京：商务印书馆，第86-89页，2010年。

⑤对相关问题和课题进行回访和溯源；⑥进行长期的观察与调查。下面简述前三个阶段。

调查前期准备阶段：①相关文献阅读，包括出版的书、出版的刊物、相关人的看法和认识、回忆录以及前人的研究和调研成果等，特别是相关的论文，如硕士论文或博士论文；②确定研究主题也就是问题意识，如仪式与治疗问题、秩序和认同问题、文化和社会变迁问题、风俗和习俗治理问题，基层社会治理还是政治、经济、文化、社会发展等问题；③相关研究的个人具有文化条件和社会条件，包括时间、空间、金钱、饮食、交通、伦理和道德、性别、危险、职业等因素；④确定田野点并了解相关田野点的基本情况，最好能组成团队，购置相关装备物品，除个人衣物、文具和书籍外，还应配备地图、生活用品、常用药品、个人证件、摄影器械、录音设备、录像设备、特殊仪器和问卷及调查大纲。

正式开展调查阶段：第一要考虑好饮食起居的问题，包括卫生环境、日常洗漱、生产生活，等等。在乡村如果遇到没有电，或者遇到学校放暑寒假，或者遇到道路交通事故，或者遇到自然地理灾害，或者遇到报道人家庭变故等，都需要特别注意。在饮食习惯上，要注意当地人是一天吃三顿还是一天吃两顿，去的地方有没有小卖部，小卖部里有没有你所需要的商品和物资。关于洗澡的问题，我们去田野可以坚持一个星期不洗澡，但要考虑一个月以后要洗澡。开展调查时要尽量跟当地人同吃、同住、同劳动，以便尽快地适应他们的生产生活方式，还要尽量地了解他们的喜怒哀乐、饮食起居、社会交往和亲属关系等。另外，起居也是比较重要的。看看当地人居住的空间、居住的方式以及居住的行为，等等。第二，刚开展调查时要选好田野的报道人、翻译人或找到熟悉当地社会和文化的联络人，对顺利完成调查也很重要。一般情况下你在田野点观察一周左右，你就应该能进入当地人的视野了。如何进入当地人的视野？我们可以密切关注同龄人。另外，当地社会中的老人、妇女、政府工作人员、头人或者德高望重的人，也需要特别的关注。怎么进入到他们的熟人社会，有没有固定的报道人，与当地人怎么进行礼俗互动，怎么获得当地人的接纳和认可，等等，都是值得关注的。在开展调查时与当地人保持适当的距离以及做些适当的介入，也是很重要的。我们要知道，当地人肯定有他们的复杂性，调查可能会涉及不同群体之间的利益、权力的博弈，等等。第三，在开展调查时恪守当地的伦理和道德也很重要。有些时候，当地的伦理和道德往往比你的调查要重要得多，假如调查需要涉及当地的伦理和道德的话，那么先适当性地征求其同意并察言观色，然后再来考虑是不是继续调查。第四，要适当性地帮助当地人、报道人、翻译人，以及与他们进行积极的互动，这也是获得对方信任的一个重要方式。第五，在开展调查时要持之以恒地坦诚待人、待物，我们常说细节决定一切，具备主人翁积极的意识是取得田野工作（田野调查）成功的重要砝码。

在田野当中不仅仅有诗和远方，时常也会充满着惊险、愤怒、不理解、病痛、失落、挫折感等，有时因当时的情绪以及考虑不足人为地会失去很好的田野信息。马林诺夫斯基的田野日志中就有很多这样的内容记载。

1915 年 1 月 21 日，星期二

昨天早晨，我 6 点就起床了。（在整个身体虚弱以及随后的时期中，我都在 9 到 10 点之间起床！）洗了个澡，让自己清醒（我很少在早晨洗澡，总共不过两三次）。清晨新鲜清爽的空气让我精神倍增，像往常一样，后悔自己没坚持在破晓时起床。去了趟村子，希望拍几张 bara 舞不同阶段的照片。我给出了一些半截香烟，于是看了几段舞蹈；然后拍了几张照片——但效果很不好。拍照光线不足，因为他们不肯长时间摆造型，曝光时间也不足。——有几刻我对他们非常愤怒，特别是我给了他们说好的香烟后，他们居然四散离开了。总之，我对这些土著的态度无疑是倾向于"消灭这些畜生"。很多事情上，我都处理得不太准确，表现得也很愚蠢——比如去多马拉（Domara）时，如果我肯付两磅，他们肯定已经带我去了，结果我又痛失了一次良机。——拍完照片后我吃了早餐，又回到村中。路上决定去趟莫古柏。到了村中，我待在库帕家，派伊古阿去打听这事，他回来告诉我皮卡那愿意同行。我回到家就和他们一起出发了。海面辽阔而清澈，徜徉其间我又一次感到自由和幸福。我和皮卡那谈起继承的问题——但进行得不太顺利……从拉若罗到莫古柏的途中，我坐在船头——眼前是长满葱郁树木的峭壁，一直向内陆延伸，峭壁在左边开了一个口，马格里（Magori）遗世独立般屹立在白瑞波河边天鹅一样的平原上，四周环绕着一片丘陵。我能看到中央山脉高耸的山脊。——今天低沉的积云就像华盖一般笼罩着它们，大雨从中倾盆而出。右边是晴朗的天空晴朗和清透的大海——景色连成一片，一直延伸到波纳波纳岛。海风轻柔我和伊古阿讨论了一下园圃的问题，非常有意思，应该深入研究下！还没到莫古柏，我就由于海浪颠簸而疲惫不堪。考利（Cowley）不在家。我随手翻了一下他买的杂志。晚些时候，我跟他聊起了战争，还有莫尔斯比港的事件［弗里斯（Fries）用他的左轮手枪杀了一个人］；以及阿密特和他支持教会的政策。最后我让他帮我预留一个"韦克菲尔德"号的舱位。总体而言，我们之间的谈话给我的印象不是很愉快。——我们动身往回航行。劲风大浪。靠近拉若罗的时候，我们驶入了暗礁区。他们掉转船头，我非常害怕；颇为骇人的碎浪在暗礁四周重重拍打，船帆上都是洞，而我们还必须得穿过这些碎浪。好在天气很好，风不算大。伊古阿安慰着我；第一次我们操作失误，没有顺利地通过，只好退了回去，第二次每一个步骤都恰到好处，终于成功了。在回迈鲁的路上，浪花飞溅——我浑身都湿透了。回到迈鲁，我与皮卡那讨价还价，除了六支烟草外，我什么也没多给他。我再一次对这帮土著感到愤怒。晚上，读《征服墨西哥》。很快就入睡了。做了几个奇怪的梦。其中一个是我梦见自己正在重新验证［菲尔鲍姆博士（Dr. Felbaum）］和贡普洛维奇（Gumplowicz）的那些化学发现，当时我正在读他们的书，或者确切地说，是从书本里研究他们。我在实验室的一个角落里，那有一张桌子，一些实验器材，［菲尔鲍姆博士］坐在那儿。他做出了六项发明，他研究化学：我看见自己面前有一本摊开的书，就读了他的研究。接着是贡普洛来自我们各种心理情节结合而成的焦虑。典型的表现就是，我们会维奇；他有自己的问题。——在梦里，各种经历不可思议的飞速切换，有感官体验：我们能在梦中看到、听到（?）、触到（?）、闻到（?）。

1915 年 1 月 22 日，星期四

昨天很晚才起床——9 点。吃完早餐，写完日记后 10 点钟去了村子。我首先进入了一栋 Urumodu 房，观察他们吃东西，自己也吃了点。但我发觉当时的气氛不太适合讨论理论问题。派人去找维拉未和他的父亲——结果他们没来。然后又派人去找奥马加，他来了，我数落了他一顿，给了他半支香烟，然后我们一起去找"一位老人"。半途遇到肯尼尼（Keneni）。事情进行得很顺利。1 点左右我回到家。午餐，轻微头疼，犯困。读《征服墨西哥》，躺下休息，哼着小曲。4 点的时候奥马加和肯尼尼来了，我同他们坐在地板的一个垫子上商量事情；进展颇为顺利。之后和奥马加回到村子。陆地上的景色美得不可思议。我们所在的海岸深深地埋在阴影中，这里的空气也或多或少染上了阴影的气息。我极目远眺——柏瑞波附近的海岸一片翠绿，颜色如同绽放在春日阳光中的嫩芽。那片新绿的上方是一面白云砌成的壁垒，翻过壁垒，大海闪烁着刺眼、优雅、凝重的蓝（这是一种可遇不可求的景象，好似从活人眼中闪现的光芒——这就是这里大海的色彩有时给人的感觉）——一种奇妙的景象。我不禁疑惑，这些色彩从何而来？是源于光影的对比和黑暗的消退（由于热带地区日落时间太短）？抑或是因为黄道带光（zodiacal light）太强太阳照射出的强光将另一片海岸也染成金黄？……在家，头疼，我哼着吉尼亚的歌——吉普赛和乌克兰的调子。去了传教站，并送了一些礼物。那里的男孩和女孩们举止可笑，或许还怀着敌意。我回到家，仰望星空。换了相机的底片，沿着海岸散步，有几刻感到神经紧张。星光闪耀，这种景象没有让我感到宇宙的浩渺，倒是这种"热带夜晚的点缀"让我的灵魂欣喜起来。——很久不能入眠。我梦到了旅行——我娶了 T. ——但不是一个情色之梦。我同样也想到了和 E. F. 一起生活，住在一个花园环绕的宫殿中。 ——晚上感觉很不舒服，但不虚弱[1]。（马林诺夫斯基，2015：103-106）

调查后资料的整理和分析阶段：①田野日记也称田野笔记（field notes），基本上一天一记，随时携带纸和笔、手机、照相机、摄像机等，日记里面应该有气候、人物、事情、过程以及结果等的记录，还要记录你的认知和感受，疑问和体验也是重要的，每天的疑问和体验就是很好的问题视角。②资料的真实性、准确性和使用性要认真细致分析和鉴别。从区域性、城乡、阶层性、性别性、年龄性等身份来认识资料的普遍性和个体性意义。③田野工作（田野调查）中大部分的资料都来源于观察、报道人的解释、研究对象的语言和交流、田野日记等。切记不要无理地打断研究对象的话。④资料收集的种类越多越好，但也不能漫无目地收集。一般来说，需要 6 倍的资料，如果你要写 8 万字的论文，至少你要有 48 万字左右的材料才可以写。材料要有取舍，不是所有的材料都可以用。当然田野笔记其实也隐含着有关作者的道德和情感、事件的过程以及田野对象社会与文化等多种内容。因此"田野笔记从来不是简单地记录下社会的情况，研究者除了记录观察到的现象之外还有其他工作。从根本上来说，基于研究者所选择的写作方式以及他讲述的故事，田野笔记展现了一种生活方式；因为，他写的东西向那些不了解当地生活、人们和事情的读者传递了他的

---

① 马林诺夫斯基：《一本严格意义上的日记》，卞思梅，何源远，余昕译，桂林：广西师范大学出版社，2015 年，第 103-106 页。

理解和洞见。田野研究者在做田野笔记的过程中不是简单地将发生的事情转化成文本。更准确地说，这种写作是阐释的过程：是文本化的最初行动。的确，这份常常'看不见的'工作——做田野笔记——最原始的文本化，它使一个社会世界跃然纸上，并且最终塑造了发表的民族志文本。"①

2011 年 7 月至 2012 年 8 月，笔者为了完成博士学位论文，在凉山州普格县辉隆乡进行为期一年的田野工作（田野调查），在撰写博士论文时笔者对此次选点的原因进行了详细的说明。

明确了彝族毕摩与苏尼研究主题以后，我在脑海里首先把我所走过的、听过的凉山彝族地区各情景像电影幻灯片一样过滤了一遍，对比分析、研究取舍后，我把田野点选在了离我出生地较远，也离普格县城较远的一个地方——辉隆。

其实田野点的选择，早已在我的脑海里酝酿了很久。在彝族农村里出生、长大的我，对彝族毕摩和苏尼有着深厚的切身体会。那个时候，寨子里没有一个医生，直到现在我的老家也还是没有一个医生。记得那个时候，我的父亲排行老大，有六个兄弟姐妹，其中有两个妹妹和四个弟弟。这六个兄弟姐妹当中，三叔、四叔、五叔和小姑姑基本上都跟我同龄。记忆中，我的四叔、五叔和小姑总生病，家里就常常请毕摩和苏尼来做大大小小的仪式。为了捉鬼、抓鬼和砍鬼，奶奶给我们每个人一把长刀，那个时候我大概八九岁。当时苏尼指到哪里有鬼，我们就把刀砍向哪里，把爷爷家的木家具都砍坏了几个。那个时候，听大人们总是说苏尼和毕摩厉害的人在"a jit mu di"——"阿基木地"就是属于今天的辉隆乡。还听说辉隆乡住着格及、吉次、吉什和木年姓氏的四大家支。但是后来我一直在求学，也没有机会去看看那个地方。听说辉隆乡以前是不通公路的，如果要前往只能是靠步行，而且全部都是山路，又陡又险。除此之外，初中的班主任吉好伙达老师以前也总是给我们讲辉隆的故事，那是他第一个工作和学习的地方，离普格县城远、没有电、没有公路，他从县城出发走路需要 12 个小时才能走到辉隆。这是田野工作之前辉隆在我脑海里面的一点印象。

一说到彝族毕摩和苏尼的研究，很多人都会异口同声地对我说："到美姑县去研究，那里是毕摩文化之乡，那里的毕摩人数多，文献又多。那

<hr />

① 埃默森（Emerson, R.），弗雷兹（Fretz, R.），肖（Shaw, L.）：《如何做田野笔记》，府裕，何珉译，上海：上海译文出版社，2012 年，第 22 页。

里的毕摩知识丰富、法力大，比我们这边普格县的毕摩要厉害得多。"他们很多人所认为的彝族萨满就是毕摩，我迎合他们的口吻说："我不仅研究彝族毕摩，我还要研究苏尼，那苏尼之乡在哪里呢？"普格彝族自称为阿都所地彝族，辉隆彝族自称为阿都彝族。那阿都彝族的毕摩和苏尼到底是怎么样的？它的宗教书写是怎么样的？它和美姑那边的毕摩和苏尼又有什么联系和区别呢？这种区别和联系是如何在仪式中表达出来的？这是我一直比较好奇的，兴趣也是我选择辉隆乡的第二个理由。

从田野地本身的条件来看，辉隆离普格县城比较远，对我来说又是完全陌生的地方。从普格县城往辉隆方向望去，路在白云、山崖间延伸而上，很让我这个人类学研究者聊以自豪，因为人类学者就是要走不同寻常的路，去那些不易受关注的地方。辉隆乡的好友吉次日呷乡长风趣地说，辉隆是离太阳最近的地方，但离普格县城最远的地方。因为辉隆乡处在普格县县城的东边，确实太阳也从那里出来。这些想象和介绍是我选择辉隆乡作为田野点的第三个原因。

此外，人类学者需要体验到文化的碰撞才能感受到文化本质，这就要求尽量避免熟悉。虽然都是彝族地区，但辉隆乡离我出生成长的地方远，由此避免因过于熟悉而缺少陌生感。另外毕摩、苏尼还有女性职业者媆尼这三种宗教职业者都能在辉隆寻找到，能顺利地完成关于苏尼和毕摩职业关系的探讨。这是我选择辉隆作为田野点的第四个理由。

本来想 2012 年 7 月 15~16 日就到辉隆田野点去，不料遇到持续性的特大暴雨，从我老家去普格县城的路多处塌方，影响正常通行，更重要的是又停电，我携带的所有电器设备都因为没有电而暂停使用。7 月 24 日，好不容易到达普格县城，在县城遇到格及沙鬼，他是普格县税务局的工作人员，听说我要到辉隆乡去做苏尼和毕摩的田野工作（田野调查），他就把在县城里工作的所有格及家支的年轻人召集起来，说要请我吃饭。我也爽快答应了他，因为我也想通过这样一个机会来认识更多的格及家的人，想先了解更多的关于他们家族的信息。席间，他们说，格及家支都是从辉隆那里搬迁出来的，现在出来的人比较多，在普格县城工作的格及家的大概有 11 个人。

7 月 25 日 12 点我从普格县城出发，辉隆乡的乡长吉此日呷好友让我先坐普格到宁南县的中巴车到松新镇下，然后他用摩托车来接我上去。到达松新镇那里，已经 1 点半。吉此日呷乡长早已在那里等候多时，我坐在中巴车上特别的难受、想吐。我们在松新镇休息了下，买了些床上用品，下午2点45分我们从松新镇往辉隆乡方向去，因为坐的摩托车，感受两边的风两边的雨，感觉舒服多了。但是坐摩托车坚持不了好久，就休息一下，这边的路比较好，因为这个地方是属于宁南县的，宁南县汉族人比较多。日呷乡长说，宁南和普格都是一条山脉，但是发展是不一样的，宁南县的经济发展指数比普格要高出几倍。他说发展还得靠人，人才是最主要的。

下午6点10分，日呷乡长和我们两个一同出发，摩托车一路开得很慢，因为下雨，泥路经水浸泡过后变得更滑，路面又凹凸不平，我们到达乡政府时，我的双脚已麻得很厉害，走路都有点吃力。乡上的工作人员热情地接待了我，书记是乃古沙海，是我的舅舅辈的，他召集乡政府工作人员来见我。副乡长张行友大致介绍了辉隆乡的基本情况，包括家支分布、人口结构、自然和人文生态环境等。

到达辉隆乡后，我把住宿的地方安排到乡政府，主要有以下几个方面的考虑：第一是为了不影响村里人的正常家庭生活，避免干涉别人家的私人生活。第二个最重要的原因，乡政府所在地处在四大家支村落的中间位置，往四周方向走都比较方便。第三是乡政府的工作人员都有摩托车，方便我随时可以叫他们载我一程。第四是乡政府里安排有专门的后勤人员，在吃饭的问题上可以减轻我的很多负担。随着田野工作（田野调查）的进一步深入，越来越感觉到我当初的选择是正确的，我每天都要整理材料和撰写田野日记，还要处理很多影视数据材料等，如果没有一个安静的单独的空间，是无法顺利完成田野工作（田野调查）的[1]。（拉马文才，2014：31-34）

（四）田野工作（田野调查）的角度

1. "主位"（emic）与"客位"（etic）

"主位"是从被研究者的立场去研究问题，优点是避免文化的偏见，但缺点也是缺少文化震撼；"客位"是从研究者的立场去研究问题，优点是尽量客观和公正地了解到文化，但缺点也显而易见，引起的误解误读比较多。"主位"对应的是"内部人的视角"，"客位"对应的是"外部人的

---

① 拉马文才：《毕摩与苏尼：辉隆彝族的宗教信仰、仪式实践与职业关系》，中山大学博士论文，2014年，第31-34页。

视角"。但是在实际的田野工作（田野调查）中主位和客位更多的是模型化类型化的理解，是否有泾渭分明的主位和客位区别，是否有纯粹的主位和客位区别，是值得深思的。民族学人类学家林耀华写道："直观方法和他观方法是互补的，并不是相互排斥的。在调查中运用好两种方法，才会得出真实而深刻的见解，才会分析出表层现象后面的深层结构，才会总结出规律性的东西出来。……经过专门训练的本民族的学者研究本民族文化，无疑具有'自观'和'他观'相结合的优势。在民族学研究中如何实践和验证'自观'与'他观'方法，是我们今后民族学实地调查的一个课题。"①

2."宏观"与"微观"

宏观和微观是相对而言的，从区域社会而言，比如民族走廊研究（藏彝走廊、南陵走廊）、流域研究（清水江流域研究）或者文化带文化圈等研究都算是宏观研究，与之相反的对一个小型社区、一个集镇、一个村落、一个仪式、一个群体等的研究就是属于微观研究；另外，从研究视野来看，宏观研究就是把研究的对象和事件纳入全球性、世界体系以及现代化等视野中，与之相反的是对一个小村落、个人生活史等微观研究。最主要的是微观案例也应该有宏观的视野，这样的研究才有意义，应该说把宏观视野下的微观以及微观视野下的宏观结合起来，才能对对方社会和文化有深刻的理解。

3."社区"（community）与"个案"（case）

这里的社区（这是一个有争议的概念，指生活在特定地域内的一群人，他们共享某种利益，彼此之间有全面的人际互动）②常常跟共同体联系在一起，比如一个街道社区、一个居委会社区、一个家庭社区、一个居民社区、聚居在一起的社区或者虚拟社区、网络社区、游戏社区、动漫社区、数字社区等，因此社区更多的是一个变量。"社区"研究是民族学人类学早期研究当中最重要的研究角度。也有学者指出"社区"研究会在全球化与本地化过程中发挥重要的作用。"在过去二十多年中，社区研究的焦点再次发生转变，研究者开始关注全球化给本地社区带来的影响，互联

① 林耀华：《民族学通论》，北京：中央民族大学出版社，1997年，第162页。
② 安东尼·吉登斯，菲利普·萨顿：《社会学基本概论：第二版》，王修晓译，北京：北京大学出版社，2019年，第165页。

网虚拟社区的构建机制，以及人口的跨地域迁移对社区人际关系模式的冲击，等等"①。"个案"是以个人以及某个事项进行研究，个案常常和案例事件联系在一起，也是民族学人类学在比较研究当中一个重要的领域，它也包括个人的生活史、生命史、个人史，一个群体的历史等。

4. "定性"（qualitative）与"定量"（quantitative）

民族学人类学用定性来确定性质，用定量来确定数量，也可以称之为"质性"与"定量"研究方法。质性研究基本上用访谈、观察以及分析方法对研究现象进行深入的研究，来确定事物的性质；定量是用调查法、统计法、实验法、模型化、数字化等方式，来确定事物的性质和量化。当代社会学和民族学人类学将质性和定量研究手段相结合对相关问题进行研究。在国内，社会学界重定量分析的研究较多，民族学人类学界做定量的分析较少。

5. 专题和综合

专题调查就是指对某个面向进行深入的、全面的和比较的研究，以深入细致的方式去弥补以往调查资料的不足。综合调查就是以跨学科调查和综合性的调查为主，包括组团进行的区域调查，运用多种学科进行讨论，涉及政治、经济、社会、文化、宗教、考古、人口学等等。

（五）田野工作（田野调查）的手段和方法

民族学人类学田野工作（田野调查）的手段和方法，因时因地因情而异，以获取第一手的材料为主要目的。一般而言主要包括文献搜集、参与观察、深度访谈、设计问卷等方法，每种手段和方法都有它的优势和劣势，一个训练有素的田野工作（田野调查）者或者民族学人类学家实际上在具体的研究对象上要融汇贯通各种手段和方法才行。

1. 文献搜集

文献搜集就是搜集研究对象的相关文献，有文字性的文献，也有口述性的文献。地名也是一种文献。另外，历史、神话、谚语、故事、传统等都是文献。文物搜集就是搜集具有历史价值的文物，包括生产生活用具、服饰、绘画、碑刻、雕塑等。

---

① 安东尼·吉登斯，菲利普·萨顿：《社会学基本概论：第二版》，王修晓译，北京：北京大学出版社，2019 年，第 166 页。

2. 参与观察

参与观察最重要是参与，然后深入细致地进行观察，比如对仪式、象征等的研究，要与当地人一起生活，一起经历。也有一种就是回访式的调查，如费孝通先生"五访江村"、林耀华"三上凉山"进行跟踪式的调查。

民族学人类学的研究很多都是经验性或者敏感性的东西，那么该如何去获得？从情感性的表述、本土情境与本土语境、地方性知识和传统、社会和文化里的人和事、理性化整体论视角出发。

（1）参与的内容：①与地方和报道人构建一种信赖的关系（如何获得观察者或者参加者的身份，如何被允许，经历了哪些事情，怎么进入这个系统，需要很多策略）；②与当地人交谈（从关系或者从日常生活出发，怎么去找到共同的话语，怎么去发现交谈中的有用信息等）；③参加当地人的活动（你是否被允许参加，哪种层面上不能参加，性别关系建构是怎么得到的，你和他们怎么进行互动等）；④参与地方性事务（民族学人类学家原则上是客观的，但适当地介入也是重要的，怎么去介入也是一个涉及学理和伦理的问题）；⑤要明白当地人的想法及原因；⑥倾听与提问；⑦做对当地人有用的事情。

（2）参与的方式：保持距离，适当融入。

（3）观察的内容：①调查者的自然生态环境；②社会文化和历史人文背景；③事件过程及其结果；④明确各种文化符号和边界。

（4）观察的方式：①语言词汇（行话、谜语、共享语言人群、语言透露出哪些地方社会与文化的信息）；②身体动作（手势、姿势、动作）；③无声胜有声（零交流的意义）；④过程描述的动态和静态（细节上的处理和把握）。

因此，一个合格的调查者需要具备一些基本的素质和能力，林耀华指出："一个合格的训练有素的调查者需要具备哪些最基本的素质和能力呢？①树立正确的指导思想。包括恪守一定的职业道德，尊重访谈对象，民族平等民族团结，尊重风俗习惯，实事求是等。②打破僵化模式，适应新形势，建立新思维。包括民族学实地调查的对象、任务、课题、关系、方法等的变化。③专业基础扎实，知识视野开阔。对于国内外的民族学理论、方法和资料，要善于借鉴、吸收。④善于沟通人际关系，具备应变能力。"①

3. 访谈

访谈分为结构式和半结构式。民族学人类学会用到很多半结构式的访谈。问卷在有些情况下是可以问到答案的，但有些情况问卷就不行，那就需要我们参与观察、访谈。

4. 问卷调查法

问卷调查法也是田野工作（田野调查）中常用的方法之一。问卷是统一的问题、统一的选项、统一的变量，能够帮助研究者快速地了解到研究对象的同和异以及他们的价值取向。林耀华指出："民族学采用社会学的问卷法，除用于抽样调查，也用于观察和访问中，所不同的是，在大多数情况下，并不采用填写问卷表的办法，而是由调查者直接向调查对象进行口头提问。问卷法的主要目的在于了解被调查者对某一问题关心的程度、态度和心理状态。"②

二、田野工作（田野调查）中的伦理

1. 田野工作（田野调查）中

在田野工作（田野调查）中，当遇到受访人对涉及的私生活问题不愿意多聊多谈，以及道德与法治、习俗与法律等出现偏差时，如何进行有技巧性的访谈就显得很有必要。即使笔者在书中对研究对象进行化名处理，但只要到田野点进行深入的追踪调查，很多年以后我们依然能找到研究对象。另外，从受访人那里收集材料时，访谈者也要告知受访人这些资料的整理和使用情况，比如用来做科研和教学，或者是用来当盈利性的展示等。

2. 田野工作（田野调查）后

完成田野工作（田野调查）后，研究者更要遵守必要的田野调查伦理原则。如尊重被研究者的权利与尊严，保护研究者的个人信息和隐私，保护研究数据的安全性，保护研究对象的心理和身体安全等。

3. 持续性关注

民族学人类学家对田野对象以及田野点是有情感的，有很多都会对其

① 林耀华：《民族学通论》，北京：中央民族大学出版社，1997年，第172-176页。
② 林耀华：《民族学通论》，北京：中央民族大学出版社，1997年，第169-170页。

进行持续性、回访式的调研，经历与田野点从陌生转为熟悉的过程。持续性地跟踪、回访和关注，然后对其进行援助，让其积极地拥抱变迁社会。

20世纪40年代民族学家人类学家林耀华先生写遗嘱聘保头，冒着被掳为"奴隶"的风险深入大小凉山地区进行考察，成为民族学人类学界的美谈。

邸：您40年代在大小凉山那段富有传奇色彩的经历，早成民族学界美谈。这种充满风险的考察，固然极富刺激，但万一发生不测，结局则不堪设想。您当时如何决定成行，是否考虑过后果？

林：我的凉山之行，乃经过深思熟虑，绝非一时兴起。首先，我从哈佛归国后，即将研究转向中国少数民族社会。这固然与人类学更倾向研究异族异质文化有关，而且从四川赴少数民族地区也确有地利之便。其次，当时时局对学术选题亦有影响。"九·一八"事变后，日本疯狂策动满蒙独立，中国出现边疆危机。吴先生等前辈学者随之掀起边疆政治研究（简称"边政研究"）与之对抗。全面抗战爆发后，"国家"机关、学术机构为避敌锋，纷纷西迁南移。大批学者云集西南，对于如何开发、治理像西南这样的边疆少数民族地区，实行各民族一律平等，铸就强有力的中华各民族抗日统一战线，维护祖国统一等问题之研究，便随之成为显学。吴先生高瞻远瞩，不仅强调研究西南，还将目光移向西北，曾派陈永龄到新疆调查。恰逢盛世才对中央政府发难，险遭不测，历尽艰辛，终告不果。而我赴大小凉山，则属就近选点。再次，我深入凉山之想法由来已久。之所以有如此吸引力，主要是因为该地尚处于奴隶社会之故也。外地之人动辄被掳掠为奴，且大多有去无回，人们难免造出许多神话。在侥幸逃出彝族地区的汉族奴隶口中，凉山乃人间地狱；在西方传教士和探险家笔下，凉山黑彝为雅利安人之后代，或属于高加索人种，生活在一种与古罗马相似的社会制度之下，是不可多得的具有多重研究价值和典型意义的田野调查地点。加之在1943年，中国抗建垦殖社、美国罗氏基金会（今译作洛克菲勒基金会）、和哈佛-燕京学社三家机构共同资助于我，终于使多年梦想得以实现。因为只有在掌握大量资金的情况下，才有化险为夷之可能。在经过精心筹划后，我与燕大学生胡良珍和校工老范一行三人，终于踏上征程。

邸：当时是否有"风萧萧兮易水寒，壮士一去兮不复还"的悲壮情怀？

林：有一些，但不甚强烈。古人云：精诚所至，金石为开。自忖只要与彝人以诚相待，总不至于有性命之虞。但随着彝区的临近，彝汉关系之紧张和对此行危险的感受愈发强烈。至西宁镇时，景象已大异于内地，几乎所有居民皆身背枪支。而再往前行，路旁不久前彝汉交火留下的斑斑血迹和断壁残垣仍清晰可见，汉人被掠被杀的可怕事例和种种传闻不绝于耳。至雷波镇后，为安全起见，在进入彝区之前，我花重金买通一位黑彝头人名里区打吉者充做保头（保头只能保证在其本家支内保证被保人安全，在其他家支势力范围内则只有交涉权），并与之在县政府由李县长主持正式缔约，保证双方信守诺言。但未曾饮血酒盟誓。据说此法有效，因彝人信鬼，发誓以后，便不敢背叛，否则必有鬼来作祟（盟誓后反保之事亦非绝无仅有）。未饮血酒，则另当别论，而恰在此时，彝汉又生误会，双方剑拔弩张。自县长以下官员士绅几乎异口同声劝阻此次凉山之行。此时此刻，我深感进退两难。半途而废既是遗憾，也不符我平生性格。思来想去，保保断不会无故杀人，至多是将我等捆为娃子（即奴隶）而已。为防不测，我修书两封，一封给远在成都的妻子饶毓苏，一封给燕大法学院长吴其玉。信中将我等进山日程、保头家支姓名、雷波彝务官员和介绍人姓名等等详情一一载明，以备万一沦为奴隶，校方和家人可据此线索将我等赎回。其后，便义无反顾地深入到神往多时的凉山，开始全方位、多角度、多层面的人类学调查，虽遇到些麻烦，但有惊无险，最终顺利完成预定任务，安全返回成都①。（林耀华，1999：78）

张多（云南大学）在《悲伤的田野：突发事件的伦理反思》中提起，他和他同伴住在报道人家里，报道人家里的一个女儿离奇发生车祸死亡，当地人认为是他们带来的灾祸。

这是一个国境线的小山村，我的报道人夫妇俩有两个女儿。入住第二天，我在二楼的房间里发现一条奇怪的虫子，通体绿色，极细极长，无足无翅。出于好奇，我询问女主人这是什么虫。女主人闻虫色变，说这种虫只有在山溪中才有，一定是有人"放鬼"。于是夫妇俩通过一个仪式，将

---

① 林耀华：《林耀华先生访谈录》，摘自《民族学通讯（第139期）》，邸永君访谈，1999年访谈。

虫子烧死后埋在院里。晚上我回来时，女主人问我和同伴是否属狗，我们说不是。她神色黯然，说："看来是二姑娘"。她告诉我，早上我出去后，她觉得房间里发现了虫子要打扫一番。正在打扫时，一只野鸟突然闯进屋子，满头乱窜。她用苕帚将鸟赶出房间，这只鸟竟一头砸到一楼地上撞死了。她说这是不祥之兆，于是急忙到镇上找巫师占卜。巫师占卜的结果是：家里属狗的小娃最近不要出门，家里最近要出事，此凶要待属虎那日方可解。正好小女儿属狗，于是女主人将小女儿从县城叫回家来，此前她在县城她大姐那里。

第七天上午，我外出访谈银匠。中午回来时，家门口聚集了一大群人，女主人在中间哭。我的心提到嗓子眼。我问人们发生了什么事？答案让我的大脑霎时一片空白：女主人的大女儿死了！

我久久呆立原地，不敢相信自己的耳朵。我开始求证事情的真相。女主人的大女儿所在医药公司打算让员工到市里培训。原定的日子是属虎那天之后一天，可不知什么原因，日期突然提前了两天，也就是属虎日的前一天。中午时，班车行驶到半路就侧翻了，原因不得而知。这起车祸死亡两人，其中就有女主人的大女儿。

尽管巫师预言的是属狗的小娃，可女主人的大女儿身亡已经足够让我震惊！车祸本身并没有什么好解释的，但是巫师语言的"出事"和"属虎日"竟然变成了事实。更让我想不通的是，如果我没有发现虫子，女主人就不会去找巫师占卜，可该发生的依旧会发生。这一切让我深深体会到地方文化传统的强大规约力量。同时我也陷入对事故的悲痛之中！

出事之后，我和同伴实在不知道如何面对。我们立即停止一切参与观察，以普通人的身份全力投入后事料理，力所能及地帮助他们。村中有传言说是我带来灾祸，那几天我承受着巨大的压力。好在我的行动获得了主人家的认可和谅解。田野工作（田野调查）者自身也会面临意想不到的伤害，这再次证明了田野研究的潜在风险以及所面临的认知方式的挑战[①]。（张多，2016：34）

王建民（中央民族大学）在《档案馆田野的挫折》中写的他在田野工作中放满田野资料的大包被盗一事，也令人惊心动魄。

[①] 参见张多：《悲伤的田野：突发事件的伦理反思》，第33-34页；郑少雄，李荣荣：《北冥有鱼：人类学家的田野故事》，北京：商务印书馆，2016年。

1993 年 12 月，当我在接近两个月的考察之后，从厦门搭乘十多个小时的长途客车于凌晨时分到达原定行程的最后一站广州，我由广州市客运站背着行李来到相距不远的广州火车站，困倦而又疲惫地上了在公交站等待前往中山大学的公交车，找到一个双人空座，把那个已经背着很吃力的大背包放在座椅边，然后把随手的一个小包（里面装着准备送给友人的两盒银耳）放到里侧的座位上，就在此时忽然感觉侧旁一个黑影一闪，那个大背包消失了！这个包里放着大约 20 万字的手抄资料、一些珍贵的无法弥补的照片、一个访谈的笔记本和一沓复印资料，还有 1 500 元现金、一架数码相机以及全部的换洗衣物、洗漱用品。我冲下公交车，那时的广州火车站乱得出名，加之天色未明视线有限，前期档案馆田野工作（田野调查）成果就这样被近乎抢劫式地偷走了！

我来到中山大学招待所，躺在床上望着天花板，心灰意冷，绝望之至，真是要死的心都有了！在后面的几天中，我甚至抽空就到广州火车站失物招领处去询问，到街头偏僻处拾荒者的窝棚里去打听，也是毫无收获①。（王建民，2016：240）

三、国内外民族学人类学家的田野经验

田野调查起初往往与陌生、不确定性、杂乱无章、无序、混乱、肮脏、艰辛、幸运、受苦、折磨、超经验性、跨文化、跨文明等词汇联系在一起。

人类学家马林诺夫斯基刚进入特罗布里恩德群岛土著村落中进行田野工作（田野调查）时，将其遇到的困惑、不解、烦恼等在书中进行了详细的描述。

想象一下你突然被抛掷在靠近土著村落的一片热带海滩上，孑然一身，全部器材堆在四周，而带你来的小艇已如孤帆远影般消失。当你在附近某个白人（商人或传教士）的家里找到住处之后，除了立即开始你的民族志工作外，已别无选择。再想象一下你只不过初出茅庐，毫无磨炼，缺乏引导，无人帮助。因为那白人恰巧不在，或不能、不愿把时间浪费在你身上：这便是我在新几内亚南部海岸初次开始进行田野工作（田野调查）时的写照。我清楚地记得开头几周我耗在那些村落里的漫长探访；记得经

---

① 参见王建民：《档案馆田野的挫折》，第 239-240 页；郑少雄，李荣荣：《北冥有鱼：人类学家的田野故事》，北京：商务印书馆，2016 年。

过多次执著而徒劳的尝试，总是不能真正与土著人接触，也不能得到任何材料；我记得在这之后的无助与失望。很多时候我沮丧之极，就埋头读小说，就像一个人在热带的抑郁和无聊袭来时借酒浇愁一样。

接着可以再想象一下，你独自一人或在你的白人向导陪伴下，第一次进入土著村子。有些土著人，一闻到烟草味儿，就跑来围观；那些尊贵和年长的土著人却对你无动于衷。你的白人同伴有他自己对待土著人的习惯，他既不理解也不太关心你作为一个民族志者接近他们的方式。第一次探访留给我的感觉是：下一次当你独自一人再来时，事情会容易得多。

起初，我很难与土著人进行细致而明确的对话。我很清楚，最好的补救办法是搜集具体的数据，于是我搞了一个村庄的人口普查，录写家谱，画出村落图并搜集了亲属称谓。（马林诺夫斯基，2001：导论第3-4页）

人类学家普理查德在对努尔人的田野工作（田野调查）过程中，也遭遇了疾病以及生产和生活的诸多困难。

我认为，要对一个人群进行社会学研究，一年的时间是不够的，尤其是在恶劣的情况下对一个难以与之相处的人群进行研究。但是，在1935年和1936年的这两次探访中，由于严重的疾病，我的调查不得不在还未成熟时便过早结束了。

除了在整个研究过程中一直身体不适，在研究初期遇到了猜疑和不断抗拒、没有翻译人员、缺少足够的语法和词典，以及未能找到通常的那种信息提供者以外，随着研究的进行，还产生了另外一个困难。当我与努尔人的关系较为友好、对他们的语言比较熟悉时，他们便不断地来探访我，男人、女人、男孩子，从清晨到深夜，我的帐篷里几乎每时每刻都有前来造访的人。……对于那些无休止的造访，我必须不断地开些玩笑来加以应付，工作也总是被中断，尽管这为我提高关于努尔人语言的知识提供了机会，却给我带来了很大的负担。不过，如果一个人想在努尔人的营地中住下来，他就必须适应努尔人的习俗，而努尔人是坚持不懈的、不知疲倦的造访者。这给我带来的最大的不便在于，我的一举一动都暴露在大庭广众面前，很长时间以后，我才对此有点适应。不过，要在一群观众面前，或是在这个营地的人们的众目睽睽之下进行最为隐私的活动，对我来说，始终未能完全习惯。（普理查德，2001：第16页）

人类学家格尔茨的田野之旅也充满魔幻和惊心动魄，他写到在寻找田野、寻找合作伙伴时有点类似于在下象棋。

无论如何，在那个夏天结束之际，我仍然没有定下来要去哪里进行自己的田野工作（田野调查）。另一名教授走进皮博迪博物馆办公室，我当时正在无忧无虑地区分纳瓦霍族和祖尼族丧礼仪式的差异，以及两者同摩门教徒、德克萨斯人及西裔美国人的差异，而我自己甚至从未参加过任何一场葬礼。教授是一个沉默寡言的人，经常会冷不丁冒出一句话，他说："我们正在组建一个团队前往印尼。我们需要两个人研究宗教和亲属关系。你和你太太想一起去吗？"我当时对印尼的了解，除了大致的地理位置以外，其余几乎一概不知。我说："好啊！我们想去。"我回家把这事告诉妻子，我们很想看看这一决定将会给我们带来什么。

……

集体学了一年印尼语（包括听说在内），这样做的一个目的是让我们充分了解彼此（而也正是在相互了解之后，我们决定不要将个体研究活动整合到项目设计者所设想的那种统一的研究事业中，而只是作为最松散、最学院化的"团队"存在）。我们从鹿特丹出发，在海上航行了三个月，抵达雅加达，又在内陆坐了一天的火车，到达日惹，和我们的印尼合作伙伴见面，却有意想不到的事情等着我们：他们怀疑我们及我们的项目，说得更具体些就是质疑我们的能力，反对我们的计划，不相信我们的动机。

……

我自己最喜欢的比方是象棋游戏，虽然我并不认为这个比方真正贴切。人类学家寻找田野地点落脚，寻找共事的合作伙伴等，好比下棋的传统开局；人类学家从各个方向进行探索，一旦开始探索，就会将事务互相连接起来，好比棋局中间错综复杂、难以标准化的棋子组合；最后是更加正式的终结程序，好比极简主义的终局游戏。（格尔茨，2011：第116-134页）

国内早期民族学家人类学家在田野工作（田野调查）中也留下很多惊心动魄的经历，这里以杨成志、林耀华、费孝通的田野经历为例。

杨成志是深入巴布凉山研究凉山的第一人，他写道：

抵岸后，我住宿于凉山山麓，六成坝县佐衙门。即晚闻江风怒号，流声奔奏，及"蛮子"下山抢劫汉民的枪声，感慨顿生，终夜不寝！翌日更因水土不合和发困过度，病魔遂把我征服下去！何来消息灵通，当夕阳正下，月亮初起的时候，有四十余名携刀带枪的"蛮子?"竟来围攻衙门，意图掳我及财务。……当他们来攻时，胡县佐和病着的我督率卫兵坚决开枪抵御，约经一时之久，幸得附近汉人援救而将其击退。经过了几个危机，我发冷和疴痢的病更厉害了！一星期的病状痛苦，白天所接见的，只有汉民来诉被"蛮子"掳杀的呈禀；（因他们误会我是中央政府派来调查征服凉山的委员）晚上所听闻的，只有闷裂心脾的山风声和江流声相奏和，狗吠声和枪声互响应。令我的灵魂如入地狱，令我的肉体如坐针毡，自悔何苦到此"凶山恶水"的惨境！……

后来经过了多方运用如何得保安全的交际术，才得着一位最有权力而懂汉礼的酋长（汉人称为"大保头"）禄呷呷准许进去。然而胡县佐接阅孟县长和陆团首的信后，恐生不测，极力又来劝阻我出发，我对他说："我此次得窥探凉山，若得成功归来，在吾国学术上或有贡献；若中途不幸被掳杀时，是我好自为之，虽牺牲了性命也算值得，与你们地方官毫无一点关涉的。"他看见我态度强硬起来，不易屈服，遂让我独自进去。

我请胡汉把带路登高山行60余里，经过许多村落，先至罗格，俾受禄酋长宰牛（牛牵至我面前，先用斧打死，后砍斩成一块一块如石头般大的煮而半生熟食之）的欢迎（因我赠送他许多未曾看过的礼物，和他传说我是龙军长特派来和他们要好的）。我同他一样过部落时代的野蛮生活凡7天，觉得耳目一新，有如入大小人国那般景象的遭遇，我住过了"六畜同堂"污秽而局促不堪的茅屋里，我吃过号称上品的"肝生"（生猪肝，肺和血加以生辣子）和他们日常食料的荞巴巴、苞谷饭（玉蜀黍）·洋芋（马铃薯），……（杨成志，2003：第9—10页）

林耀华三上凉山，现已成为人类学田野研究的经典案例，但是初次进入巴布凉山，也充满着各种不确定性，他写道：

考察时间系1943年7月2日到9月26日，长达三个月，前后共87天。从成都率领同学胡良珍君并校工老范同行，至雷波聘翻译王举蒿、胡占云并黑彝保头3人，组成燕大边区考察团，西向大小凉山实地研究。（林耀华，1995：序1）

雷波城郊附近特别是城东城南一带，村屋甚多，都是散开满布田野间。每屋必于一角自筑碉堡，防御盗匪。住户必非全熟汉人，中有汉化彝民杂居，系前杨土司的百姓。城郊人民在生活上无何保障，彝人常于夜间来此劫杀掳掠，城南南田坝受祸尤深。作者住雷波时，每于深夜闻城外枪声连续，即系彝民来临。彝人的战略多系10余人结队，先在屋外埋伏，及至夺门而入之时，则击毙一二人，然后掳去一家男女。（林耀华，1995：11）

费孝通 25 岁时带着 23 岁的妻子王同惠去大瑶山做田野工作（田野调查）。费孝通夫妇误入当地的竹林中，中了当地瑶族村民为捕捉野兽而设下的陷阱，脚受了伤走不了路，他的妻子想去寻求当地人的帮助，不幸坠崖死亡，尸体 6 天以后才找到。费孝通第二天不见妻子回来，自己爬到村子里，村民救了他。费孝通亲笔写下碑文："人天无据，灵会难期；魂其可通，速召我来。"

吾妻王同惠女士，于民国二十四年夏日，应广西省政府特约来本桂研究特种民族之人种及社会组织。十二月十六日于古陈赴罗运之山道上，向导失引，致迷入竹林。通误陷虎阱，自为必死；而妻力移巨石，得获更生。旋妻复出林呼援，终宵不返。通心知不祥，黎明负伤匍匐下山。遇救返村，始悉妻已失踪。萦回梦祈，犹盼其生回也。半夜来梦，告在水中。遍搜七日，获见于滑冲。渊深水急，妻竟怀爱而终。伤哉！妻年二十有四，河北肥乡县人，来归只一百零八日。人天无据，灵会难期；魂其可通，速召我来！中华民国二十五年五月费孝通立。（费孝通，1935）

第三节　民族学人类学意义上的民族志

如果田野工作（田野调查）被人文、社会、地理学科所借鉴、讨论、认识和运用的话，那么目前民族志（ethnography）完全是属于民族学人类学的话语系统，只要提到民族志或者是民族志学者，那么自然而然地就附带着民族学人类学或者民族学人类学者。本节将重点讨论、分析和阐释这一民族志。

一、民族志的定义、种类和新范式

（一）民族志的定义

"民族志是一种描述群体或文化的艺术与科学。"①，艺术和科学的关键概念展示了民族志对于民族学人类学来说不仅仅是手段和方法，更是一种价值、意义和新范式，是民族学人类学本体论、实践论、价值论和认识论的综合体。民族志呈现成果的方式可以多种多样，比如一场即兴或者策划

---

① 大卫·费特曼：《民族志：步步深入》，龚建华译，重庆：重庆大学出版社，2007 年，第 1 页。

的表演、一次博物馆展览、一部纪录片、一篇博士或硕士论文、一篇田野日志、一份调研报告等。民族志的研究结果可以通过报刊文章、日记、照片、纪录片、演说以及视频、新媒体等进行传播。书写民族志被认为是民族学人类学者进入学科门槛中的成人礼；所以，民族志对民族学人类学学者来说相当重要。民族志也被定义为针对一种文化的一个或者几个侧面所进行的精确的、系统的描述性研究。当然，想当好一个民族志学者，前期准备工作是必不可少的。"民族志学者因为能对他们所研究的族群或文化始终保持一种开放思维（open in mind）而备受瞩目。当然，这一品格并不意味着不严谨。民族志学者带着开放思维而非脑袋空空进入田野。在田野问第一个问题之前，民族志学者已经有所准备：一个问题、一种理论或方法，一项研究方案，特定的资料收集技术，分析工具和一种特定的写作方式。"①

（二）民族志的种类

从民族志产生的学科背景出发可以分为单点民族志、多点民族志、互动民族志、自传式民族志、网络民族志、微信民族志、数字民族志、物种民族志等。

（1）多点民族志（multi-sited ethnography）。多点民族志是相对于单点民族志而言的，最早被美国民族学人类学家乔治·马库斯（George E. Marcus）提出，主要区别于民族学人类学家早期的田野工作（田野调查）在封闭的、异文化、异地的地方进行。最典型的就是马林诺夫斯基时代的民族学人类学著作，如《西太平洋的航海者》《努尔人》《安达曼岛人》等。随着技术的进步以及全球化引起的流动性或者在后现代主义、后殖民主义等思潮下，马库斯对传统民族学人类学单点民族志这一研究范式进行反思并指出其很难再进行下去，提出了多点民族志的新范式。但实际上，马库斯并不完全否定单点民族志所取得的学术成就，而且他还在书中指出他相信民族学人类学家所具有的视野。他指出"民族学人类学的民族志实践者不必为获得某种治疗效果而深陷于那些错综复杂和专业化的纷纭论争。他们比以往任何时候都更自觉地认识到自己是作家，作为正在走向成熟的职业学者，按照常规，他们已经超越了那些将他们引入民族学人类学的民族志模式。"② 目前，多点民族志的研究新范式被越来越多的民族学人类学者

---

① 大卫·费特曼：《民族志：步步深入》，恭建华译，重庆：重庆大学出版社，2007年，第1页。

② 克利福德，马库斯：《写文化：民族志诗学与政治学》，高丙中、吴晓黎、李霞等译，北京：商务印书馆，2006年，第315页。

所运用，特别是在全球劳工流动、商品全球化、世界体系、跨国公司、疾病传播与治疗、族群认同、大型水利建设等方面，多点民族志实践者做了大量富有启发意义的研究。国内学者所熟悉的项飙的著作《全球"猎身"：世界信息产业和印度的技术劳工》① 可以算是多点民族志的典范，它展示了世界信息产业的迅猛发展带来的印度 IT 行业劳力化、组织化、印度化的互动过程。实际上，多点民族志并不是田野工作（田野调查）的多点调研和观察，而是建立的一种观察和关系的方式，重点在于文化和社会的不同类型。"由此看来，马库斯所说的'多点民族志'就不仅仅是一个研究地点的数量问题，根据不同的研究目的来选择一些彼此之间有关联的研究地点才是根本所在，它是一种建立关系、研究关系的民族志。从表述层面上看，'多点民族志'在文本安排和材料运用方面的难度更大，既要考虑多个地点和人群之间的相互连接，又不能忽视每个人群的不同视角与行为，既要兼顾广度，又要保持深度，而后者正是民族学人类学研究不可丧失的独特性。"②

（2）网络民族志（netnography）。罗伯特・V. 库兹奈特（Robert・V. Kozinets）认为，"在消费者研究和市场研究中，我们逐渐采用'网络民族志'一词指称研究线上文化和社区的民族志方法。"③ 这里的线上社区和线上文化是两个重要的概念。线上社区是指线上组成的社区，来自虚拟社区这样的概念。线上文化是指在线上联盟的人所共享的价值、情感和意义。线上社区与文化之间有着重要的影响，"显然，线上社区已经成为人们日常线上经验的一部分。此外，线上社区包含人类社会和文化兴趣的大量类别，包括贸易联盟、专业群组，政治群组和政治讨论群组，兴趣群组，体育、音乐、电视节目和名人粉丝的群组，个人或心理问题群组，宗教或精神群组，或信仰群组，劳工组织，以及种族与文化群组。查看这份清单，很难想象出还有什么社区或兴趣不是线上参与的主题。"④ 线上社区和线上

---

① 项飙：《全球"猎身"：世界信息产业和印度的技术劳工》，王迪译；北京：北京大学出版社，2012 年。

② 《民族学人类学概论》编写组：《民族学人类学概论》，北京：高等教育出版社，2019 年，第 74-75 页。

③ 罗伯特・V. 库兹奈特：《如何研究网络人群和社区：网络民族志方法实践指导》，叶韦明译，重庆：重庆大学出版社，2016 年，第 8 页。

④ 罗伯特・V. 库兹奈特：《如何研究网络人群和社区：网络民族志方法实践指导》，叶韦明译，重庆：重庆大学出版社，2016 年，第 16-17 页。

文化已经成为人们日常生产生活的一部分，"随着更多的人使用互联网，他们把互联网当做高度精密的沟通装置，使得线上社区成为可能并为其赋权。很多人发觉，这些社区，正如互联网本身，是不可或缺的。它们成为产生人们不可缺少的归属感、信息和情绪支持的地方。在购物、求医、家长建议、政治集会或电视节目之前进行聊天，以及咨询线上社区成员伙伴，逐渐成为第二自然。"[1] 当然线上社区不是虚拟的，是真实存在的，"线上社区不是虚拟的，线上相会的人们也不是虚拟的。它们是真实的社区，在真实的人类间流行，这也是为什么如此大量的会面最终走到线下。我们在线上社区所讨论的主题都很重要，这也是为什么我们经常在线上社区了解和继续关注社会和政治事务。线上社区是社区，这个问题不需要再议。它教会我们真实的语言、真实的意义、真实的事实、真实的文化。"[2]

关于技术和文化的关系，正如复杂的舞步相互纠缠和交织，"有观点认为技术并没有决定文化，实际上，在共同决定、共同建设的力量中，技术是其中极其关键的一项。我们根据自己的观念和行动选择技术，我们改变它、塑造它。同样关键的是，需要强调我们的文化并没有完全控制我们使用的技术。技术和文化互动的方式如复杂的舞步，紧密交织、纠缠。技术变迁的元素展现在我们的公共空间、工作场所、家庭、关系及身体中——每一由来已久的元素都与其他元素相结合。技术持续不断地塑造和重新塑造我们的身体、空间和身份，也根据我们的需求来塑造。要理解这个变化发展的方式，我们需要积极关注特殊和普遍的语境——特定的时间和空间、特别的规则或操作程序、制度史、技术的可能性、实践和大众功能、恐惧和梦想。需要用民族志来全面地了解这些语境。"[3] 网络民族志、微信民族志、数字民族志等都是因网络、数据、数字和软件的发达而产生出来的民族志新范式。

蓝江在《从规训社会，到控制社会，再到算法社会——数字时代对德勒兹的〈控制社会后记〉的超—解读》一文中指出，数字时代成形后我们进入了一种算法社会："如果我们将福柯的规训社会、德勒兹的控制社会，

① 罗伯特·V. 库兹奈特：《如何研究网络人群和社区：网络民族志方法实践指导》，叶韦明译，重庆：重庆大学出版社，2016年，第19页。

② 罗伯特·V. 库兹奈特：《如何研究网络人群和社区：网络民族志方法实践指导》，叶韦明译，重庆：重庆大学出版社，2016年，第19页。

③ 罗伯特·V. 库兹奈特：《如何研究网络人群和社区：网络民族志方法实践指导》，叶韦明译，重庆：重庆大学出版社，2016年，第28页。

和我们正在经历的算法社会从空间、主体、技术、未来四个向度进行比较，就会发现，我们经历了工厂—公司—平台的空间变化，个体—分体—虚体的主体变化，规训—调节—精准图绘的技术变化，以及规训社会—控制社会—算法社会的未来向度的变化。通过这样的对比，我们可以更清楚地厘清福柯的规训社会与德勒兹的控制社会的区别，以及我们如何在《控制社会后记》的文本基础上，结合我们今天的社会状态，来逐一解读这个文本，理解今天的算法社会。"①

段颖在《互联网时代的田野工作（田野调查）与人类学研究》指出，互联网已经深入影响到人类生活的方方面面，虚拟世界背后依旧存在着知识、权力、资源等的复杂关系，并且认为："无疑，人类已经进入信息时代，时空压缩、流动加速、数码技术、人工智能、生命工程以及由此衍生的后人类状况影响和改变着人们的生活。数码现象无论作为社会运作机制，还是连接世界的想象，已成为人类生活的组成部分，无远弗届，不问西东。网络作为非人类的行动者，已实实在在地参与到人类的生活中，不仅仅是信息与科技的介入，而是在相互交织、纠缠中创造出新的生境，无形中形塑着人类的自我认同、社会交往、亲密关系、生产消费、生活方式、具身体验乃至存在状态。总体而言，数码人类学的基本原则与逻辑在于力图建立穿梭虚拟与现实的连接，明晰万物互联的背后，依旧存在知识、权力、资源的复杂关系，连接与断裂并存，同时通过剖析数码技术及其带来的社会文化后果，审视科学、技术与社会的关联与互动，进而揭示科学技术与意识形态的双向形塑，并以其特有的方式与时俱进地回应人类学的基本问题，即信息时代的社会构成以及后人类状况之下的文化图景，并在人与非人世界的物我关联和交融中，重新思考人的存在状况与本质。"②

（3）多物种民族志（multispecies ethnography）。多物种民族志希望重塑人与多物种的关系，重新利用"万物有灵"的观念书写物的生命史。在多物种民族志中，动植物成为社会的一分子，与人类共享生态和社会空间，展现人们如何认识其他物种和周围的生态环境。同时，多物种也是一次大胆的跨学科尝试，处于生态学、动（植）物学、民族学人类学的交叉

---

① 参见蓝江：《从规训社会，到控制社会，再到算法社会——数字时代对德勒兹的〈控制社会后记〉的超—解读》，《文化艺术研究》，2021 年第 4 期。

② 参见段颖：《互联网时代的田野工作（田野调查）与人类学研究》，《思想战线》，2023 年第 6 期。

领域，不仅仅将动物、植物，还将细菌、病毒等微生物纳入民族学人类学研究范畴中。挪威著名民族学人类学家玛丽安娜·伊丽莎白·利恩（Marianne Elisabeth Lien）的著作《成为三文鱼：水产养殖与鱼的驯养》（*Becoming Salmon：Aquaculture and the Domestication of a Fish*）是这几年为数不多的多物种民族志的经典作品，"本书是关于'鱼的城市'的一个民族志。它讲述三文鱼如何成为养殖的动物和如何被赋予情感的故事。这是关于一个出人意料的、正在崛起的产业故事，这个产业已给世界渔业资源的格局带来了巨大改变。随着三文鱼的全球化，这也是关于一种新型生物资本改变人类与非人类、自然与文化之间关系的故事。但更重要的，这是一个关于挪威西部三文鱼养殖场内外以及河流上游和其他地区中三文鱼与其人群之间新的、非常规的接触的研究。"① 在多物种民族志中，人类和动物塑造着彼此，驯化是一个双向互动的过程，这里展示出各物种之间平等共生，人类与其他物种密不可分、相互联系，打破以人类为中心的论调。加拿大人类学家爱德华多·科恩（Eduardo Kohn）的著作《森林如何思考：超越人类的人类学》（*How Forests Think：Toward an Anthropology Beyond the Human*）也是多物种民族志的代表作，他呈现了鲁纳人的生存方式以及其与各种森林中的森林、药、精灵、猴等之间的符号和象征的关系，指出这些符号和象征关系并不仅仅存在于人类，它广泛存在于所有的物种当中："如果'我们'要幸存于人类世（Anthropocene）——在属于我们的这个不确定的时代，人类之外的世界正越来越多地被'太人性的'占据——我们将不得不主动培养这些思维方式，跟森林一道，像森林一样。在这方面，我想回到我的标题'森林如何思考'。我选择这个标题，是因为我注意到了它与列维-布留尔（Lévy-Bruhls）的《土著如何思考》（*How Natives Think*）之间的共鸣，《土著如何思考》这本书是对万物有灵论思想的经典处理。同时，我想我们有个重要的区别：森林在思考；当'土著'（或诸如此类其他人）想到这一点时，他们就会被'一个正在思考的森林'这样的想法占据。我的标题《森林如何思考》也与列维-斯特劳斯（Lévi-Strauss）的《野蛮的思维》（*La Pensée Sauvage*）存在共鸣。列维-斯特劳斯的沉思跟一种既被人类驯化又不被人类驯化的思想有关。这种方式，就像观赏花卉三色堇（pansy）——思维（pensée）的另一种含义——一样，列

---

① 玛丽安娜·伊丽莎白·利恩：《成为三文鱼：水产养殖与鱼的驯养》，张雯译，上海：华东师范大学出版社，2021年，导论第3页。

维-斯特劳斯的标题开玩笑似的地暗示了这一点。尽管三色菫是被驯化的，因此是'驯服的'，但它仍是鲜活的。因此也正如我们一样，也像鲁纳人——那些'温顺的印第安人'（indios mansos）——一样，三色菫也是野生的。当然，'野蛮'（sauvage）在词源上与'森林'（sylvan）相关——它们是那种（野生）的森林，'野蛮森林'（selva selvaggia）。"① 徐义强指出："多物种民族志因其独特的视角与理念给以人类为主导的'人类世''人类中心主义'提供了反思的思想利器，跨越了人类/非人类的二元对立思维，消弭了人与自然的边界，这也是民族学人类学送给世界的一个珍贵礼物。而这些精神智慧，也更是人类世界的时代里多物种民族志带给人类的深沉思考。"②

彭兆荣在《博物民族志：一种基于不同物种"生命共同体"的民族志新范式》一文中提出"博物民族志"的概念，认为"多物种民族志"是"博物民族志"的异类，博物民族志也可以称为生命民族志，指出"以传统的学科研究范畴来看，人类学专门研究'人类事务'，博物学则研究人类以外的'物种事务'。为了更好地应对当今世界所面临的生态环境恶化和生物多样性缺失等危机，人类学、博物学等相关学科亟须深度整合。如果没有博物学思想、价值、知识和方法的完整介入，'保护生态—保护生物多样性—保护文化多样性'便缺失了一种最贴切的知识新范式与学科依据；而如果博物学缺少人类学的介入，无疑造成了'人科'缺失的重大遗憾。由于这种尝试涉及当前全球最根本的问题，即生物的生命问题，因此笔者所主张的博物民族志其实也是生命民族志。"博物民族志具有重要的学科新范式意义，认为："博物民族志具有人类学在新的历史语境中的新范式特征、不仅关注人类与自然（生态、环境）的整体关系，关注人类与其他物种的整体关系，也关注事物发生和变化过程的整体性。当人类面临生态环境日益恶化、生物多样性不断缺失等危机之时，这已经不仅是学科新范式亟须进行整体研究的问题，而且是涉及拯救生命和人类自我救赎的重大问题。"③

① 爱德华多·科恩：《森林如何思考：超越人类的人类学》，毛竹译，上海：上海文艺出版社，2023 年，第 316-317 页。

② 徐义强：《多物种民族志的关键词与研究理念》，《文化遗产》，2022 年第 4 期。

③ 彭兆荣：《博物民族志：一种基于不同物种"生命共同体"的民族志新范式》，《民族研究》，2023 年第 6 期。

自传式民族志（auto-ethnography）顾名思义是指民族志学者在撰写民族志过程中把个体性（或集体性、或家庭性、或组织性）的私生活、社会和文化经验，文化认知和文化表达，社会和文化经历以及获得的情感、价值和意义等纳入民族志的书写过程中的一种民族志书写新范式。学者陈纪、南日指出："自传式民族志的含义是作者以语言、历史和民族志方面的解释为手段，有意识地探索一个亲历且自省的自我与文化现象之间的相互关系。它通过批判性和反省式地叙述那些存在于特定社会文化背景中自身经历的生活故事和社会事件，帮助我们理解和把握理性化的个人生活全貌，使这种故事或事件在更为广泛的文化、政治和社会意义中获得重新地界定和解读。近些年来，自传式民族志作为一种质性研究方法，已经受到中国学术界的高度关注，为社会科学研究者深入认知人们的社会文化生活，尤其是为某种特定人群的个案研究提供了一种新的路径。"[1]

从民族志与作类型出发民族志可以分为：①基础研究：研究札记、田野工作（田野调查）报告、民族志专著等。研究札记，这里是指民族志学者在研究过程中把自己的研究心得体会和研究成果，用文字记录下来，最后汇集编成的成果。田野工作（田野调查）报告，这里是指民族志学者经过田野工作（田野调查）后对所调查的课题、内容、方式、时间、地点、人物、时间、事假、问题、对策、建议等进行描述、分析和研究的过程。民族志专著，这里指民族志学者撰写出来的著作和编著等。②常规研究：理论研究、跨文化研究、学科史研究等。理论研究，这里是指民族志学者有关理论方面的作品。跨文化研究，这里是指民族志学者用跨文化的视角对相关问题进行研究。学科史研究，这里是指民族志学者对民族学和人类学相关理论、概念、学派等进行学术史的研究。③科普研究：学科介绍、教材编写、通俗读物等。学科介绍，就是民族志学者对民族学和人类学进行宣传、介绍和描述的书。教材编写，就是民族志学者撰写的有关民族学人类学的教材。通俗读物，就是民族志学者对相关民族学人类学学科、田野、游走、观察和研究等进行描述、记录以便让大众读者阅读的书。

---

① 陈纪、南日：《自传式民族志的发展概况及其社会效用论析》，《湖北民族学院学报（哲学社会科学版）》，2018 年第 1 期。

（三）民族志的新范式

民族学人类学从早期的文献式的民族志（代表作品：弗雷泽《金枝》①）到后来马林诺夫斯基式的田野工作（田野调查）单点异地民族志（代表作品：《西太平洋上的航海者》），到后来的费孝通的多点熟人社会的单点民族志（代表作品：《江村经济》），再到后来的项飙的全球性的流动社会的民族志（代表作品：《全球"猎身"：世界信息产业和印度的技术劳工》），又到历史民族学人类学从文献到田野或者田野到文献最后到文献与田野互补的历史民族学人类学民族志（代表作品：张应强《木材之流动》以及主要由他学生组织完成的"清水江研究丛书"），再到后来实验民族志（比如：写文化）、媒体民族志（比如：对网络、空间、元宇宙、动漫、游戏等的研究），以及这几年发展出来的物种民族志（代表作品：利恩《成为三文鱼：水产养殖与鱼的驯养》）等。

跨学科的民族志书写，如历史人类学（如王明珂：有关华夏边缘社会的弟兄故事与历史记忆研究；另外以华南学派为主要代表的历史人类学者陈春声、刘志伟、郑振满、科大卫、张应强等的研究），政治人类学（如格尔兹的剧场"国家"理论；另外以徐勇为代表的田野政治学派：该派主张把田野纳入政治学研究的全过程中，然后了解其实践性），经济人类学（该派主张把经济看作文化的一部分，如民族地区经济研究，代表作萨林斯的《石器时代的经济》等），媒介人类学（媒介人类学也叫媒体人类学或视觉人类学，如纪录片、影像志等，代表作为《虎日》记录片），生态人类学（探讨生态与人的关系，包括对藏獒、牦牛、水利社会等方面的研究），法律人类学（法律人类学重点关注习惯法、宗教和仪式审判等，以及法律如何进入、如何实践和如何运行），旅游人类学（旅游人类学重点关注旅游影响下当地人的生计选择、文化重构、人际关系以及地方区域变迁等问题），企业人类学（企业人类学关注商品、产品以及人类社会和文化对商品和产品偏向，也关注家族企业、区域文化企业、跨国公司等），体育人类学（体育人类学关注权力与体育、身体与体育、体育与身体条件等方面），医学人类学（医学人类学关注艾滋病、"国家"疾病防控与应对、区域性疾病认知、全球医疗认知等研究），教育人类学（教育人类学

---

① 《金枝》：弗雷泽的重要代表著作，也是人类学的经典著作。该书是研究巫术与原始习俗，包括原始宗教、神话、巫术、仪式和原始人的心理，从中考察原始人的个体主观活动。弗雷泽运用历史比较研究方法，系统整理了世界各民族原始信仰的资料，建立了一整套严整的体系。

包括儿童教育模式、学校教育、传统文化教育等）等依据跨学科的性质、命题以及话题对应着相应的民族志。

色音在《论人类学民族志新范式的转换与创新》指出民族志新范式的转换与创新应该从学科内部以及相近学科出发，民族志的写作方式是可以发生不断变化的："民族志写作的方式并不是固定不变的，而是随着人类学学科本身的不断发展而不断创新。民族志学术新范式的转换与人类学理论的创新发展密切相关。今后，我们需要建构实践指向为路径的民族志新范式，在民族志书写上需要探索新范式和新规范。本文认为人类学理论创新和民族志新范式的建构，应从两个方面着手进行：一是从学科内部改进传统的民族志研究方法，从而将人类学的理论水平推向新的高度；二是需要积极吸收其他相关学科的新理论新成果，促进人类学理论及民族志自身的新范式转换和创新发展。"①

二、民族志的写作和意义

（一）民族志的写作

完成民族志写作就是记录奇迹发生的过程。"写作是一项艰巨的工作。写得好则更加艰难。民族志研究要求在每一步都要有好的写作技能。研究计划、田野笔记、备忘录、临时的报告、最终的报告和著作都是民族志研究工作的有形产品。……民族志的写作就像描写自然那样既困难重重又令人愉悦。从简单记录日常小事、地标甚至气温到尝试描述整个田野经历或突然间的领悟，民族志研究的写作要求有一双能捕捉细节的眼睛，一种能用合适的词汇表述细节的能力，以及一种能够把细节和意思组织成一个结构细密的整体的语言技能。民族志学者必须还原各种各样的已经花了几个月时间来观察和研究的社会组织和交往形式。每一种文化展示的多种多样的象征意义以及人们对各自环境的适应会都会跃然纸上。"②

可以说每部经典的民族学人类学著作都可以称为一部经典的民族志，能够成为经典的民族志，至少包含两个东西：一个是符合学术规范也就是学理性的讨论；另一个是符合民族志书写的规范和新范式，包括文笔、设计或者道德伦理价值等方面。因此民族志学者常被认为是文化荒野里的徘

---

① 色音：《论人类学民族志新范式的转换与创新》，《世界社会科学》，2023 年第 1 期。
② 大卫·费特曼：《民族志：步步深入》，龚建华译，重庆：重庆大学出版社，2007 年，第 88 页。

徊者，穿过沼泽地的旅行者。"民族志学者一定会在多文化的荒野里徘徊，学着用各种人的眼光认识世界。民族志学者的旅行带领着研究朝向未知的方向前进，克服那诱人的危险，穿过危险重重的沼泽地。若没有充足的准备，这趟旅程可能会变成一场噩梦。民族志学者必须能够确定和选择合适的问题，必须学会使用理论、概念、方法、技术和在田野中使用适当的装备，之后他们开始在一个陌生的文化中旅行。民族志学者必须会分析他们的资料，并清楚而中肯切题地写下他们的所见和记录。另外，他们必须学会处理他们在每一个十字路口遇到的众多道德困境。"① 对民族志学者来说，不仅要有作家的文笔（是指民族志学者应该有好的文字功底和表述能力）、记者的敏锐（是指民族志学者应该有好的田野敏锐性和灵活性）；还要有编辑的苛刻（是指民族志学者应该对文字表述精确和精炼）、历史学家的严谨（是指民族志学者对待田野资料要阐释、分析和解读）等特征。陈学金说，"基于既有理论论述以及我自己的民族志写作和阅读经验，我认为，一部出色的民族志作品应符合如下五个条件。第一，一个有价值的研究问题。研究问题通常以田野观察为基础，并能与既有理论充分对话。第二，经验材料以扎实的、较长时期的田野工作（田野调查）为基础，并能反映当事人的行为、观念和逻辑。第三，既包含深入、具体、生动的微观社会事实描述，又包括合理准确的中观、宏观的理论阐释。第四，具有跨时间、跨文化或多案例的比较视野。第五，叙述事实细致、简洁而流畅，阐释理论逻辑清晰、深刻而隽永，叙事和说理能够融合成为一个有机的整体。"② 林耀华先生的《金翼》是这方面的代表作。

民族志写作的基本组成一般包括以下几个方面：①一般民族志都有具体的研究场所和对象（封闭的一个社区，村落、地点或者一群人、区域、流域、网络、全球等）。②一般民族志都关注突出的社会和文化问题（如疾病、健康、毒品、文化遗产、博物馆、旅游、人口流动、青少年、社会性别、市场、跨国公司等）。③关注文化流动和文化权力方面（如文化殖民、文化霸权、文化内卷化、文化冲突、文化秩序、跨文化流动、文化认同、文化符号变迁、文化互动等问题）。④关注人的生活史、命运和观点（如历史观、财富观、时空观等）。

---

① 大卫·费特曼：《民族志：步步深入》，龚建华译，重庆：重庆大学出版社，2007年，第115页。

② 陈学金：《如何做民族志研究》，北京：教育科学出版社，2003年，第195页。

当然民族志在写作和书写过程中会遇到很多主客观因素，也被称为"部分的真理"："民族志的写作至少以六种方式被决定：①从语境上（它从有意义的社会环境中汲取资源并创造有意义的社会环境）；②从修辞上（它使用有表现力的常规手法）；③从制度上（写作既处在特定的传统、学科和观众读者之中，又对立于所有这些）；④从一般意义上（民族志通常区别于小说和游记）；⑤从政治上（表达文化现实的权威是不平等地分配的，有时候是有斗争的）；⑥从历史上（上述所有常规和限制都是变化的）。这些决定因素支配了内在一致的民族志虚构的铭写。"①

（二）民族志的意义

作为民族志，从学科价值和意义来看，它能促进人类学学科和相近学科的不断延续和发展；从历史性来看，民族志具有历史文本和历史文献的价值和意义；从方法论来看，民族志具有重要的实践性、工具性和操作性特征；从情感性来看，民族志具有情感性、价值性和功能性特征。

此外民族志还有提供案例（case）、历史记录（record）、理性启迪（meanning）、文化书写（writing culture）、文本流通（texts）、追寻事实（facts）、救赎式的（redemptive）西方寓言（allegory）、人类进步和文明的象征、实现跨文化良性互动和交流、了解彼此、实现沟通、实现价值和意义等功能。

可以说，一部民族学人类学史就是一个案例的历史，作为民族学人类学的每部民族志作品，它提供了很多经典的社会和文化案例，这些案例扩展了方法，使民族学人类学作为一个学科不断发展。如《库拉》个案之民族学人类学派的功能主义，《斗鸡》个案之阐释民族学人类学派，《虎日》个案之民族学人类学的应用研究，等等。当然，作为民族志还有一个历史记录（record）的过程，民族志学者通过一段时间的专业学习到特定的区域以及特定的社会和文化，记录和描述了他们的所见、所思、所感，而且以获得第一手原始资料为己任，所以民族志充当了一个社会和文化的历史记录者的角色。如《努尔人》《缅甸高地的诸政治体系》《金翼》等。民族志还可以充当理性启迪（meanning）的重要使命，民族志展现了社会和文化的相对主义（博厄斯）、地方性知识（格尔茨）以及具有的实践理性（萨林斯）特征。民族志记录和描述研究对象的社会和文化的历史、所处

---

① 克利福德，马库斯：《写文化：民族志诗学与政治学》，高丙中、吴晓黎、李霞等译，北京：商务印书馆，2006年，第34页。

的地理环境、婚姻和亲属制度、人群交往、生计方式等，因此民族志也可以当作文化书写（writing culture）。另外民族志能充当文本（texts）和事实（facts）的价值和隐喻，为社会和文化的交融、变迁、互动和发展提供很多事实依据。民族志也是具有寓言性的，具有政治性、整体性、性别性或者文化批评性等，"寓言通常情况表示一个叙事体虚构连续不断地指向另一种观念或事件的实践，它是'解释'自身的表述。"①

---

① 克利福德，马库斯：《写文化：民族志诗学与政治学》，高丙中、吴晓黎、李霞等译，北京：商务印书馆，2006年，第138页。

第二章 民族学人类学经典传统理论与田野工作（田野调查）和民族志新范式

民族学人类学在发展过程中衍生出了一个重要的"传统理论"，什么是民族学人类学的"传统理论"？"传统理论"对于田野工作（田野调查）和民族志有哪些要求和启发？"传统理论"与田野工作（田野调查）和民族志产生出哪些共谋？田野工作（田野调查）者和民族志学者如何运用这些"传统理论"？经典传统理论作为一种新范式、新程式、新要求、新方法、新路径以及本体论和认识论等方面价值该如何呈现在民族学人类学者的田野工作（田野调查）和民族志？本章将简答上述这些问题。

第一节 民族学人类学的三个经典传统理论

本节将重点介绍民族学人类学的三个经典传统理论。民族学人类学的三个经典传统理论以三本主要著作为代表：一本是希尔斯（Edward Shils）的《论传统》（*Tradition*）①，这部关于传统的书证明我们需要传统，探讨传统的共同基础和共同因素，分析传统在人类生活中所造成的差异，也着重探究了传统的含义、形成、变迁，传统与现代化，传统与创造性，传统与理性化，启蒙运动以来的反传统主义，社会体制，宗教、科学、文学作品中的不同传统，以及传统的不可或缺性等问题；一本是雷德菲尔德

---

① 爱德华·希尔斯：《论传统》，傅铿，吕乐译，2版，上海：上海人民出版社，2014年。

（Robert Redfield）的《农民的社会与文化：人类学对文明的一种诠释》（*Peasant Society and Culture：An Anthropological Appoach to Civilization*）①，其中的"大小传统"理论，认为在任何一种文明里面，总会存在着两个传统：其一是一个由数量很大但基本上是不会"思考"的人们创造出的一种小传统；其二是在学堂或庙堂之内培育出来的大传统，而小传统则是自发地萌发出来的。第三本是以霍布斯鲍姆（Eric Hobsbawm）的《传统的发明》（*The Invention of Tradition*）②，本书分别研究威尔士人的民族服装、苏格兰的典籍再造、英国皇家仪式变迁、非洲民族对英国中产阶级生活方式的模仿，以及 1870—1914 年英、法、德三国民族节日和大众文化方面的变化，说明传统并不是古代就流传下来的一成不变的东西，很多是当代人创造和发明的，那些表面看来或者声称是古老的"传统"，其起源的时间往往是晚近时期，而且有时是很晚才被发明、建构和正式确立出来的。

一、民族学人类学经典传统理论——"论传统"

什么是传统？怎么来把握和诠释民族学人类学的经典传统理论？"论传统"对于传统经典理论有什么启迪和价值？

什么是传统（tradition）？"传统——代代相传的事物——包括物质实体，包括人们对各种事物的信仰，关于人和事件的形象，也包括惯例和制度。它可以是建筑物、纪念碑、景物、雕塑、绘画、书籍、工具和机器。"③ 这里指出传统可以是代代相传的一种信仰、一个形象、一个观念或者价值、一种认同，也包括惯例和制度，还可以是建筑物、纪念碑等。传统的实质就是实质性的内容都可以成为传统，包括精神的、信仰的、思维的、社会关系的、技术的。"几乎任何实质性内容都能够成为传统。人类所成就的所有精神范型、所有的信仰或思维范型、所有已形成的社会关系范型、所有的技术惯例，以及所有的物质制品或自然物质，在延传过程中，

---

① 罗伯特·雷德菲尔德：《农民社会与文化：人类学对文明的一种诠释》，王莹译，北京：中国社会科学出版社，2013 年。

② E. 霍布斯鲍姆：《传统的发明》，T. 兰格；顾杭，庞冠群译，南京：译林出版社，2004 年。

③ 爱德华·希尔斯：《论传统》，傅铿，吕乐译，2 版，上海：上海人民出版社，2014 年，导论第 12 页。

都可以成为延传对象，成为传统。"① 因此希尔斯认为原始经文和对其所做的诠释都是传统，比如我们的亲属观念、人际关系、差序格局、生计观念、长幼秩序、生活秩序、民间信仰、地域社会、职业道德和社会分工等。

另外传统的传承和延续只能依靠人才能实现，人类可以制定和完善传统，并能依靠传统以及适时地更改和发明传统。希尔斯说，"传统依靠自身是不能自我再生或自我完善的。只有活着的、求知欲和有欲求的人类才能制定、重新制定或更改传统。传统之所以会发展，是因为那些获得并且继承了传统的人，希望创造出更真实、更完善、或更便利的东西。传统会失去它们的拥护者，从这一意义上来说，传统可能退化，因为它们的承袭者不再沿用它们了；或者因为，那些曾经继承、修订和扩充它们的人现在偏向于选择其他的行为方式；或者因为，新一代人找到了其他的信仰传统，或者，根据他们所接受的标准，他们发现某些较新的信仰更能被人接受。"②

传统往往与社会结构紧密相连，社会结构可以拥护、赞同、支持和肯定传统或者传统的部分内容。希尔斯说，"对一种传统的拥护是社会结构的一种事实。换句话说，拥护本身即是内含传统的社会结构，是对传统持赞同和肯定态度的接受，传统本身则可以以各种变化了的或未变的形式出现，传统的命运便随着这种拥护的规模不同而变化。一项传统为人拥护的规模会扩大或缩小；这两种变化发生时可能会伴随着传统内容的改变，也可能传统内容不变。同样的信仰和惯例可以有许多人拥护，也可以只有很少人支持；传统的实质可以保持原样，而对它们的拥护可以增强或减弱。"③

传统是有价值的，对待传统要相当谨慎，那些有实质性的、有活力的、有价值性的传统应该被保存、积极培植和精心保护。希尔斯说，"我在这里想要强调的是，我们对待传统应当慎重，传统不应仅仅被当作障碍或不可避免的状况。抛弃传统应该看成新事业的一种代价；保留传统则应算

---

① 爱德华·希尔斯：《论传统》，傅铿，吕乐译，2 版，上海：上海人民出版社，2014 年，导论第 17 页。

② 爱德华·希尔斯：《论传统》，傅铿，吕乐译，2 版，上海：上海人民出版社，2014 年，导论第 15 页。

③ 爱德华·希尔斯：《论传统》，傅铿，吕乐译，2 版，上海：上海人民出版社，2014 年，第 281 页。

作新事业的一种收益。这种代价—收益分析并不总是可以应用的，除非只是非常笼统的。我着重指出，传统应该被当作有价值生活的必要构成部分。在现代，人们提出了一种把传统当作社会进步发展之累赘的学说，这是一种错误。如此断言是对真理的一种歪曲，认为人类可以没有传统而生存，或只需要仅仅按照眼前利益、一时冲动、即兴理智和最新的科学知识而生存，同样是对真理的歪曲。不管这种错误的动机多么高尚，也无论这种错误如何有助于带来什么样的利益，它毕竟是错误的。启蒙运动是一项非常伟大的成就，并已经成了我们传统的一部分。甄别启蒙传统中仍有生命力和已经过时的东西，将是一种了不起的鉴别传统的能力。其中许多过分发展的东西已经失去了活力，并成了一种障碍。有活力的东西是值得保存下来的。实质性传统就值得保存、积极培植和精心保护。将某些启蒙传统与启蒙运动后继人试图加以抛弃的某些传统结合起来，是一项需要充分耐心谨慎和天衣无缝的高超技巧的任务。"①

"论传统"对于传统经典理论具有以下几个重要的价值和意义：其一，传统的表现形式是多样的，有可能是一种观念、认知、认同、信仰以及态度，也有可能是一套规则、制度、方法和理论，或者是一种风俗、建筑、技术的，包括物质和非物质的。其二，传统有自己的运行规则、变迁因素、传承方法以及理性化、现代性因素。其三，我们活在传统当中，我们需要传统。

二、民族学人类学经典传统理论——"大小传统"

什么是"大小传统"？怎么认识"大小传统"？怎么来把握和诠释民族学人类学的经典"大小传统"理论？"大小传统"对于传统经典理论有什么意义和价值？本部分将尝试阐述以下问题：

什么是大小传统？雷德菲尔德指出："（在这儿我用了"大传统""小传统"这样的词，请读者不必对此感到突兀，因为我在前文里其实早就用了像"高文化""低文化""民俗文化""古典文化""通俗传统""上流社会传统"等词语。在后面的章节里我还会用到像"等级制文化""世俗文化"等词语。）在某一种文明里面，总会存在两个传统。一是一个由数量很大但基本上不会"思考"的人们创造出的一种小传统。大传统是在学堂或庙

---

① 爱德华·希尔斯：《论传统》，傅铿，吕乐译，2 版，上海：上海人民出版社，2014 年，第 354-355 页。

堂之内培育出来的，而小传统则是自发地萌发出来的，然后它就在它诞生的那些乡村社区的群众的生活里摸爬滚打挣扎着持续下去。"① 这里的"大小传统"文化是指具有类型化、秩序化、组织化等分类，可以具体区分出强势文化与弱势文化、全球化与地方性、官方与民间、书面与口头、贵族与平民、外来与本土、主流与边缘、精英与凡人等的具有二元性质且具有并列条件的文化、观念、认知和实践。认为人类的文明具有大传统和小传统的部分，这里的"大小传统"没有主客观性的落后与文明、高级与低级、上级与下级等的阶序与等级观念。

"大小传统"理论认为，文明里有农民的文明部分，雷德菲尔德（1897—1958）指出"不同地区的农民由于他们之间在传统价值观和生活态度上的差异，也由于他们各自的传统价值观和生活态度经历了他们各自的不同的历史发展过程的洗礼。所以，如果我们想认识农民的价值观和生活态度的话，那么最为妥善的做法就应该是：逐个对各个地区的农民的价值观和生活态度进行总结。"② 随着文明的发展、时代的进步以及现代性等，农民的价值观念和生活态度与精英阶层有了一些新的变化，他认为"今天的农民和社会精英阶层的关系则是以一种全新的，与以往完全不同的形式出现了。"③ 又指出，"农民问题恰恰就是当前民族学人类学研究的前沿问题。"④

关于大小传统之间的关系，雷德菲尔德指出："孔夫子的那一套经典并非他独自一人在那里冥思苦想出来的。但话说回来，平民百姓不论是对于《古兰经》内容的理解也罢，还是对孔夫子写出的经典的内容的理解也罢，在过去是，今后仍然是，只会按照他们自己的方式去理解，而不会是按照默罕默德或孔丘所希望的方式去理解的。我们可以把大传统和小传统看成两条思想与行动之河流；它们俩虽各有各的河道，但彼此却常常相互溢进和溢出对方的河道。"⑤

---

① 罗伯特·雷德菲尔德：《农民社会与文化：民族学人类学对文明的一种诠释》，王莹译，北京：中国社会科学出版社，2013 年，第 94—95 页。
② 罗伯特·雷德菲尔德：《农民社会与文化：民族学人类学对文明的一种诠释》，王莹译，北京：中国社会科学出版社，2013 年，第 158 页。
③ 罗伯特·雷德菲尔德：《农民社会与文化：民族学人类学对文明的一种诠释》，王莹译，北京：中国社会科学出版社，2013 年，第 158 页。
④ 罗伯特·雷德菲尔德：《农民社会与文化：民族学人类学对文明的一种诠释》，王莹译，北京：中国社会科学出版社，2013 年，第 172 页。
⑤ 罗伯特·雷德菲尔德：《农民社会与文化：民族学人类学对文明的一种诠释》，王莹译，北京：中国社会科学出版社，2013 年，第 97 页。

费孝通用"大小传统"来分析中国社会的文化，认为中国文化有其民间性的东西，然后"大传统"的文化经过了选择和加工的过程（大传统来自于小传统的被选择和加工的过程，这是其一；其二"大传统"是有别于"大传统"民间的），"小传统"是大量存在民间且无法雅驯的，但在中国文化里"大传统"和"小传统"都影响着民间。他指出："我这种想法是把小传统作为民间广大群众从生活的实践和愿望中形成的传统文化，它的范围可以很广，其中有一部分可以和统治者的需要相抵触，在士大夫看来是不雅驯的，就提不到大传统中去，留在民间的乡风民俗之中。在我看来大传统之所以能表现一部分中国文化的特点在于它是以小传统为底子的。它又不同于小传统，因为经过了一道选择和加工的过程。选择和加工过程就是司马迁所说的'其文不雅驯，荐绅先生难言之'。雅驯与否是选择的标准，也就是这些文人们看不入眼的风俗民情。孔子对怪力乱神一字不提，因为他觉得这些民间信仰不雅驯，看不入眼。这些掌握文字的人就通过'难言之'把这些不雅驯的东西排除在以文字为符号的信息系统之外，就是拔除在大传统之外；但并没有在民间把这些东西消灭掉，仍在民间用口头语言口口相传，这就成了'小传统'，还可以传给后来人。大传统在民间还是发生作用的，因为它仗着可以超越时间的文字构成的消息系统，从识字的人传给识字的人。这些人又凭他能接触到历代传下来的经验保存了人们生活中有用的知识，利用这些传统知识能帮助别人适应生活环境，成为'人师'，取得社会的信誉名望和特殊地位，大传统也依靠他们影响着民间大众。"①

周星指出"非物质文化遗产"实践本身就是一个塑造大小传统的过程，"'非物质文化遗产'，大体上相当于学术界所谓的中国文化之'小传统'里的各种门类。和以文字方式传承或具有官方、殿堂或典雅属性的中国文化的'大传统'相比较，其以口耳相传、心心相授为特点的'小传统'里各个门类的民间民俗文化，长期以来或被无视，或被贬低，甚或还成为革命及'破除封建迷信'的对象，但现在，政府已经认识到保护这些'小传统'的文化形态或文化表象形式，其实就是在保护中国文化的多样性，也就是在保护中国文化的生命力和活力。以此为前提，所谓的'文化'已经不再能够轻易地被简单归类为'精华'或'糟粕'、'传统'或

---

① 费孝通：《文化的生与死》，刘豪兴编，上海：上海人民出版社，2009年，第112-113页。

'现代'、'先进'或'落后'了；而与此同时，我们本土的、民族的、传统的文化也不再是必然地要与'变迁''发展''现代性'等相互抵触或对立了。显然，今后中国政府在文化政策方面有待完善的空间还有很多，不仅应该不断地促使公共性的文化政策更加透明，还需要认真地考虑把各种'小传统'文化的门类也都能纳入其中。在中国大陆，现行的文化政策至少要由以下几部分共同组成：除了历来的文化政策所涵盖的部分（较多涉及精英文化）、涉及少数民族的文化政策部分（这需要和现行的民族政策有很好的配合）、涉及大众文化和流行文化之管理和引导的部分之外，还必须迅速地建构与完善涉及民间民俗的、口头传承的、非文字和非物质的部分以及有关文化产业化的部分等。"①

"大小传统"理论对于文明体系中"大传统"和"小传统"的分类，"大传统"与"小传统"之间的关系实践，以及对农民问题和农民文明的关注等都对我们充分认识和诠释文明体系具有重要的作用。当然"大小传统"的区分也具有很明显的结构性模型化特征，这也被很多学者所讨论，但"大小传统"理论仍然还是民族学人类学经典传统理论中最重要的理论之一。

三、民族学人类学经典传统理论——"传统的发明"

什么是传统的发明？什么是发明的传统？怎么认识传统的发明？怎么来把握和诠释民族学人类学经典传统的发明理论？"传统的发明"对于传统经典理论有什么意义和价值？本部分尝试阐述以上问题。

什么是"传统的发明"？怎么认识传统的发明？霍布斯鲍姆（Eric Hobsbawm）指出："那些表面看来或者声称是古老的'传统'，其起源的时间往往是相当晚近的，而且有时是被发明出来的。'被发明的传统'这一说法，是在一种宽泛但又并非模糊不清的意义上被使用的。它既包含那些确实被发明、建构和正式确立的'传统'，也包括那些在某一短暂的、可确定年代的时期中（可能只有几年）以一种难以辨认的方式出现和迅速确立的'传统'。"② 这里指出那些所谓的传统其实是晚近时期的事物并且

---

① 周星：《乡土生活的逻辑：人类学视野中的民俗研究》，北京：北京大学出版社，2011年，第354-355页。

② E.霍布斯鲍姆：《传统的发明》，T.兰格；顾杭，庞冠群译，南京：译林出版社，2004年，导论第1页。

很多都是被发明、制造和建构出来的，带有很强的符号性和象征性特征。

在新传统和旧传统之间往往存在着互补关系，"有时新传统可能被轻而易举地移植到旧传统之上，有时它们则可能被这样发明出来，即通过从储存了大量的官方仪式、象征符号和道德训诫的'仓库'中借取资源，如宗教和王侯的盛大仪式、民俗和共济会（它本身也是一种较早被发明出来的具有巨大象征力量的传统）。……已有的传统习俗活动，如民歌、体育竞赛和射击等，出于新的民族目的而被调整、仪式化和制度化。"①

传统的发明跟民族、"国家"以及历史和象征等有关。霍布斯鲍姆指出，"由此而言，'被发明的传统'对于现当代历史学家所具有的独特重要性无论如何是应当被指出的。它们紧密相关于'民族'这一相当晚近的历史创新以及与民族相关的现象：民族主义、民族'国家'、民族象征、历史等。所有这些都依赖于常常是深思熟虑的且始终是创新性的（如果历史中的新奇事务就意味着创新的话）社会建设中的活动。"② 当然对传统的发明的研究是需要跨学科的，认为"最后，对传统的发明的研究是跨学科的。它是一个将历史学家、社会民族学人类学家和其他人文科学研究者联系在一起的研究领域，而且如果没有这样的合作，研究将无法进行。"③

另外传统的发明跟"国家"的建构、知识生产以及标准化等有关，霍布斯鲍姆认为："'国家'中的行政和法律的标准化，尤其是'国家'教育的标准化，将人民转变成一个特定'国家'的公民：用一本切合实情的书的题目来说，就是'农民变成法国人'。"④

传统的发明理论对于我们认识传统具有重要的价值：其一，传统可以被发明，也可以被借用，也可以被调适，也可以被治理；其二，传统作为一种资本，作为一种文化，有它的过程性和历史性特征，有它的实践逻辑和存在方式；其三，那些传统被仪式化、规矩化、制度化、组织化、专业化、学科化等，是多种力量相互影响和作用的结果。

---

① E.霍布斯鲍姆：《传统的发明》，T.兰格；顾杭，庞冠群译，南京：译林出版社，2004年，导论第9页。

② E.霍布斯鲍姆：《传统的发明》，T.兰格；顾杭，庞冠群译，南京：译林出版社，2004年，导论第16-17页。

③ E.霍布斯鲍姆：《传统的发明》，T.兰格；顾杭，庞冠群译，南京：译林出版社，2004年，导论第17页。

④ E.霍布斯鲍姆：《传统的发明》，T.兰格；顾杭，庞冠群译，南京：译林出版社，2004年，导论第340页。

第二节 民族学人类学的三个经典传统理论 与田野工作（田野调查）

民族学人类学的"论传统"理论、"大小传统"理论、"传统的发明"理论三个经典传统理论对于我们进入田野、深入田野、扎根田野、了解田野、把握田野、发现田野等具有重要的启发性和指导性意义，本节将重点论述。

一、民族学人类学经典传统理论"论传统"与田野工作（田野调查）

"论传统"理论中，传统包括：

（1）现存器物中呈现的过去，物质遗存（包括建筑物、城市形态与空间格局、居住、道路、桥梁、村落、人工景物、公园、博物馆、寺庙、公共空间、古器古物、家具、纪念碑、雕像、钱币、纪念章、艺术作品、家谱、档案文献、经书、账簿、衣物、生计工具等）。爱德华·希尔斯认为，"因此，物质器物是一个双重传统。它既是一个物质基础的传统，又是一个概念和信仰的传统，以及融化在物体中的工艺、技术和技能之理念的传统。在每一个传递和接受的阶段中，如果没有暂存的物质基础，那么有待解释的象征符号这一层次就不可能持久，它们也就不可能作为传统传递下去；如果没有人的大脑所进行的思想活动，这些象征符号亦无法贮藏。"[①]

（2）知识传授过程中呈现的过去，知识传统（包括宗教、经文、哲学、文学、歌谣、诗歌、口述传统、文字认知传统、教育传统、印刷、出版物、地方志等）。爱德华·希尔斯认为知识传统是一个象征符号群，"因为知识传统本身就是象征符号群，它们被延传、接受、沿袭、然后再被延传。每一个象征符号群，每一个特定的器物，每一个在使用中的技能范型都在传统的束缚之中；它们始于一个传统，又壮大了这个传统。"[②]

（3）宗教知识，宗教传统（包括仪式、祈祷、信仰、圣餐、圣日庆祝

---

① 爱德华·希尔斯：《论传统》，傅铿，吕乐译，2 版，上海：上海人民出版社，2014 年，第 85 页。

② 爱德华·希尔斯：《论传统》，傅铿，吕乐译，2 版，上海：上海人民出版社，2014 年，第 97 页。

等）。爱德华·希尔斯认为"宗教信仰的知识传统具有两面性。一方面是神圣经文本身的传统。这一传统的形成，即将神圣经文融化为宗教教规，是一个极其复杂的过程。这不仅仅是手稿的延传，它还涉及这样一个问题：确定哪些是最佳的经文变体，哪些经文应归入宗教法规。这一传统有着某种联系的是经文的注释传统。经文的意义是注释传统创造出来的。注释传统的形成既不可避免，其权威性也反复不定。"① 这里面提到的经文文献传统和经文注释传统对我们田野工作（田野调查）也具有很强的指导性。

（4）科学和学术著作中呈现的过去、科学和学术传统（包括自然传统、人文研究传统、哲学知识、社会科学：民族学人类学、经济学、政治学、历史学等）。

（5）文学作品中呈现的过去，文学传统（包括：文学作品、文本、图书馆、作家、名著、文学传统、诗歌、散文、小说、戏剧等）。爱德华·希尔斯认为"每个作家可以将任何作家、任何作品或任何阶段的任何作品类型当作他的出发点。如果他宁愿被出版商拒绝，那他就能够坚持他所喜爱的任何传统，即使这一传统已经'过时'，或者——其真实意义是——'不合时宜'。而成为完全没有传统的作家是不可能的。"②

在进行田野工作（田野调查）时，我们需要虔诚地、谨慎地、仔细地区分出哪些是传统的部分，哪些传统跟本地的社会和文化联系在一起，哪些传统经历了哪些历史事件，哪些传统发生了哪些变迁，宗教里的经文传统与注释传统有什么区别。

如我们到具体的田野点进行田野工作（田野调查）时，我们会发现很多地方性的社会和文化传统，如亲属关系、人际关系、面子系统、继嗣关系、财产关系、婚姻习俗、村落分布、宗祠祠堂、寺庙、风水、生计、物种、牲畜、契约，等等。当然，我们也会发现很多文化现象，有时候有些社会和文化现象是以传统的方式出现的并与很多传统缠绕在一起，使田野工作（田野调查）者容易陷入到传统文化的泥潭中不能自拔。

"论传统"理论带给我们田野工作（田野调查）的启发就是，我们的

---

① 爱德华·希尔斯：《论传统》，傅铿，吕乐译，2 版，上海：上海人民出版社，2014 年，第 101-102 页。

② 爱德华·希尔斯：《论传统》，傅铿，吕乐译，2 版，上海：上海人民出版社，2014 年，第 168 页。

身边有很多传统，我们生产生活都在传统当中，当然我们仅仅只是依靠传统也还是不够的，神话传统或者极端推崇传统也都是不对的，我们应当慎重地对待我们的传统。

二、民族学人类学经典传统理论"大小传统"与田野工作(田野调查)

"大小传统"理论认为，在我们的社会文明中总是存在着那些从事耕种的农民们代表的农民文化、农民问题以及农民文明，另外还有比农民更具城市气息以及庄园主气息的精英阶层。在我们的社会文明中，时常会出现以大众为主要服务对象的大众文化以及以精英阶层或者某种阶层为主要服务对象的精英文化。雷德菲尔德指出，"社会有两种，其一是'完全的社会'，其二是'不完全的社会'。我曾经就组成一个完整社会的两个部分发表过我的见解。社会上所有的人是可以分成两大类的：其一是从事耕种的农民，其二是比农民更具有城市气息的（或者说是至少比农民更具有庄园气息的）精英阶层。"[1] 他继续指出，"农民文化是一种多元素复合而成的文化，它完全配得上被称为'人类文明的一个侧面'。"[2] 这些观点主张把农民问题提升到人类文明的另一个侧面来理解，认为农民文化和精英文化作为"大小传统"，两者是相互依赖和相互影响的。

"大小传统"理论着重探讨了以农民文化、农民传统等为代表的"小传统"，以及"大传统"与"小传统"之间的相互融合、相互影响的关系，特别是在宗教传统里的代表小传统的口头传统叙述以及民间信仰等，这些都对我们的田野工作（田野调查）提供了很多观察的视角、分析的工具以及主要的任务，"大传统"和"小传统"在文化上、社会上、经济上、宗教上、观念上、民俗上、生计上的分类等。如目前在乡村振兴中，我们的田野工作（田野调查）者会发现很多很难处理的乡村文化与都市文化、农民问题与城市问题、都市民俗与乡村民俗、高阶层文化与低阶层文化、地方性文化与区域性文化、特殊性文化与普世性文化等之间的关系以及各自的意义和价值问题。

在乡村振兴这样的大环境中，对于田野工作（田野调查）者来说全面

---

① 罗伯特·雷德菲尔德：《农民社会与文化：民族学人类学对文明的一种诠释》，王莹译，北京：中国社会科学出版社，2013年，第84页。

② 罗伯特·雷德菲尔德：《农民社会与文化：民族学人类学对文明的一种诠释》，王莹译，北京：中国社会科学出版社，2013年，第94页。

掌握和理解农民问题变得很急迫。农民问题包括：发展需求与发展观念、土地需求与土地观念、生计需求与生计观念、种植需求与种植观念、水利需求与水利观念、资本需求与资本观念、公共服务需求与公共服务观念、人际关系需求与人际关系观念、生育需求与生育观念、民俗需求与民俗观念、移风易俗需求与习俗观念、环境需求与环境观念、道路需求与道路观念、生态需求与生态观念、教育需求与教育观念、健康需求与健康观念、社会关系需求与社会关系观念、人际交往需求与人际交往观念、亲属关系需求与亲属关系观念、文化需求与文化观念等。雷德菲尔德指出："今天的农民和社会精英阶层的关系则是以一种全新的，与以往完全不同的形式出现了。"[1] "所以，农民现在确实是在变化的过程中。因此研究农民问题的民族学人类学学者们也在随着变化。尽管我的这本书在本章里说的都是与农民有关的问题，其实从这本书的全书来说，与其说它关注农民的变化，倒不如说它更关注着民族学人类学学者们的变化。"[2]

三、民族学人类学经典传统理论"传统的发明"与田野工作（田野调查）

"传统的发明"理论认为存在在我们的社会和文化中的那些被认为是古老的历史、文明或文化的传统，其起源的时间是晚近时期，且有些时候是为了某种需要被发明和创造出来的。

田野工作（田野调查）中，我们时常会直接或间接地看到、听到、了解到很多的日常生活传统。有些传统植根于传统文化的土壤中，历经百年也会存续。有些传统会在特定的时间段出现，也会随着时间发生变迁消逝。在田野工作（田野调查）中有几个方面需要注意：

（1）日常生活中如何从历史或纵横角度上，从时间和空间上辨析传统。要从时间和空间上去辨别和分析哪些传统是具有稳定性、持续性、历史性的，哪些传统是具有转变性、现象性的。从时间上来看，具体的体现就是哪些传统是延续的，哪些传统是具有变化性的，哪些传统可变的是什么，不可变的是什么，在那个历史时间上发生了什么，等等。从空间上来

---

① 罗伯特·雷德菲尔德：《农民社会与文化：民族学人类学对文明的一种诠释》，王莹译，北京：中国社会科学出版社，2013年，第170页。

② 罗伯特·雷德菲尔德：《农民社会与文化：民族学人类学对文明的一种诠释》，王莹译，北京：中国社会科学出版社，2013年，第172页。

看，具体的体现就是哪些传统是共享的，哪些传统是专有的，哪些传统是地域性的，等等。

（2）传统的进入方式以及发明方式具有什么样的地缘性、民族性和"国家"性等特征？地缘性跟地缘文化传统有关，在田野工作（田野调查）中，我们会发现很多地缘性的文化传统，这些地缘性的文化传统跟整体性的文化传统有什么关系？是什么促成了地缘性文化传统的产生？地缘性文化传统跟整个区域文化传统有什么关系，等等。民族性，顾名思义，在实际的社会生活中，民族性传统是比较明显的，也是显性的，最主要的是服饰传统、生计传统、居住传统、习俗规范传统，等等。当然，有些传统是属于"国家"传统，"国家"通过仪式化、制度化、规范化后将其变成"国家"传统。

（3）传统可以分为：体育娱乐传统、时间传统、空间传统、亲属传统、生育传统、性别传统、村落传统、居住传统、血缘和地缘之间的传统、生计传统、耕种传统，等等。如时间传统，在田野工作（田野调查）中我们要分析：①人生礼仪和礼俗。出生礼、成年礼、婚礼、葬礼，以人的生命史进行的时间序列传统，以及这些生命时间传统对于当地社会的个体与群体或者村落有什么互动和意义。②村落的时间。村落节庆时间、耕种时间、饮食时间、娱乐时间、休闲时间、聚会时间、走亲访友时间、仪式时间、四季时间，等等。

第三节　民族学人类学的三个经典传统理论与民族志书写

民族学人类学的"论传统"理论、"大小传统"理论、"传统的发明"理论三个经典传统理论对于我们民族学人类学学者如何把握民族志、书写民族志具有重要的启发性和指导性，本节将重点论述。

一、民族学人类学经典传统理论"论传统"与民族志书写

民族学人类学经典理论"论传统"，对于民族志书写而言，不仅能提供思考的方式、书写的要求以及把握的主题方向，还能提供研究的视角和方法以及撰写的新范式。

"论传统"理论给我们解释了什么是传统，传统对于我们有什么影响，

传统有哪些特质，传统的变迁主要的内部因素和外部因素有哪些，传统为什么要发生变迁，传统与社会理性化的关系如何，传统有哪些前景，传统有什么未来的价值，等等。这些问题都是在具体的民族志书写中可以考虑和借鉴的。

传统往往具有物质性和精神性的双重特点和价值。"因此，物质器物是一个双重传统。它既是一个物质基础的传统，又是一个概念和信仰的传统，以及融化在物体中的工艺、技术和技能之理念的传统。在每一个传递和接受的阶层中，如果没有暂存的物质基础，那么有待解释的象征符号这一层次就不可能持久，它们也就不可能作为传统传递下去；如果没有人的大脑所进行的思想活动，这些象征符号亦无法贮藏。"[1] 考古民族学人类学家重视物质遗存，然后通过物质遗存来再现当时的自然生态、人文活动以及社会集群等，这也是基于传统的物质性和精神性双重价值的考量。

知识作为传统在传授过程中显现。"知识的积存和沿袭物——哲学、神学、科学和伦理学思想、对于宗教经文的解释，以及历史知识——则是象征性建构；它们是'文化客体'（Cultural Objectivations）。"[2] 知识可以巩固传统且壮大传统，"因为知识传统本身就是象征符号群，它们被延传、接受、沿袭，然后再被延传。每一个象征符号群、每一个特定的器物、每一个在使用中的技能范型都在传统的束缚之中；它们始于一个传统，又壮大了这个传统。"[3]

传统作为一种资本，既可以充当优势资本进行积极的社会自救，也可以因共同道德情感因素被利用产生的群体效应而导致社会失序，凉山的家支传统就是这样一个传统。《虎日》是这样叙述的，"彝族强大的家支组织、信仰仪式、习惯法及其互动一直是学院派人类学经常加以诠释和撰述的主题。然而，当毒品和艾滋病在近年快速传播进中国川滇地区时，人们发现海洛因毒品的传递过程也利用了家支和家族成员真诚的关系。于是人类学家和当地彝族精英们在具有象征意义的'虎日'那天决定动用家支、仪式、习惯法、盟誓等传统并召开家支族众盟誓大会。截止到 2005 年，参

---

① 爱德华·希尔斯：《论传统》，傅铿，吕乐译，2 版，上海：上海人民出版社，2014 年，第 85 页。

② 爱德华·希尔斯：《论传统》，傅铿，吕乐译，2 版，上海：上海人民出版社，2014 年，第 96 页。

③ 爱德华·希尔斯：《论传统》，傅铿，吕乐译，2 版，上海：上海人民出版社，2014 年，第 97 页。

加 1999 年'虎日'仪式的吸毒者戒毒成功率为 64%；而参加 2002 年仪式的 16 人中，戒毒成功率达到 87%。这成为目前世界上戒毒成功率最高的案例之一。不仅如此，凡是完成盟誓仪式的家支地域，毒品贩子不得进入，无形中形成了特定的无毒社区，而且该社区没有新的吸毒者出现。从而，小凉山彝族'虎日'禁毒戒毒模式被称为亚洲地区动用地方性知识的最佳实践之一。"①

我们可以整合"传统"，激活"传统"，恢复"传统"，再造"传统"，从而使得传统的价值和功能再次获得新生、意义和价值，实现"传统"资源到"传统"资本的转换。

二、民族学人类学经典传统理论"大小传统"与民族志书写

民族学人类学经典理论"大小传统"对于民族志而言，不仅提供了一种要求和方向，还提供了一种视角、方法和新范式。

"一个民族学人类学学者如果立志要肩负起他所应担当的研究任务的话，他就必须不仅在哲学知识方面有着高深的素养，而且他还要熟悉各种优秀思想家的学说。不仅如此，他还应该有锐利的眼光，能看出在村民们身上体现出来的优秀思想家的思想的痕迹、脉络和具有典型意义的轮廓。不仅如此，他还应该有这样一种热切的期望，即：他可以独自一人在不受任何外来干扰的情况下深入到一个有独立自主的文化的社区里去。这样的一个社区本身就是个完整的独立的世界，而当他进入了这个独立完整的世界之后，他就是这个世界的唯一的一个学生。但是当他在那儿要着手对农民进行研究时，他就应该自动地担负起一项责任。什么责任呢？这里，在列出他的责任之前必须先说明一个情况：在上面提到的那样的一个有其独立自主文化的社区里必然会存在着一个复合性的文化结构，这个文化结构里就包含着一个大文化和一个小文化。在以往，这两种文化一直是在互动着的，而且直到今天这两者仍然在互动着。"②

如何深刻认识农民的传统和价值观？民族志学者认为，"不同地区的农民由于他们之间在传统价值观和生活态度上的差异，也由于他们各自的传

---

① 庄孔韶：《民族学人类学概论》（第二版），北京：中国人民大学出版社，2015 年，第 328-330 页。

② 罗伯特·雷德菲尔德：《农民社会与文化：民族学人类学对文明的一种诠释》，王莹译，北京：中国社会科学出版社，2013 年，第 114-115 页。

统价值观和生活态度经历了他们各自的不同的历史过程的洗礼，因而使得他们现在的价值和生活态度变得非常根深蒂固。所以，如果我们想认识农民的价值观和生活态度的话，那么最为妥善的做法就应该是：逐个对各个地区的农民的价值观和生活态度进行总结。"①

　　林耀华提出的"中国经济文化类型"对于我们认识和理解复杂的中国社会经济文化类型具有重要的作用。"1. 采集渔猎经济文化类型组，这一类型组内的各族人民均以渔猎兼采集为主要的生计方式，其特点是直接攫取野生动植物。属于河谷渔捞型的赫哲族，受生态环境和定居生活方式的影响，较为成功地发展了农作物种植业；而山林狩猎型的鄂伦春族则更倾向于选择森林为活动基地，以饲养驯鹿作为自己的职业。2. 畜牧经济文化类型组，典型的畜牧民族都有过在部落的基础上建立更为高级的社会政治机构的经历，与此相适应的是，这些民族都具有了较为发达的宗教观念，而且这种观念在他们的社会生活中取得了较高的支配地位。畜牧生计的另一个共同特点是，它的产品单一和不耐贮存。这就使得它对于农耕社会的贸易有着特殊强烈的需求。3. 农耕经济文化类型组，包括：（1）山林刀耕火种型。语言谱系的复杂和各民族较为简陋的住房以及高度分散的居住方式，反映出从事刀耕火种生计需要频繁迁徙的特征。在中国的现代化过程中，这一类型中的各个民族面临着最严峻的挑战。（2）山地耕牧型。属于这一类型的主要是讲藏缅语族诸语言的羌、纳西、彝、白、普米、拉祜和部分藏族及澜沧江东岸的傈僳族。从事这一类型生计的民族，多在山区经营旱作，种植小麦、荞麦、青稞、玉米、马铃薯等耐旱耐寒作物，同时拥有牛、羊、猪、鸡等。（3）山地耕猎型。从事这一类型生计的主要讲汉藏语系苗瑶语族语言的苗、瑶、畲等民族。（4）丘陵稻作型。水稻种植和干栏式建筑的结合是丘陵式稻作型的基本文化丛结。这一类型的各个民族如傣、壮、侗、水、仡佬、毛南、黎等多讲汉藏语系壮侗语族诸语言的民族。（5）绿洲耕牧型。从事这一类型生计的除回族和俄罗斯族外，多为讲阿尔泰语系诸语族语言的民族，有维吾尔、乌兹别克、塔塔尔、东乡、保安、萨拉和部分裕固、达斡尔和锡伯等族。（6）平原节约农耕型。这一类型的生计方式的特点是，在单位土地面积上密集地投入劳动力和技术（现

---

　　① 罗伯特·雷德菲尔德：《农民社会与文化：民族学人类学对文明的一种诠释》，王莹译，北京：中国社会科学出版社，2013 年，第 158 页。

在包括农机、化肥、塑料薄膜、农药、优良种籽等），以此作为增加产品产量的主要手段。稠密的人口以村落为单位聚居是这一类型的特征。每个村落事实上都是进行多种经营的单位。对于孔子的学说以及天、地、君、亲、师的信奉和推崇把人们的价值观念上升到不亚于任何宗教的地位。"①

舒瑜对云南鸡足山的研究，也呈现了大小传统交融景象，"僧侣、乡民和士人有关'灵'的观念与实践共同构筑鸡足'灵'山的多个面向。佛教宇宙观下的鸡足山，是末法时代与未来光明世界之间的"阈限"，灵是有情众生甚至是岩石共通的佛性；乡民社会把鸡足山视为生命的源头和归宿，山的灵力意味着丰产力和生命力。士人书写的'山水'世界被理解为宇宙乾坤之道的体现，山水之灵是天地造化生生不息的生机与活力。这些宇宙观的共同特点在于，宇宙万物构成彼此紧密相连的网络，'灵'穿透不同的存在，使得万物贯通成一个连续的、生机勃勃的世界，而非自然—义化二分的世界。不同宇宙观交织的背后正是不同文明以及文明内部大小传统的关联与互动。在大理地区，来自印度的佛教文明，来自中原的儒、道传统很早就在此交汇，鸡足山在明代中期的崛起正是多股文明力量彼此互动、相互影响的结果。白族乡民的小传统一方面紧密地与佛教结合起来，一方面与中原的儒家传统互动，而乡民的小传统恰是构成文明关联的根基。不同文明交汇于鸡足山，文明的共生是通过在差异中建立联系、在冲突中寻求对话而实现的，差异与共生本身并不矛盾，共生并不意味着没有差别的同一性，而是处于关系之中的差异性。差异不必然带来区分，也意味着融合共生的可能。时至今日，华首门前不同的灵验实践依旧并存共生。乡民社会对灵力的争夺与僧侣之间一直存在张力，但正是在这种对抗的张力中，各自的存在得到了对方的确认。"②

在王婷婷的研究中，从小传统的"鸡脚神"信仰推断其背后隐藏的"大传统"的人类鸟崇拜信仰，"大小传统理论是当下文化研究的一个重要理论，对于探讨人类文化起源与梳理文化变迁脉络有着重要的意义。民间信仰是文化的一部分，可视为一种小传统，透过民间信仰，我们可以探究被隐藏的文化大传统。鸡脚神是流传于中国西南地区的一位民间小神，古称'煞神'，通过大小传统理论的分析，民间鸡脚神信仰小传统的背后隐

---

① 林耀华：《民族学通论》，北京：中央民族大学出版社，1997 年，第 88-96 页。
② 舒瑜：《山何以"灵"：文明共生视角下的云南鸡足山》，《民族学刊》，2021 年第 12 期。

藏的是人类普遍的鸟崇拜大传统，是源于古代人类对于鸟类传递信息、预示死亡的崇拜以及鸟类象征灵魂与引魂能力的崇拜。"①

张泽洪从"大小传统"的视角来看"小传统"的瑶族宗教对"大传统"的道家的汲取研究，得出："通过以上对瑶族宗教经书文化内涵的讨论，可见瑶族宗教有着浓厚的道教元素。从对瑶族经书及瑶族历史文化的考察可知，小传统的瑶族宗教对大传统的道教的汲取，丰富了中国民族学的中华民族多元一体理论和民族走廊理论。对瑶族宗教经书文化内涵的深度研究，同样丰富了国际宗教学、民族学、人类学理论。瑶族内蕴深厚的经书和仪式传统，为'国家'宗教学、民族学、人类学理论提供了东方宗教的鲜活例证，这是我们对瑶族宗教与道教进行比较研究的文化意义所在。"②

"大小传统"理论对于我们书写民族志具有很重要的启示和意义，如果我们在书写民族志时只看到东方而没有看到西方，只看到大传统而没有看到小传统，只看到高雅而没有看到通俗，只看到国家而没有看到地方，只看到区域性而没有看到地方性，只看到男性而没有看到女性，只看到标准而没有看到无序，只看到贵族而没有看到平民，只看到书写的文献而没有看到口述的文献，只看到历史而没有看到现实等，都是有失偏颇的。

三、民族学人类学经典传统理论"传统的发明"与民族志书写

民族学人类学经典理论"传统的发明"对于民族志而言，往往能拓展民族志的深度和广度，它不仅能提供一种要求、方向和目的，而且还提供一种研究的视角、方法和新范式。

"传统的发明"理论认为，传统是可以发明或被发明的，可以借用或被借用，也可以调适或被调适，还可以治理或被治理，同一传统在不同的情境下有可能产生出不同的"传统"，不同的传统也有可能在具体的情境下被塑造成同一的、标准化、仪式化、规范化的"传统"。

传统作为一种官方或非官方的实践，"传统的创造在许多'国家'、出于各种目的而被狂热实施，这种传统的大规模生产就是本章的主题。它包

---

① 王婷婷：《大小传统理论视野下的民间鸡脚神信仰探考》，《宗教学研究》，2020 年第 4 期。

② 张泽洪：《瑶族宗教经书文化内涵研究》，北京：社会科学文献出版社，2023 年，第 365 页。

括官方的和非官方的实践，前者（我们可以宽泛地称之为"社会的"）主要是存在于'国家'或有组织的社会与政治运动之中，或是通过它们实现的；后者（我们可以宽泛地称之为"社会的"）的实施主要是通过并非如此正式组织起来的社会团体，或其目标并非是明确的或自觉的政治性团体，例如俱乐部和互助会，而不论它们是否也有政治功能。区分是为了研究的便利，而不是原则性的。"[1]

"国家"作为一股重要的权力力量，特别是民族-"国家"的出现，有些时候对传统的发明是决定性的。"国家"在传统的发明当中往往充当着重要的决定性的作用："'国家'将正式与非正式的、官方与非官方的、政治和社会的传统的发明结合到了一起，至少在那些需要传统出现的'国家'中是这样的。从下层的角度看，'国家'越来越成为那些决定人类是臣民还是公民的至关重要的活动在其中展开的最大舞台。事实上，它日渐界定和记录他们的身份。它可能并不是唯一的这种舞台，但是它的存在、边界和日益定期与深入地干预公民生活，归根到底是决定性的。"[2]

陈婷婷的研究清楚地展示出一个仪式专家是如何恢复传统，如何发明传统，如何举行传统的一个特殊案例。"云南省龙潭村的仪式专家张修良作为乡村社会权力结构中的一名边缘人士，在没有政府介入和商业实践的背景下，依托地方性知识和乡村社会的行事准则，发明、重构集体性祭山神祈雨的仪式传统。张修良作为一名乡村社会的仪式专家，凭借自身的职业知识，重新发明了集体性祭山神的仪式过程，并赋予其逻辑自洽的、符合地方知识的解释体系；他使用乡村社会传统的行事规则，动员、组织了大量村落内外的成员参与、筹备、完成了一场集体性的祭仪。在发明、实践仪式传统的过程中，他并未引入市场机制，也就避免了过度市场化、娱乐化对仪式基本内涵的消融。在没有外在驱动力的情况下，大部分传统文化的承载者并没有保护、继承传统文化的意识，这也是非物质文化遗产保护工作面临的一个难题。张修良发明仪式传统的实践虽存在时效性不足的问题，但对于平衡商业开发和文化保护的非物质文化遗产主流保护模式仍具

---

① 罗伯特·雷德菲尔德：《农民社会与文化：民族学人类学对文明的一种诠释》，王莹译，北京：中国社会科学出版社，2013 年，第 338 页。

② 罗伯特·雷德菲尔德：《农民社会与文化：民族学人类学对文明的一种诠释》，王莹译，北京：中国社会科学出版社，2013 年，第 347 页。

有借鉴意义。"①

黄彩文、沈彭的研究给我们展示了当地布朗族精英人士是如何与地方政府合力推动"贡母"节的，而"贡母"节又变成地方与"国家"、精英与地方等互动的一个重要资本等过程。"云南省永德县布朗族的'贡母'节起源于送归布朗族传统的'拱木'会，是永德布朗族重要的民俗信仰活动。当地布朗族文化精英为了在现代社会变迁中拓展布朗族文化的生存空间，弘扬和传承优秀民族文化，与地方政府合力推动重构了'贡母节'，由此重塑了地方社群的传统仪式与文化空间，并使之成为维系布朗族历史记忆和文化认同的重要标志。这种'传统的发明'、节日的再造和'非遗化'的传承不仅有助于提高布朗族的民族自豪感和社区凝聚力，维护中华文化多样性，而且成为各民族交往交流交融的重要平台以及铸牢中华民族共同体意识的精神纽带，为乡村振兴背景下永德布朗族民族文化的传承发展提供了新的路径。"②

杨正文的研究给我们阐明了苗族银饰为什么分布在清水江流域与雷公山区，这与明代中后期兴起的清水江流域木材贸易以及明清两朝的货币与税收政策有关。研究指出，白银进入苗族居住区域是晚近时期的事，苗族银饰也是传统发明的一种，"明代中后期兴起的清水江流域木材贸易，以及明清两朝的货币和税收制度为白银大量流入该区域苗族社会提供了条件，也成就了现今的苗族银饰在清水江流域及其雷公山区集中分布的格局。苗族社会原有的以水牛作为财富计量单位及财富表征的传统，以贵重之物或货币装饰身体、祈福辟邪的传统，为白银货币的银饰化提供了可能。水牛等苗族原初社会价值计量及表征之物被贸易舶来的白银货币替代之后仍然折射为银饰上的水牛角造型符号。苗族财产继承权的性别差异，引发了银饰的性别偏重，由此形构了家庭倾力为女性添置银饰的习俗惯制。透过白银在清水江流域银饰化的历史，窥探到的是苗族社会附着在银饰上的多元文化互动、交流与交融的图景。"③

---

① 陈婷婷：《仪式专家与传统的发明：云南省武定县龙潭村祭山神的个案研究》，《民俗研究》，2020 年第 4 期。

② 黄彩文、沈彭：《再造传统：布朗族"贡母"节的当代重构及其仪式实践——来自云南省永德县送归村的调查》，《民族学刊》，2021 第 11 期。

③ 杨正文：《清水江流域的白银流动与苗族银饰文化的成因》，《民族研究》，2015 年第 5 期。

"传统的发明"理论对于我们书写民族志具有很重要的启示和意义，我们在书写民族志时如果没有很好地把握和了解新传统与旧传统、东方与西方的传统、书面与口述的传统、"国家"与地方的传统、部分与整体的传统等的相互塑造和互动，或者只是看到某一方面的话，那么这些民族志都是有失偏颇的。

第三章 民族学人类学仪式、符号和象征理论与田野工作（田野调查）和民族志新范式

民族学人类学在发展过程中产生出了一个重要的"仪式、符号和象征理论"。什么是民族学人类学的经典"仪式、符号和象征理论"？经典"仪式、符号和象征理论"理论对于田野工作（田野调查）和民族志有哪些要求和启发？田野工作（田野调查）者和民族志学者如何运用这些经典"仪式、符号和象征理论"？"仪式、符号和象征理论"传统理论作为一种新范式、新要求、新方法、新路径以及本体论和认识论等方面的价值该如何作用和体现在民族学人类学者的田野工作（田野调查）和民族志上？本章将简答上述这些问题。

第一节 民族学人类学仪式理论与田野工作（田野调查）和民族志

民族学人类学的仪式（ritual）概念主要有两种，第一种是与宗教、信仰有关的仪式活动；另外一种是人类的社会或文化行为。"民族学人类学家把仪式看作由一系列可感知符号建构起来的象征体系。仪式从狭义上来说是指发生在宗教崇拜过程中的正式的活动。从广义上来看，任何人类民

俗行为和节庆活动都具有一种仪式的维度。"① 可以说，仪式具有集体性、时空性、社会性、文化性、实践性、宗教性等特征，民族学人类学的仪式小到一个手势、眼神等，大到一个"国家"的行为或者过程或者是超越"国家"的组织、联合国、跨国公司、全球化组织等组织或团体举行的活动，已经超越了宗教仪式的范畴。

彭兆荣在《人类学仪式研究评述》一书中指出，人类学仪式研究有两种取向，一种是对古典神话和仪式的诠释，另一种是对仪式的宗教渊源和社会行为的探讨，仪式具有重要的功能和意义。"'仪式'一词作为一个专门性词语出现在19世纪。它被确认为人类经验的一个分类范畴上的概念，随着仪式越来越广泛地进入社会的各个领域和学术研究的视野，人们以各种各样的态度、角度、眼光、方法对仪式加以训诂和解释，使仪式的意义变得越来越复杂。今天，若不加以基本的框限，就很难对仪式的边界加以确认。它可以是一个普通的概念，一个学科领域的所指，一个涂染了艺术色彩的实践，一个特定的宗教程序，一个被规定的意识形态，一种人类心理上的诉求形式，一种生活经验的记事习惯，一种具有制度性功能的行为，一种政治场域内的谋略，一个族群的族性认同，一系列的节日庆典，一种人生礼仪的表演，等等，不一而足。大致梳理，仪式主要有以下几个方面的意义：①作为动物进化进程中的组成部分；②作为限定性的、有边界范围的社会关系组合形式的结构框架；③作为象征符号和社会价值的话语系统；④作为表演行为和过程的活动程式；⑤作为人类社会实践的经历和经验表述。"② 人们常说"要有仪式感"，生活中的聚餐、聚会、典礼、晚宴、出生、生日、成人礼、婚礼、葬礼、搬迁、宗教仪式、见面仪式等，可以说仪式无处不在。

仪式理论会涉及仪式语言（指仪式里面使用的语言，特别是在宗教仪式里如密教里的经文和词语等）、仪式程序（指仪式的仪轨和制度，有些必须严格执行，有些可以寻找替代等）、阈限理论（指阈限就是一个过渡，常被认为是模棱两可、模糊性等）、结构与反结构、仪式过渡礼仪、仪式神话与宗教、仪式与社会（指仪式当中出现的社会以及仪式整合社会和分裂社会等功用）、仪式与族群（仪式往往在强化、塑造、巩固族群认同方

---

① 《民族学人类学概论》编写组：《民族学人类学概论》，北京：高等教育出版社，2019年，第244页。

② 彭兆荣：《人类学仪式研究评述》，《民族研究》，2020年第2期。

面具有重要的作用）、仪式与交通（指仪式有特殊的文化交通，哪些路可以走哪些路不能走）、仪式与表演、仪式与象征、结构与功能、仪式的历史记忆与叙事等内容，学习仪式理论对我们开展好田野工作（田野调查）以及撰写民族志都具有重要的意义。

一、民族学人类学阈限理论、结构与反结构理论和田野工作（田野调查）

阈限理论是民族学人类学仪式研究当中最重要的理论之一，对民族学人类学的田野工作（田野调查）产生了重要的影响。维克多·特纳是阈限理论和结构与反结构理论的重要人物。阈限理论认为阈限是一个过渡地带，有些也将其称为"过渡仪式"。阈限人有着阈限的特殊阶段和身份，处于结构与反结构当中。特纳的阈限、结构与反结构、仪式的社会整合功能等都为民族学人类学的田野工作（田野调查）提供了概念性的工具以及操作的方法论。"阈限人（laminar）——我们可以将其定义为经历仪式性的转换过程的人——在没有财产、没有结构中的地位、没有特权、没有各种物质的享受、有时甚至没有衣服的情况下生活。"[1] 特纳扩展了阈限概念，也扩展了仪式范畴，"我还会进一步探究在民族学人类学的范畴外——其中包括文学、政治哲学，以及复杂的'普世'宗教的行为——被强调的交融、结构性局外人状态（structural outsiderhood）以及结构性低级地位（structural inferiority）之间的联系。"[2]

个体与群体在结构与反结构塑造过程中实现重构并重获自身，特纳指出："对于个人和群体来说，社会生活是一个辩证的过程，其中涉及高位与低位、交融与结构、同质与异质、平等与不平等的承继过程。从较低的地位到较高的地位所经过的通道，是'无地位'（statelessness）的边缘状态。在这一过程中，各个对立体相互组建，而且还彼此依靠。不仅如此，因为每一个稳定的部落社会都是由众多的个人、群体、类比所构成的，而每一种都有自己的周期；所以在某一时刻里，许多担任固定职位的人都会与职位之间的许多通道并存。换句话说，每个人的生命经历之中都包含着

---

[1] 维克多·特纳：《仪式过程：结构与反结构》，黄剑波，柳博赟译，北京：中国人民大学出版社，2006年，第114页。

[2] 维克多·特纳：《仪式过程：结构与反结构》，黄剑波，柳博赟译，北京：中国人民大学出版社，2006年，前言1页。

对结构和交融及状况和转换的交替性体验。"①

关于地位提升的阈限和地位逆转的阈限，特纳指出："首先，是地位提升的仪式（rituals of status elevation）所特有的阈限。在这种阈限的情况下，处于一个制度化的等级体系之中的'仪式的主体'或'仪式的新手'，会从一个较低的地位提升到一个较高的地位，并且这种提升是不可逆转的。其次，是常常在周期性和年度性仪式中出现的阈限，这种阈限常常是集体性的。在这种阈限的情况下，他们遵循的季节性周期之中，存在着某些按照其文化所规定的时间点。在这些时间点上，那些同属一个群体或类别，在社会结构中固定地处于低下地位的人就会积极地联合在一起，对那些地位处在他们之上的人进行仪式性的领导。而那些身处高位的人必须心怀善意地接受这种仪式性的降卑。我们可以把这样的仪式称为地位逆转的仪式（rituals of status reversal）。那些身处高位的人常常会受到激励的言辞和身体攻击，那些地位低下的人就是用这种方法来辱骂甚至虐待他们。"②当然仪式可以激活、巩固、转换这种阈限的，特纳指出："在无文字社会里，社会的发展和个人的发展多少间杂着一些延长了的阈限时刻。这些阈限时刻是通过仪式来保护和激活的，每一个都有着潜在交融的核心。所以，在复杂社会里，社会生活的阶段性结构也间杂着数不清的'自生性的交融'的时刻，只是没有制度化的激活和保护。"③

特纳在千禧年的分析中，认为千禧年是结构与反结构当中最有代表性意义的事件："千禧年运动：一致性、平等性、没有名字，没有财产（实际上，很多运动会命令其成员把拥有的财产全部销毁，以使大家更接近理想中的大同、共享状态；因为财产拥有权是与结构上的区别联系在一起的，无论是纵向的区别还是横向的区别），所有的人都被降低到同样的地位，所有的人都穿着统一的服装（有时候不分性别），实行性节制（或是与它完全相反的局面：性共享，性节制和性共享都主张革除婚姻，因为婚姻是对结构中的地位的合法化），将不同性别之间的差异最小化（'在上帝面前认人平等'或'在祖先面前人人平等'），废除级别，谦卑恭顺，不

① 维克多·特纳：《仪式过程：结构与反结构》，黄剑波，柳博赟译，北京：中国人民大学出版社，2006年，第97-98页。

② 维克多·特纳：《仪式过程：结构与反结构》，黄剑波，柳博赟译，北京：中国人民大学出版社，2006年，第169页。

③ 维克多·特纳：《仪式过程：结构与反结构》，黄剑波，柳博赟译，北京：中国人民大学出版社，2006年，第138页。

可以貌待人，没有私心等。"①

在结构与反结构中，特纳指出社会是一个过程，推断出社会也是有很多的阈限过程，他写道："最后的评论：与其说社会是一种事务，不如说社会是一种过程——一种辩证的过程，其中包含着结构和交融先后承继的各个阶段。在人类的生活中，似乎存在着一种'需要'（need）——如果我们能够使用这个有争议的词汇的话——来使人民对这两种形式都进行参与。那些急迫地想使这一'需要'在日常的活动之中得到满足的人，会在仪式的阈限中去寻求。那些在结构中处于低下地位的人，在仪式中追求象征意义上的'在结构中处于较高地位'；而那些在结构中处于较高地位的人，在仪式中追求象征意义上的'在结构中处于低下地位'，即使在达到目标的路上经历苦难，也在所不惜。"②

民族学人类学"阈限理论、结构与反结构"理论对于我们田野工作（田野调查）具有很重要的启示和指导意义，我们需要整体性地来把握和理解我们在田野工作（田野调查）中发现的仪式和活动。

二、民族学人类学阈限理论、结构与反结构理论和民族志

民族学人类学经典"阈限理论、结构与反结构"理论对于以社会秩序的建构、仪式治疗、宗教信仰、人观与思维模式、戏剧和场景表演、符号象征和隐喻等为主题的民族志撰写，都极具指导意义。

同样的事件在不同的社会和文化背景下会发生不同的应对和处理方式。同样是双胞胎，努尔人和阿桑蒂人的对待方式就不一样："卡哈拉里（Kalahari）的丛林社会中双胞胎要被杀死，但是在阿桑蒂人（Ashanti）部落中双胞胎有权利获得酋长身份，努尔人中的双胞胎被认为是同一个人，而且他们被认定属于鸟类。"③ 民族志就是把事件与社会和文化的互动与应对展示出来。

特纳在恩丹布仪式中的双胞胎困境民族志撰写中指出："这就是Wubwang'u 仪式，举行这一仪式的目的是让某位妇女变得强壮，这位妇女

---

① 维克多·特纳：《仪式过程：结构与反结构》，黄剑波，柳博赟译，北京：中国人民大学出版社，2006年，第112页。

② 维克多·特纳：《仪式过程：结构与反结构》，黄剑波，柳博赟译，北京：中国人民大学出版社，2006年，第206页。

③ 维克多·特纳：《仪式过程：结构与反结构》，黄剑波，柳博赟译，北京：中国人民大学出版社，2006年，第43-46页。

要么即将生下双胞胎，要么已经生过双胞胎（ampamba）。在这里出现的，不是缺乏的问题，而是过度的问题；不是表现不好的问题，而是表现太好的问题。"[①] 他继续指出，"Wubwang'u 仪式通常是为刚刚生下双胞胎或即将生下双胞胎的妇女而举行。人们判断一名妇女是否会生下双胞胎，是根据这一标准：如果这名妇女的母亲或外祖母曾经生育过双胞胎（也许这两种情况都出现过），那么她也会生下双胞胎。在 Wubwang'u 仪式中，不同的场景下的二分对立（binary opposition）：红色／白色分别代表强壮／虚弱、好运／厄运、健康／疾病、纯洁的心灵／招来巫术的怨恨、精液／母亲的血缘，以及男子气概／女子气质。"[②]

蓝希瑜在对浙西南畲族死者的过渡仪式"拨伤"研究中发现，在浙西南畲族的传统观念中，生者是可以干预"亡灵"世界的，并展现了过渡仪式的特殊案例。"在浙西南畲族传统观念中，人去世后亡魂要历经三次过渡方才到达祖界：第一次过渡是人死后亡魂，经'卄路灯'仪式被菩萨带至阴府，成为冥界之鬼；第二次过渡是'拨伤'仪式后亡魂由凶死之鬼变成健康之魂，重返人间；第三次过渡则是"做老者"仪式后，健康之魂成为家祭祖先，供家人祭祀。……'拨伤'针对的是死者生前的罪过、冤屈，但关注的是人死后亡魂的过渡。以往的过渡仪式研究多就生人而言，几乎不关注人死后的过渡现象。'拨伤'作为亡魂的过渡仪式，有着明确的空间过渡，即亡魂最终实现了从阴府到阳世的地域空间过渡；也有身份状况的过渡，即从凶死之鬼到健康之魂。"[③]

巴莫阿依对凉山彝族祖灵信仰的研究当中指出，凉山彝族传统观念认为人死后灵魂从亡灵到游灵再到家灵最后到祖灵的逐渐转换过程，在这转换过程中需要进行系列的安灵、导灵、助灵的过渡仪式，这展现了凉山彝族过渡仪式的特殊案例。"导灵是渡祖灵归祖界的重要手段，以毕摩以及主祭与祭人员唱诵《指路经》为形式，为祖灵指明归祖具体路径；同时，引导祖灵在途中一旦遇到关阻时如何摆脱。由于在彝人观念中，祖灵归祖之际和归祖途中会有许多魔鬼邪怪来阻扰，因而动用大量人员和采用各种措施

① 维克多·特纳：《仪式过程：结构与反结构》，黄剑波，柳博赟译，北京：中国人民大学出版社，2006年，第43页。

② 维克多·特纳：《仪式过程：结构与反结构》，黄剑波，柳博赟译，北京：中国人民大学出版社，2006年，第50–53页。

③ 蓝希瑜：《"拨伤"：浙西南畲族死者的过渡仪式》，民族研究，2016年第3期。

来帮助祖灵。云南彝族的'鸡肠式'转场、贵州彝区的'圈丧'转场、四川彝区的'和觉'转场，均以集体转场的形式护灵开路。滇南的罗鼓舞、凉山的刀舞、贵州威宁的铃铛舞等，是以集体舞蹈来驱鬼送灵。"[1]

笔者在写博士论文时接触到凉山彝族苏尼这个职业，类似于萨满。这个神职人员群体从准苏尼到苏尼职业化身份的获得跟一个称为"特格"（te ge）的仪式极为有关，特记录如下：

"特格"。"特"（te）指调和、调解等的意思；"格"（ge）是指撮合、凑合、组合等的意思。这里苏尼的"特格"就是指把苏尼的助神"瓦萨"调和、凑合在苏尼身上的意思。苏尼有了"瓦萨"助神以后，才能获得力量，才能进行仪式，"瓦萨"是苏尼必有的力量。特格对苏尼来说，就像一个成人礼，一个入会礼，是一个在生命史中最重要的一个仪式。因此，特格仪式时，苏尼处于模棱两可的阈限阶段。在这样一个持久的边缘或者阈限阶段，我们可以看出苏尼在毕摩和社会中所受到的习俗控制和习俗规训。这种习俗规训和控制，恰恰是苏尼得以在彝族社会存在下来的根。特纳认为，在阈限阶段中，阈限人在社会结构上是不可见的，也不再被分类。彝族苏尼也是一样，在没有特格仪式之前，其被认为是正常人和苏尼之间的，也可以被分类也可以被秩序化。

"中尼火"和"特格"都是毕摩做给苏尼的仪式，在仪式当中，苏尼都按照毕摩的仪式规则和仪式程序来做，毕摩拥有解释一切仪式行为过程中的权力。一般做"特格"仪式之前，都要做"中尼火"仪式，把苏尼身上的所有邪气、晦气、污秽等都要洁净掉。"特格"仪式一般分为三个大的部分：一是毕摩念经调和苏尼和瓦萨段；二是毕摩教准苏尼怎么召唤"瓦萨"期；三是苏尼自己考验自己的法力期。

以一次不成功的"特格"仪式为例。在笔者近一年时间的田野工作（田野调查）中，亲自参与"特格"仪式就是这一次，格及子冲毕摩给吉司尔呷做的仪式，虽然这次"特格"仪式的结果较遗憾，但给每个准苏尼做"特格"仪式基本上都是这个过程。

2013 年 4 月 6 日，辉隆乡下雪，属虎日。

一、毕摩念经调和苏尼和瓦萨

22 时 51 分开始，尔擦苏是从病人家的"哈库"（hat ku）边开始的。

---

① 巴莫阿依：《彝族祖灵信仰研究》，成都：四川民族出版社，1994 年，第 20 页。

毕摩坐在哈库边，准苏尼坐在甘哈（ga ha），苏尼的供台要做好。一个竹框框、一个竹筛子，一个新上衣，上衣上面必须有花色的纹样。用塑料袋包装一个小碗表示羊皮鼓。

格及子冲毕摩说："要一只黄色的母鸡，一只红色的大公鸡，黄色的母鸡和红色的公鸡表示附身到苏尼身上的精灵；还要一只白色的公鸡，表示献祭给苏尼精灵"瓦萨"的白色象征着纯洁、圣洁的意思。"白色的公鸡是属于准苏尼那边的，黄色的母鸡和红色的公鸡是属于毕摩这边的。准备两个米饭饭团，一个用黑色炭灰涂成黑色的。需要一个男孩来做帮手，拿着黄色的母鸡和红色的公鸡。我们可以看到有很多象征的道具和献祭物，黑与白、红与黄，等等。毕摩开始念经："线红需要洗净，线绿需要洗净，鸡头、鸡脚、鸡翅膀需要洗净，餐具、马勺、水、酒都需要洗净。""尔擦苏"就是把所有要用到的道具都要洗净。毕摩一边用马勺子舀水，一边念"水源经"，叙述水的来源。然后再念"酒源经"，叙述酒的来源。

毕摩念经的大致内容：

尔呷（准苏尼的名字）身体上，在这之前，苏尼"得木"占卜得出，毕摩"库色"算命得出，天上的鹰翅占算出，凡人做梦占算出，妇女占衣服得出，苏尼助神"瓦萨"附身到尔呷病人身上。尔呷这个人，找苏尼魂找毕摩魂到'子子普乌'去过，找牛找绵羊找过高山和平原，找米找饭找到安宁河谷，找猪找鸡找到'普色子古'那里，找衣服找工具找到甘洛那里去，找餐具找马勺子找到西昌那里去，找不到也要找到这些，今天就来找苏尼助神"瓦萨"来了。古时候，'曲布曲莫'开始来；今天来调和苏尼助神"瓦萨"，'曲布曲莫'先来。该拿的拿，不该拿的就不要来拿。

这段经文叙说，仪式主人已经确定了病人是得苏尼"瓦萨"精灵病，为了这个仪式，仪式主人家辛苦地找到这些献祭的物品。在所有的彝族毕摩和苏尼所举行的仪式过程当中，仪式过程中所用的物体、行动、关系、事件、体态和空间单位，包括献祭的物品，仪式语言、交换等，都拥有了一种象征性。

二、毕摩教准苏尼怎么召唤"瓦萨"期

22 时 59 分，毕摩念完一段经文后，吩咐大人帮忙小孩把两只公鸡和母鸡勒死，而且尽量地不要让鸡发出声音来。把两只勒死的鸡放在毕摩的前面，嘴对着嘴，翅膀相互交叉覆盖着，鸡脚相互交叉。我们可以看出，两只分别代表瓦萨跟苏尼的公鸡和母鸡表示其相互拥抱和附身。毕摩吩咐帮手再"尔擦苏"一次，念献祭的道具都要洗净。

毕摩吩咐准苏尼坐在上面，不要坐在板凳上，用刀子把白色的公鸡鸡脖子划开，使其流血而死。把白色的公鸡放在准苏尼的供台上，还有酒。

毕摩吩咐帮手再"尔擦苏"一次，毕摩在念经，然后准苏尼说："你不要害怕，大声地哼唱出来，使劲地敲鼓，使劲地摇鼓。"示意准苏尼要手摇起手中碗鼓，然后大声地唱出唤"瓦萨"歌曲。准苏尼不好意思地笑着，试图轻轻地摇动起来。但试了几次，都没有看见准苏尼发抖。

23 时 22 分，准苏尼试了几次，还是没有发抖。吉思尔呷微笑着说："我以前也没有看到过这种苏尼仪式，也不知道怎么呼唤'瓦萨'神灵，也不敢确定是不是得的'瓦萨'病，我自己不相信能成为一个苏尼。"

准苏尼问毕摩怎么做，毕摩用碗鼓给苏尼示范了一下，包括怎么呼唤"瓦萨"神灵，怎么敲鼓，怎么摇动碗鼓，等等。毕摩要求准苏尼跟着他念呼唤的词，要求准苏尼闭上眼睛，使劲地摇头，然后心要专一，不能想其他的事情。要求毕摩念一句，准苏尼也念一句。试了几次，准苏尼还是没有自然地发抖。

23 时 24 分，重新进行"尔擦苏"后，准苏尼喝第一口酒。毕摩吩咐准苏尼，要按照他的做法做一次。毕摩唱一句，准苏尼唱一句。试了几次，准苏尼说"瓦萨"不来，毕摩说，如果"瓦萨"降临到人身上的话，那么人就会感到毛骨悚然，也可能感觉到害怕。

23 时 35 分，再"尔擦苏"后，准苏尼还是跟着毕摩的方法去做，但是试过几次以后，"瓦萨"神灵也还是不附身。毕摩重新整理黄色的公鸡和母鸡的位置，但是准苏尼依然没有发抖。

23 时 45 分，毕摩吩咐帮手把鸡杀了，说"瓦萨"无法附身到准苏尼身上，可能是准苏尼心里面很排斥这个东西，等过段时间再看。

00 时 53 分，参加仪式的人一起共享，吃饭。

三、苏尼自己考验自己的法力期

如果苏尼被"瓦萨"附身，自然地抖动起来，自然地唱起词来的话，那么主人家和毕摩就一起来考苏尼。让苏尼坐在屋里，然后把苏尼供台上献祭的白公鸡藏在隐蔽的地方，让苏尼做法去找，试两三次，如果苏尼能准确无误地找到那个白公鸡的话，说明苏尼就可以给人治病和做仪式。

从"特格"仪式中看出，苏尼有两大法宝：苏尼呼唤"瓦萨"助神的能力以及苏尼预报病人病源的准确能力。毕摩在给苏尼成人礼做的"特格"仪式中，教会苏尼举行仪式过程中的仪礼和仪规，以及仪式中所需要的道具。毕摩在"特格"仪式中呈现给苏尼的一切，都会对苏尼的职业成长和苏尼自身的苏尼化起到重要的作用。在仪式过程中，毕摩把他的一套关于苏尼的知识系统，用"特格"仪式的方式直接和间接地传达给苏尼，让苏尼在仪式过程中获得了自身的发展。我们知道，苏尼在"特格"之前，对苏尼可能一筹莫展，什么都不懂，毕摩是他们苏尼生涯的一个老师。但同时我们也应该看到，毕摩只要控制了"中尼火"和"特格"仪式后，也就从文化上牢牢地控制住了苏尼；毕摩对苏尼来说，既是获得力量的来源，也是值得毕恭毕敬的竞争者。（拉马文才，2014）

民族学人类学经典"阈限理论、结构与反结构"理论中，阈限理论对于我们以民族志作品的形式来理解和解释过渡性质的社会和文化现象具有很强的理论和实践的指导性意义；结构与反结构理论对于我们以民族志作品的形式来理解和解释具有矛盾性质的社会和文化，具有很强的理论和实践的指导性意义。

三、民族学人类学"仪式习俗"理论与田野工作（田野调查）和民族志

民族学人类学"仪式习俗"（ceremonial customs）理论对民族学人类学的田野工作（田野调查）和民族志产生新范式和新的要求。

"仪式习俗"是拉德克利夫·布朗提出来的重要学术概念，他指出："在安达曼人的社会里，社会通过三种不同的方式对个人的行为进行指导或制约。第一种可称为'道德习俗'（moral customs），通过这些道德习俗，人与人之间的行为受到一些行为准则的指导，如什么是正当行为、什么是不道德行为等。第二种可称为'技术习俗'。土著在获取食物和制造各种必需品时，其行为方式由传统决定。指导这些行为纯属功利性，不是类似于道德准则的戒律，而是积累起来的技术知识，即如何才能获得某种物品的知识。所有这第三种习俗，都很难找到令人满意的名称。很多可以成为'仪式习俗'。这第三种习俗，与道德习俗和技术习俗都不同。举个例子，有人去世了，其亲属就会遵守一定的服丧习俗，比如用黏土涂满自己的身体。这些习俗与技术习俗的不同之处在于他们的非功利性，与道德习俗的

区别在于，它们并不直接关系到人与人之间的行为结果。"①

因此，作为民族学人类学者，田野工作（田野调查）和书写民族志的任务并不是去找寻这些仪式或者习俗的历史以及溯源，更不是与其他仪式和习俗进行比较研究，而是应找到其"含义"（meaning）和"功能"（function），只有这样才能真正地理解仪式和习俗。布朗指出："原始社会每一种习俗和信仰在社区的社会生活中都起到某种特定的作用，就像活体的每一个器官，在这个有机体的整体生活中都起着某种作用一样。诸多制度、习俗和信仰构成了一个单一的整体或体系，左右着社会生活，而社会生活与有机体一样，是实实在在的，同样受到自然规律的制约。以此类推，对原始社会的习俗含义进行的研究，在一定程度上可以说是社会生理学，应与习俗由来或变迁的研究区分开来，就像要将动物生理学与生物学区分开来一样。生物学研究的是物种的起源、变异的原因，以及进化的普遍规律。"②

仪式具有重要的凝聚、维持或激发社会和文化所赖以存在并构成和延续其本身的情感、观念和价值倾向的作用。举行仪式活动能消弭当地人的失序和违反社会规范等矛盾所引起的强烈混乱和无序，完成仪式具有重建情感和社会秩序的功能。布朗指出："某种制度（习俗或信仰）对社会以及社会的团结或凝聚所起的作用，如果用'社会功能'（social function）这个词来表示，那么本章提出的假说就可以用一句话来概括：安达曼人仪式习俗的社会功能，就在于维持安达曼社会赖以生存（并构成自身）的情感倾向，并使这些情感倾向世代相传。"③

所有宗教的思想、信仰、惯例、禁忌等都统称为仪式。研究宗教，重点在仪式，而不是信仰和观念。布朗认为："任何宗教或宗教崇拜通常都既涉及一定的思想或信仰，也涉及一定的惯例，无论是正面的还是负面的，亦即无论是行动还是戒避行动，都被我们统称为仪式。"因此要研究宗教，重点研究仪式，布朗还指出："在研究宗教时，重点应放在仪式上，而不是放在信仰上。"至于仪式有什么作用，布朗指出："人类有序的社会

---

① 拉德克利夫·布朗：《安达曼岛人》，梁粤译，南宁：广西师范大学出版社，2015年，第65页。

② 拉德克利夫·布朗：《安达曼岛人》，梁粤译，南宁：广西师范大学出版社，2015年，第173页。

③ 拉德克利夫·布朗：《安达曼岛人》，梁粤译，南宁：广西师范大学出版社，2015年，第177页。

生活依赖于社会成员头脑中某些情感的存在，这些情感制约着社会成员相互发生关系时产生的行为。仪式可以被看作某些情感有规则的象征性体现。因此，当仪式对调节、维持和一代代地传递那些社会构成所依赖的社会情感起作用时，仪式的特有社会功能也就显示出来。从而，我试图进一步推导出一条定理：宗教是人们对自身以外力量依赖的种种表现，这种力量可称为精神力量或道德力量。"仪式在维持这些人类共同的情感和情绪中具有重要的功能，"仪式使人的情感和情绪得以规范的表达，从而维持着这些情感的活力和活动。反过来，也这是这些情感对人的行为加以控制和影响，使正常的社会生活得以存在和维持。"①

唐钱华在《宗教民俗与生存实践：凉山彝族阿都村落的民族志研究》一书中，得出凉山彝族的丧祭仪式具有规范和教导生者，强化彝族社会结构的作用。

大坪的丧祭仪式与彝族社会组织紧密关联，是彝族社会事实的仪式化记忆和展演。大坪彝族社会组织以父系血缘家支作为表现形式，撮合、撮毕仪式体现了对父系血缘家支社会的强化和规范性作用……

撮合、撮毕仪式通过常态化的祭祀仪式规则，使父系血缘得到强化和巩固。送灵归祖强调人的功德圆满，回归祖界者必须有子嗣延续父系血缘家支脉络。只有有子嗣的逝者，遗体才能停放在家里代表祖先神位的哈库处。儿子位其做撮合安灵后将玛都迎回家中祭祀，撮毕仪式时请毕摩顺利将逝者送归祖界。送灵归祖还要求逝者生前必须遵守彝族社会的道德规范，因为在祖界生活的祖先都是功德圆满、洁净之人。生前的行为污点会影响他们回归祖界，这就要求生者不能犯偷鸡、奸淫、打杀家支成员这类错误，否则死后就不会被祖先接纳而成为孤魂野鬼。大坪彝族丧祭仪式是彝族社会关系和社会规范的强有力保证，父系血缘家支制度也在仪式展演中得以确立、强化和巩固②。（唐钱华，2014）

---

① 拉德克利夫·布朗：《原始社会的结构与功能》，潘蛟，王贤海，刘文远等译，潘蛟校，北京：中央民族大学出版社，1999 年，第 172–180 页。
② 唐钱华：《宗教民俗与生存实践：凉山彝族阿都村落的民族志研究》，北京：宗教文化出版社，2014 年，第 244 页。

第二节 民族学人类学符号理论与田野工作（田野调查）和民族志

索绪尔指出："语言符号的本质当中，第一原理或首要真理：语言符号是任意的，指关系将某个特定的听觉印象与某个确定的概念连接起来，并赋予它符号的价值，这是个彻底任意的关系。第二原理或第二基本真理：指能指的线性特征，是指语言符号通过听觉系统一个一个线性地呈现出来，而不是所有可见，语言在说或听时是有先后顺序的。"① 这里同时指出了符号的任意性和线性特征和结构。"在日常生活中，我们常常用一种事物代表另一种事物，如用 A 代表 B，A 就是 B 的符号。也就是说，符号就是事物的代表，是指代他种事物的标志。符号有形式（能指）和内容（所指）（'能指'和'所指'是索绪尔在论述语言符号时所用的概念）两个方面构成，形式是人的感觉器官可以感知的对象，而内容则是形式所表达的意义。以交叉路口的信号灯为例，绿灯亮表示通过，红灯亮表示停车等。符号的种类繁多，如文字、信号灯是视觉符号，汽笛、军号是听觉符号，盲文是触觉符号，等等。"②

民族学人类学"符号理论"主要来源于语言民族学人类学、认知民族学人类学和心理民族学人类学的认知和实践。民族学人类学"符号理论"主要关注人类的社会和文化的语言、符号和思维互动和实践过程。语言民族学人类学是一门从民族学人类学的角度研究语言和言语的学科③。这里的"语言"和"言语"涉及语言、思维以及人的社会与文化与它们之间的相互关系和实践。另外涉及的一个学派就是认知民族学人类学，"应当说，认知民族学人类学是研究人类社会、文化、实践与人类思想之间的互动和结构关系的一门学问。"④ 这里的认知与情感、行为、价值、观念、思想、认识、社会化等有关，而且研究对象也从人类社会扩展到了动物社会。还

---

① 索绪尔（Saussure, F. D.）：《索绪尔第三次普通语言学教程》，屠友祥译，上海：上海人民出版社，2007 年，第 84-88 页。
② 庄孔韶：《民族学人类学通论》，北京：中国人民大学出版社，2020 年，第 111 页。
③ 《民族学人类学概论》编写组：《民族学人类学概论》，北京：高等教育出版社，2019 年，第 79 页。
④ 庄孔韶：《民族学人类学通论》，北京：中国人民大学出版社，2020 年，第 132 页。

有一个学派就是心理民族学人类学，心理民族学人类学顾名思义就是运用心理学的方法来研究人类的社会和文化行为，"其研究主题包括社会化、人格发展与文化变迁、国民性、文化与异常行为、文化与知觉、动机和认知等。"①

一、民族学人类学符号理论与田野工作（田野调查）

语言民族学人类学主要涉及语言与思维、语言与文化、语言与民族三个方面。其中语言与思维方面包括语言决定思维（其中最重要的是萨丕尔·沃尔夫假说，认为语言决定了思维，也就是语言决定论，认为语言不同，人们的思维方式就不同，也就决定了人们对事物的看法和认识也就不同）、思维决定语言［现代西方心理学家皮亚杰（J. Piaget）提出了认知假说的观点，认为思维决定语言，认识先于语言］、语言反映思维（认为语言反映文化和思维，不同民族的语言反映不同的亲属系统以及人际关系）。

如果说语言与思维是纯粹的语言学问题，那么语言与文化以及语言与民族就是民族学人类学者在进入田野工作（田野调查）时所必须面对的问题。语言与文化认为语言决定文化，同时文化反映语言，语言和文化是相辅相成的，语言是文化的一部分，但文化也依赖语言来进行传播、传承和弘扬。语言与民族的关系和实践，也是民族学人类学者在田野工作（田野调查）时经常面对的问题，"语言和民族固然是两个完全不同的概念，有着不同的内容，但在广义的文化这一宽阔的背景中，二者有着紧密的联系。语言是维系民族的重要纽带，而民族又是语言赖以存在的底座。另外，从文化史的角度考察，语言的发展也是同民族的发展密切相关的。"②我们在田野工作（田野调查）中其实很容易发现"一族多语"或者"多族一语"之现象。"一族多语"是指一个民族或一个族群掌握了两种以上的语言；"多族一语"是指多个民族共用一种语言的现象。

认知民族学人类学主要涉及人脑、思维、知识和认知方面，探讨文化如何在人脑当中运行以及知识图式是如何产生的，我们的认知受到我们的社会和文化影响，"认知民族学人类学最新发展的焦点在于研究文化图式如何与行动相联系。这个领域的研究涉及情感、动机、内化（internalization）、社会化。认知民族学人类学者普遍把文化看作社会分布的、'颗粒状

---

① 庄孔韶：《民族学人类学通论》，北京：中国人民大学出版社，2020 年，第 146 页。
② 林耀华：《民族学通论》，北京：中央民族大学出版社，1997 年，第 68 页。

的'、以不同形式内化的、以不同方式体现在外部形态中的东西。也就是说,文化不再被看作匀质的、具有稳定结构的存在形式,也不再被看作完全由外在社会决定的符号体系;人的心理因素也对文化产生着重要作用,与文化形成互动关系。认知民族学人类学一直在探讨文化知识是如何在人脑中协调运转的。"①

心理民族学人类学是用心理学的方法来研究人类的社会和文化发展过程,主要涉及文化与人格学派和文化与自我学派。文化与人格学派主要认为文化在塑造人格、约定规范,反过来文化又受到人格制约。

二、民族学人类学符号理论与民族志

民族学人类学经典"符号理论"对我们正确把握和认识仪式与符号、宗教与符号、语言与思维、文化与人格、认知与行动等关系和实践为主题的民族志撰写,都极具指导意义。

鲁思·本尼迪克特(Ruth Benedict)的《文化模式》②是符号民族学人类学的民族志。在他看来,文化因素就像是一套可供人选择和使用的条目,有些民族选择了这些因素,并形成了自己的文化特质,另一些选择了其他的因素,并形成了别的特质,而不同的文化特质决定了个体的形成。因此,文化便产生了它的性格特征,成为区别于其他文化的独特整体。另外,她认为每个人时常的观念和认知,总是会受到特定的习俗、风俗和思想方式的影响和编排,所以我们要冲破这种认知障碍,不断对我们周围世界的文化进行全面的认识和考察。

随后她指出,美国西南部普韦布洛地区的印第安人(以祖尼人为代表),"严格讲,其他一切生活方面,都不能与祖尼人对舞蹈、宗教仪式的兴趣相匹敌。诸如结婚和离婚等家事,都是随意的、个人的安排。祖尼文化是一种强大的社会化文化,而且对个体倾心的事,并没太多的兴趣。几乎不用求婚便可安排好结婚。"③"无论用药物、酒精、斋戒、苦刑或舞蹈,凡逾出正常感觉程序,任何经验都不会为祖尼人所追求或容忍。他们与此类分裂式个人经验没有丝毫关联。其文明盛行的对中和的热爱,没有这种

---

① 庄孔韶:《民族学人类学通论》,北京:中国人民大学出版社,2020年,第134页。
② 鲁思·本尼迪克特:《文化模式》,何锡章,黄欢译,北京:华夏出版社,1987年。
③ 鲁思·本尼迪克特:《文化模式》,何锡章,黄欢译,北京:华夏出版社,1987年,第58页。

经验的地位。因而他们没有萨满。"① 因祖尼人注重仪式、自豪自大、中庸之道、热衷礼仪以及个人淹没于社会化之中等特质而成为日神型（阿波罗式）人。

而温哥华岛的夸库特耳人则以其（酒神式）特征与祖尼人形成直接鲜明的对比，"除西南普韦布洛人（祖尼人）外，西北海岸的部落和大多数美洲印第安人一样，皆属酒神型。他们的宗教仪式，所欲求的最终目的乃是迷狂。领舞人，至少在表演的高潮，要失去自我的正常控制，进入心醉神迷的另一生存状态。"② "他们所承认的一切动机都以获取至尊的意志为中心。他们的社会组织、经济制度、宗教、生与死，都是表现此种意志的渠道。"③ 他们偏爱在财富上进行竞争对抗，尊崇等级，具有偏执狂似的权威幻想，其酒神义化的要旨得以充分展现。

美拉尼西亚西北部的多布人文化就显得不同。"多布人完全符合邻人对他们性格的描述。他们不只有特罗布里恩德山德高望重的首领所领导，保持安宁，相互不断交换物权和特权的稳定的劳动组织。多布没有首领。当然也就无政治组织。从严格意义上讲，也就无法可依。"④ "疾病咒文具有它们自己的恶毒用意。在特瓦拉村，每个男女都有一至五种咒文不等。每一种咒文皆针对一种特殊疾病，拥有咒文之人也占有驱逐同种苦痛的咒文。有些人垄断了某些疾病的咒文，他们就成了制造这些疾病并能治愈它们的唯一力量的持有者。所以，在其他地区内，患有橡皮病、淋巴结核等疾病的人，都知道到谁的门下请求解脱。咒文使拥有人神力无边，也就常引起别人的极大垂涎。"⑤ 本尼迪克特指出产生这样的心理是这二种文化模式塑造的结果，而且每个成员深受其影响，而这种心理支配着他们的仪式、信仰、社交、经济、婚姻等所有领域。

玛格丽特·米德（Margaret Mead）的著作《萨摩亚人的成年：为西方

---

① 鲁思·本尼迪克特：《文化模式》，何锡章，黄欢译，北京：华夏出版社，1987年，第75页。

② 鲁思·本尼迪克特：《文化模式》，何锡章，黄欢译，北京：华夏出版社，1987年，第137页。

③ 鲁思·本尼迪克特：《文化模式》，何锡章，黄欢译，北京：华夏出版社，1987年，第149页。

④ 鲁思·本尼迪克特：《文化模式》，何锡章，黄欢译，北京：华夏出版社，1987年，第102—103页。

⑤ 鲁思·本尼迪克特：《文化模式》，何锡章，黄欢译，北京：华夏出版社，1987年，第115页。

文明所作的原始人类的青年心理研究》①也是符号民族学人类学的民族志。她认为，我们的每一个思想、每一个行为、每一个行动等都不是种族和本能的产物，而是由其所接受的养育以及社会和文化所引起的产物，因此我们所处的社会和文化以及所处社会和文化所形成的特殊的养育方式塑造了每一个人的思想、行为和行动。她指出，美国社会里出现的青春期反叛是由美国社会特有的养育方式造成的，与美国的种族与本能无关。

米德指出："民族学人类学家研究在最为广阔的社会环境中生活的人类。民族学人类学家根据原始人类的习惯研究他们继续发展着的体质，并因此而逐渐认识到每一个人出生、成长的社会环境在他的个人生活中发挥着巨大的作用。以往我们习惯上认为属于我们人性中固定成分的行为的诸多层面，现在一个接一个地被发现只是人类文明的一种可能的结果。一国居民所有的行为，另一国居民可能并不具有，而这是和种族的差异无关的。民族学人类学家了解到，即使像爱慕、恐惧和愤怒这类人类的基本情绪，也不能归咎于种族遗传或所谓共同的人性，它们在不同的社会条件下具有不同的表现形式。"②

民族学人类学经典符号理论对于我们以民族志作品的形式来理解和解释过渡性质的社会和文化现象具有很强的理论和实践的指导性意义；另外符号理论也对于我们以民族志作品的形式来理解和解释具有矛盾性质的社会和文化有很强的理论和实践的指导性意义。

第三节　民族学人类学象征理论与田野工作（田野调查）和民族志

象征就是指用具体的事物表现某种特别的意义，如红色象征喜庆、黑色象征哀悼、喜鹊象征吉祥、乌鸦象征厄运、鸽子象征和平、鸳鸯象征爱情等。象征这种方法，可使抽象的概念和理念具体化、形象化，从而激发人们的想象和理解，使抽象的概念和理念便于认识、观察和理解。

① 玛格丽特·米德：《萨摩亚人的成年：为西方文明所作的原始人类的青年心理研究》，周晓虹等译，北京：商务印书馆，2008年。
② 玛格丽特·米德：《萨摩亚人的成年：为西方文明所作的原始人类的青年心理研究》，周晓虹等译，北京：商务印书馆，2008年，第20页。

民族学人类学的"象征理论"认为，文化是通过象征的方式呈现出来的，我们要理解文化的话，那么先要从了解象征开始，只有了解象征以后才能理解文化。民族学人类学"象征理论"涉及一套全新的研究新范式、话语系统以及知识体系，对田野工作（田野调查）和民族志提出了一种新的研究手段、方法和路径，本节将重点论述之。

一、民族学人类学象征理论与田野工作（田野调查）

维克多·特纳的《象征之林——恩登布人的仪式散论》[①] 是象征理论研究的主要著作。特纳认为象征广泛存在于仪式当中："我在田野工作（田野调查）中观察到的象征符号，从经验的意义上说，指的是仪式语境中的物体、行动、关系、事件、状态和空间单位。"[②] 这里指出仪式中的象征性特质。另外特纳指出："象征符号和人们的利益、意向、目标和手段相关，不管这些是明确表述出来的还是得通过我们观察到的行为推测而来。至少是在行动的恰当语境中，象征符号的结构和属性变成了动态实体的结构和属性。"[③] 这里指出象征与人们的利益、意向、目标和手段有关。

特纳指出，民族学人类学家发现的象征是具有语境意义的，跟我们直观观察和感受到的或者是当地的仪式专家和普通人提供的解释是不一样的，民族学人类学家在田野工作（田野调查）中要发现象征符号的语境，"仪式符号象征的结构和特点也许能根据三类材料来加以推断：①外在形式和可观察到的特点；②仪式专家或普通人提供的解释；③主要由民族学人类学家挖掘出来的，有深远意义的语境。"[④] 特纳把象征性符号又区分成"支配性的象征符号"和"工具性的象征符号"。"支配性的象征符号"是指"支配性象征符号在许多不同的仪式语境中出现，有时候统辖着整个过程，有时候主宰着某些特殊阶段。某个支配性象征符号的意义内容，在整

[①] 维克多·特纳：《象征之林——恩登布人的仪式散论》，赵玉燕，欧阳敏、徐洪峰译，北京：商务印书馆，2006年。

[②] 维克多·特纳：《象征之林——恩登布人的仪式散论》，赵玉燕，欧阳敏、徐洪峰译，北京：商务印书馆，2006年，第19页。

[③] 维克多·特纳：《象征之林——恩登布人的仪式散论》，赵玉燕，欧阳敏、徐洪峰译，北京：商务印书馆，2006年，第20页。

[④] 维克多·特纳：《象征之林——恩登布人的仪式散论》，赵玉燕，欧阳敏、徐洪峰译，北京：商务印书馆，2006年，第20页。

第三章　民族学人类学仪式、符号和象征理论与田野工作（田野调查）和民族志新范式 ｜ 83

个象征系统中具有高度的持续性和一致性。"① "工具性的象征符号" 是指 "每一种仪式都有一个存在于相互联系着的象征符号之间的特殊模式，该模式取决于这种仪式的表层目的。换句话来说，每一种仪式都有其目的论。仪式有着要明确表达的目标，工具性象征符号可以说是达到这些目标的途径。"② 简言之，特纳指出："仪式符号成分自身能够被划分为结构性成分，或称为'支配性象征符号'，它们倾向于自身就成为目的，以及可变的成分，或称为'工具性象征符号'，它充当实现特定仪式的明确或含蓄的目的的手段。"③

特纳认为，象征符号在仪式当中具有把不能直接通过经验得到的观念、价值和情感等转换成可视化、可操作化、可触摸等的重要功能。象征符号具有重要的语境性意义："因此，恩登布人的仪式象征符号使用过程不能直接将感到的信仰、观念、价值、情感和精神气质变得可见、可听、可触摸。与这个使未知的、不可见的或隐藏的事情展现的过程相联系的是使私人事务变成公共事务或使个人事务变成社会事务的过程。任何不能被表现为与恩登布社会的规范或价值相一致的东西都会潜在地威胁它的团结和延续。由此可见伊哈姆仪式当中坦白的重要性。通过在仪式语境下将不良情感暴露于有益的仪式力量中，个体清洗了背叛的愿望与情感，心甘情愿地又一次顺从公共道德观念。在一个恩登布人仪式里，每一个象征符号都能使恩登布文化和社会的一些成分变得可见，并能为有意图的公众行动所利用。它还倾向于把这些成分和某些自然的和生理的规律联系起来。"④

特纳的 "象征理论" 对我们田野工作（田野调查）者提出了很重要的挑战。特纳认为，作为民族学人类学家应该要找到象征符号的语境性，以及象征符号在仪式当中所具有的公众性、道德性、社会性、心理性、情感性等，而不是直观看到的或观察到的，也不是仪式专家或报道人提供的解

---

① 维克多·特纳：《象征之林——恩登布人的仪式散论》，赵玉燕，欧阳敏、徐洪峰译，北京：商务印书馆，2006 年，第 31 页。

② 维克多·特纳：《象征之林——恩登布人的仪式散论》，赵玉燕，欧阳敏、徐洪峰译，北京：商务印书馆，2006 年，第 31 页。

③ 维克多·特纳：《象征之林——恩登布人的仪式散论》，赵玉燕，欧阳敏、徐洪峰译，北京：商务印书馆，2006 年，第 44 页。

④ 维克多·特纳：《象征之林——恩登布人的仪式散论》，赵玉燕，欧阳敏、徐洪峰译，北京：商务印书馆，2006 年，第 48 页。

释力，如何做到这一点，需要通过特纳分析的"支配性的象征符号"和"工具性的象征符号"以及象征在"阈限阶段中的模拟两可性"来理解，这样才能理解具体的象征意义，了解了象征意义才能理解到仪式，也才能理解到文化。

二、民族学人类学象征理论与民族志

格尔兹的著作《文化的解释》① 是民族学人类学象征理论重要的集理论与实践为一体的民族志代表作，其中《深层游戏：关于巴厘岛斗鸡的记述》是书的最后一章，算是一篇完整的民族志作品。该篇详细记述了斗鸡习俗的生成、展演、仪式化以及地方性，斗鸡表面上呈现的是公鸡之间的搏斗，实际上反映的是斗鸡背后男人、村落、阶层乃至区域之间的博弈，具有维持巴厘岛文化与社会秩序的重要功能，彰显了斗鸡游戏与隐含的社会秩序之间的复杂性关联，而正是这个原因使得巴厘岛人持续性并且狂热性地追捧斗鸡。

格尔茨记述道："斗鸡比赛越是在地位相近的对手（和/或相互敌对的人）之间，在地位高的个体之间进行，则比赛越深刻。比赛越深刻——①男人与公鸡越有密切的认同（或者更准确地说，比赛越深刻，男人越是努力地与公鸡认同）。②参斗的公鸡越是优异并且两只鸡越近于势均力敌。③人们投入的激情越多，比赛也越有吸引力。④中心和周边的个人赌注越高，周边赌注的差额越小，总体上赌博也越大。⑤对游戏的'经济'角度的考虑越小，而"地位"角度的考虑越多，而且参加游戏的人们越有'实力'。"② 因此，可以说巴厘岛人的斗鸡习俗，斗的不是实质上的鸡，而是另外具有社会和文化语境意义上的斗鸡。格尔茨指出："巴厘岛人从搏斗的公鸡身上不仅看到了他们自身，看到他们的社会秩序、抽象的憎恶、男子气概和恶魔般的力量，他们也看到地位力量的原型，即傲慢的、坚定的、执着于名誉的玩真火的人——刹帝利王子。"③ 格尔茨指出，巴厘岛人在斗鸡中实现了社会化和价值化，"对巴厘岛人来说，出现在斗鸡现场和投身于斗鸡是一种感情教育。"④

① 格尔茨：《文化的解释》，韩莉译，南京：译林出版社，2014 年。
② 格尔茨：《文化的解释》，韩莉译，南京：译林出版社，2014 年，第 519-520 页。
③ 格尔茨：《文化的解释》，韩莉译，南京：译林出版社，2014 年，第 520 页。
④ 格尔茨：《文化的解释》，韩莉译，南京：译林出版社，2014 年，第 530 页。

格尔茨认为，民族学人类学家在撰写民族志时，解读这些文本，阐释这些文化，理解这些意义是比较难的，民族志学者只能无限接近于这个真实，而且文化蕴含着自身的一套解释，"一个民族的文化是一种文本的集合，是其自身的集合，而民族学人类学家则努力隔着那些它们本来所属的人们的肩头去解读它们。在这样一个事业中困难是极大的，方法论上的隐藏的危险足以使精神分析学的信徒们颤抖起来，而某些道德上的困惑也同样巨大。……但无论在哪个层次上操作，也无论它多么错综复杂，指导原则是同样的：社会，如同生活，包含了其自身的解释。一个人只能学习如何得以接近它们。"[①]

① 格尔茨：《文化的解释》，韩莉译，南京：译林出版社，2014年，第534页。

第四章　民族学人类学经典"文化、权力与'国家'"理论与田野工作(田野调查)和民族志新范式

民族学人类学在发展过程中衍生出了一个重要的理论——"文化、权力与'国家'"理论。什么是民族学人类学经典"文化、权力与'国家'"理论？经典"文化、权力与'国家'"理论对于田野工作（田野调查）和民族志有哪些要求和启发？经典"文化、权力与'国家'"理论与田野工作（田野调查）和民族志产生出哪些共谋？田野工作（田野调查）者和民族志学者如何运用"文化、权力与'国家'"理论？经典"文化、权力与'国家'"理论作为一种新范式、新要求、新方法、新路径，以及本体论和认识论等方面的价值该如何呈现在民族学人类学者的田野工作（田野调查）和民族志上？本章将简答上述这些问题。

第一节　民族学人类学文化、权力与"国家"的概念

民族学人类学拥有一套既有本体论又有实践性的"文化、权力与'国家'"理论，作为认识论价值，文化、权力与"国家"概念都具有结构性、过程性、反思性和实践性等特征。结构性是指概念具有稳定性和指向性特质，具有内部的延续性又具有外部的可塑性和外延性本质；过程性是指概念的产生、发展、扩散、影响以及互动等具有阶段性、时间性以及延续性

特征；反思性是指概念的产生有其自我反思性特征，具有不断整合、不断反馈、不断思辨等特征；实践性是指概念的产生是具有理论指导性和实践应用性等特质。

一、民族学人类学的文化概念与研究

民族学人类学的文化概念系统地简答了"文化是什么？""什么是文化？""文化的功用是什么？""怎样使用文化？""谁的文化？""文化是谁？"等一整套的关系实践和文化图式问题。

吉登斯认为："文化指的是一个社会或群体的特定生活方式，包括知识、习俗、规范、法律及信仰等。"① 这里面文化是社会性和群体性的，排除了个人性和个体的行为，还包括了知识、习俗、规范、法律及信仰等，文化就是特定的生活方式，可以引申出文化就是一种生活的观点。民族学人类学现代意义的文化概念出自泰勒《原始文化》里的定义："从广义的人种论的意义上说，文化或文明是一个复杂的整体，它包括知识、信仰、艺术、道德、法律、风俗以及作为社会成员的人所具有的其他一切能力和习惯。"② 从这个定义开始，民族学人类学的文化概念就此树立起来了，从此基本上明了了什么是文化，文化是什么等问题。作为进化论的代表人物，泰勒的文化概念有着比较鲜明的文化遗存之观点。

林耀华在《民族学通论》对"文化"进行了概括性的定义，这个定义在中国的民族学学界产生了广泛的影响，指出文化包括物质文化和精神文化："文化是人们在体力劳动和脑力劳动中所创造出来的一切财富，包括物质文化和精神文化，以及人们所具有的各种生产技能、社会经验、知识、风俗习惯等。"③ 何为物质文化？"所谓'物质文化'，是指劳动工具和人们为了满足生活需要而创造出来的一切财富。在民族学研究中，不仅要重视这些劳动工具和财富，同时还要注意使用它们的技能和经验，即把它们同如何使其用于生活结合起来进行研究。人类生活必需的衣、食、住、行都属于物质文化的组成因素，深入研究这些文化因素是民族学的主要任

---

① 安东尼·吉登斯，菲利普·萨顿：《社会学基本概论：第二版》，王修晓译，北京：北京大学出版社，2019 年，第 190 页。

② 泰勒（Edward Burnett Tylor）：《原始文化》，连树声译，南宁：广西师范大学出版社，2005 年，第 1 页。

③ 林耀华：《民族学通论》（修订版）；北京：中央民族大学出版社，1997 年，第 384 页。

务之一。"① 何为精神文化？"一般来说，精神文化是人类精神生产的全部成果。由此看来，民族的精神文化应包括上层建筑的各个方面，如哲学、科学、伦理、道德、教育、法律、风俗习惯、宗教、文学和艺术，等等。但是，严格地说，上层建筑与精神文化并不等同，因为除上层建筑以外，还包括作为民族文化一种形式的思维和语言，以及自然科学知识等，它们都属精神文化的范畴。"②

民族学人类学对"文化"概念内涵或外延的不断界定，与民族学人类学学科的成长有关。王建民指出梳理"文化"概念对于民族学人类学学科来说是至关重要的，"梳理文化概念及其价值观的形成和发展过程，以及它与社会文化进程间的关系，对于人类学民族学学科和学术的发展而言，是至关重要的。只有清晰地了解有代表性的不同学者对于这一概念的界定和理解，我们才能更清楚人类学民族学研究的基本立场和研究取向，也才能够更好地理解人文学科和社会科学的发展历程。'文化'是人类学民族学学科最核心的概念。这一既重要又充满争议的概念与学科的建立和成长历程始终相伴，甚至自身也成为学科名称的一部分。与学科理论新范式的变化同步，'文化'被赋予了不同的涵意，由对这一概念的不同认识所衍生的理论流派分野更是把握学科理论和方法论的关键所在。文化概念不仅影响并改变着人们的生存和生计方式，也形塑着人们的精神世界。人类学文化概念自被提出之后，随着理论的进展，不断被重新认识和界定、修正和颠覆。通过实在论和观念论、动态和复数等面向的争论和辨析，人们在不断重新认识'文化'的过程中，深化了对人类学民族学理论的反思。"③

陈国强认为，"文化（culture），在民族学人类学中，通常指人类社会的全部活动方式。它包括一个特定的'社会'或'民族'所特有的一切内隐的或外显的行为、行为方式、行为的产物及观念和态度。文化是人类创造出来适应环境，遵循客观规律改造环境的工具。民族学人类学通过劳动使自己的主体意识客体化为一种对象，也通过劳动使客观的物质符合自己的主观要求。在这一过程中，人类不仅创造了文化，同时也创造了自己。文化是一种社会现象，也是一种历史现象。每一种社会都有其相适应的文化。每一社会的文化都有其共同的特征：①超自然性。文化是人创造的，

---

① 林耀华：《民族学通论》（修订版）；北京：中央民族大学出版社，1997年，第406页。
② 林耀华：《民族学通论》（修订版）；北京：中央民族大学出版社，1997年，第433页。
③ 参见王建民：《文化》，《广西民族大学学报》（人文社会科学版），2023年第5期。

它只与人以及人的活动有关，大自然中的自然物不属于文化范畴。②超个人性。文化是由人类的群体活动体现的，并为人类各群体的成员所共同享有。③传承性。文化是后天习得的，并可经由个体一代代地传承下去。④整合性。文化不是各种事物简单的组合，而是由多元的文化元素相互关联而形成的完整体系。⑤文化是以象征符号为基础的，并以此作为标志同动物区别开来。⑥民族性。文化由一个个民族享有，从而也是各民族借以区别的依据。⑦可变性。由于内外部的动力，如发明与文化传播，文化会不时地发生量变或质变。"①

约翰·奥莫亨德罗在《像人类学家一样思考》一书中对文化进行了定义，文化是共有的认识，并对文化的特征进行描述，"文化是一群人通过习得，对其所作所为和每件事物的意义共有的认识。'习得的共有认识'与本能或天生的行为相对，指的是人们天生罕有，只有通过从小学说话、学走路、获得文化而得到的能力。'习得的共有认识'意为，通过文化可以通过学习或者模仿得到的。'习得的共有认识'意为，文化存在于人们的思想中。"另外，文化具有重要的七个特征，"第一，文化是整合的。文化的部分是彼此相关，文化是一个整合体系。第二，文化是历史的产物。我们今天的生活，都会受到昨天的影响。第三，文化既会发生变迁，也会导致变迁。第四，文化会因价值取向而得到强化。文化因价值观念而得到强化，这种价值观就是对什么是好的和该做的、什么是不好的和不该做的事情的一种共识。第五，文化对行为起了很大的决定作用。文化对行为起了很大的决定作用，但人们也并非就是文化的傀儡。文化的力量之所以强大，是因为我们从中学到的很多东西，都是我们潜移默化、耳濡目染而来，或因不做便会觉得有悖周遭价值取向，或因周围人都是如此，所以要保持一致为人接受。第六，文化在很大程度上由符号组成并依靠符号传递。把我们的共识用符号的形式集合起来，就赋予了文化积淀下来、在人们之间传递、在代际之间延续的力量。第七，人类文化在复杂性与多样性上独一无二。"②

自文化概念提出以来，作为以文化和社会研究为己任的民族学人类学，对于文化的定义工作从来就没有停止过，随之出现的各种文化定义也

---

① 陈国强：《简明文化民族学人类学词典》，浙江：浙江人民出版社，1990年，第70页。

② 约翰·奥莫亨德罗（John Omohundro）：《像人类学家一样思考》，张经纬等译，北京：北京大学出版社，2017年，第17-32页。

层出不穷，先后经历了文化的进化论、传播论、功能论、结构论、象征论、实践论、理性论等各种学派和思想。文化进化论派活跃于19世纪60—90年代，是文化民族学人类学史上的第一个理论学派，认为文化古典进化论，其成熟标志是泰勒的《原始文化》与摩尔根的《古代社会》，得出人类文化的"三个一致性"观点：①人类追求进步的心智和本质一致；②社会文化进化的路线和阶段一致；③社会文化与自然界的发展规律一致。文化传播论认为，文化的相似或者近似是文化传播作用的结果，文化的发展最主要是文化传播的作用。文化功能论认为：任何一种文化现象，不论是抽象的社会现象，如社会制度、思想意识、风俗习惯等，还是具体的物质现象，如手杖、工具、器皿等，都有满足人类实际生活需要的作用，即都有一定的功能。文化是一种价值工具，是一种维护社会规范的功能。文化结构论认为：文化是有结构性的，文化是在社会结构层次上而不是在个人需求层次上发挥功能的；结构主义认为文化具有结构性，了解了结构才能了解文化、意义与秩序。文化象征论认为：文化是通过符号和象征的方式存在的，文化是意义之网，文化的传承和作用是以象征符号的方式表达的，不同文化的象征体系是不同民族对其所处的世界的不同理解，民族学人类学家对文化和象征符号只可理解和阐述，并对其"深描"，民族学人类学家的工作是通过了解"土著观点"（当地人的观点），解释象征体系对人的理念和社会生活的界定。文化实践论认为：所有文化具有实践性和过程性特征，文化资本作为一种重要的资本，具有惯习、场域、资本等特质，具有实践性的实践特征。文化理性论认为：文化自身具有理性化特征和倾向，原始人有自己的文化理性，有它生存方式和实践逻辑。

二、民族学人类学的权力概念与研究

民族学人类学把权力看成一种文化系统来进行研究，包括权力的生成过程，权力的获得过程，权力的执行过程以及权力与文化、权力与政治、权力与经济的关系等结构性、实践性问题。赵旭东在《权力的文化表达与美好社会的追求——变动世界中一种政治人类学视角的新观察》一文中指出从文化的角度去看权力的观点："可以从一种政治人类学的视角去理解权力的文化表达或所谓权力的非暴力属性存在。人类学视野中的权力观念显然不是单一性的存在，而是多样性的文化存在，在这多样性权力表达的文化背后亦可以体现一种共同体意义上的共同性表达。应当把权力放置在自我与他者的交互性影响维度上去理解，由此去除自我中心的权力理解，使之不会快速地滑向暴力支配的极端。同时也需要从世界历史的变化之中去理解权力的权威表达形态与非暴力诉求的种种可能。所有的权力都存在于不同的文化之中，因此需要在文化比较中看到权力的共同性存在，并从中领会一种美好社会构建的权力支撑基础所在。"①

吉登斯指出："权力（power）：一些人、群体或社区，在遭遇对手挑战和反抗的情况下，依然可以自行其是，或实现预定目标的能力。"② 这里提出了权力最主要是实现自我意志的能力，权力是一种能力，这种能力跟实现自我意志有关。马克思·韦伯是也指出："权力可以被定义为在统一行动中，一个人或一个群体，在即使遭到其他人反对的情况下，也能实现其意志的可能性。"③ 这里也提出了权力是实现意志可能性。卢卡斯（Lukes）指出权力通过控制议题以及通过决策来实现："权力是通过控制议题的设置来影响公众力的注意力，也通过决策是如何运行的以及对人们的需求和欲望来实现的。"④ 福柯指出权力广泛存在于所有的社会互动和社会机构中，每个人都身在其中："权力存在于所有社会互动和社会机构的任何一个层面，每一个人都牵涉其中。"⑤

杜赞奇的《文化、权力与"国家"：1900—1942 年的华北农村》⑥ 是一本研究权力文化网络（culture nexus of power）的典范之作。关于权力的文化网络，书中写道："这一文化网络包括不断相互交错影响作用的等级组织（hierarchical organization）和非正式相互关联网（networks of informal relations）。诸如市场、宗族、宗教和水利等级组织以及诸如庇护人与被庇护者、亲戚朋友间的相互关联，构成了施展权力和权威的基础。'文化网

---

① 参见赵旭东：《权力的文化表达与美好社会的追求——变动世界中一种政治人类学视角的新观察》，湖北民族大学学报（哲学社会科学版），2023 年第 3 期。

② 安东尼·吉登斯，菲利普·萨顿：《社会学基本概论：第二版》，王修晓译，北京：北京大学出版社，2019 年，第 291 页。

③ 安东尼·吉登斯，菲利普·萨顿：《社会学基本概论：第二版》，王修晓译，北京：北京大学出版社，2019 年，第 292 页。

④ 安东尼·吉登斯，菲利普·萨顿：《社会学基本概论：第二版》，王修晓译，北京：北京大学出版社，2019 年，第 292 页。

⑤ 安东尼·吉登斯，菲利普·萨顿：《社会学基本概论：第二版》，王修晓译，北京：北京大学出版社，2019 年，第 293 页。

⑥ 杜赞奇：《文化、权力与"国家"：1900—1942 年的华北农村》，王福明译，南京：江苏人民出版社，2003 年，前言第 5 页。

络'中的'文化'一词扎根于这些组织中，为组织成员所认同的象征和规范（symbolic and norms）。这些规范包括宗教信仰、内心爱憎、亲仇等，它们由文化网络中的制度与网络交织维系在一起。这些组织攀援依附于各种象征价值（symbolic values），从而赋予文化网络一定的权威，使它能够成为地方社会中领导权具有合法性的表现场所。换句话说，是出于提高社会地位、威望、荣耀并向大众负责的考虑，而并不是为了追求物质利益。这是文化网络中出任乡村领袖的主要动机。"① 提出权力是存在于这些文化网络中的，这些文化网络是权力的来源以及呈现，如果企图毁坏这些文化网络来达到权力的下沉以及运行到乡村社会，那注定是失败的。关于文化网络，书中写道："文化网络由乡村社会中多种组织体系以及塑造权力运作的各种规范构成，它包括在宗族、市场等方面形成的等级组织或巢状组织类型。这些组织既有以地域为基础的有强制义务的团体（如某些庙会），又有自愿组织的联合体（如水会和商会）。文化网络还包括非正式的人际关系网，如血缘关系、庇护人与被庇护人、传教者与信徒等关系。这些组织既可以是封闭的、也可以是开放的；既可以是单一目的的，也可以是功能复杂的。总之，其包容十分广泛。"②

翟学伟的《人情、面子与权力再生产》③ 是一本研究中国社会特有的人情、面子与权力再生产方面的书，他指出中国社会是一个人情与面子的社会，也是一个情理社会，在这样一个社会里，大多数人的办事和处世原则既不会偏向理性，也不会偏向感性，而是希望在两者之间做出平衡与调适。他指出："大体来说，中国人如此看重人情是因为人情可以给个人带来正向便利和改进。比如个人的成长和发迹、家族的兴旺和发达等需要人情来打点和疏通。其运作背景同中国社会自身的构成及运作——以家乡共同体生活和互相支持、儒家伦理和中国传统法律对个人义务的规定等——紧密相连。可其中还有许多问题需要探究，而尤为重要的问题是人情与权力的关系。因为在中国，上述种种社会支持莫过于权力的支持。'靠山''撑腰''走后门'和托人、求情已成为中国人司空见惯的日常行为。这些

---

① 杜赞奇：《文化、权力与"国家"：1900—1942 年的华北农村》，王福明译，南京：江苏人民出版社，2003 年，前言第 5 页。

② 杜赞奇：《文化、权力与"国家"：1900—1942 年的华北农村》，王福明译，南京：江苏人民出版社，2003 年，第 1-2 页。

③ 翟学伟：《人情、面子与权力再生产》，北京：北京大学出版社，2023 年。

行为看起来纷繁多变，但其核心不外是人情与权力。"①

　　翟学伟进一步指出："总而言之，所谓权力的再生产可表述为，一种正式的权力通过关系的联结或运作，可以让原本没有权力的人因关系的联结而拥有权力，从而导致权力在关系中蔓延。"② 翟学伟认为人情、面子在权力当中实现了运作，与权力进行互动，总结出："在中国社会，人情和面子同权力的勾连是有差异的。人情是在报和欠的过程中获得的权力，是交换的结果（比如送礼），具有封闭性的特点，而面子是在关系的关联中获得的权力，是无交换的结果（比如沾亲带故）。但它们彼此之间的联系之处是，无论它们如何运作，其结果都是建立与他人的特殊关系（有私交和交情），并将社会生活的意义寄托于此。就这一点而言，我们可以笼统地认为，中国人在情理社会中借助人情和面子的运作，放弃的是规则、理性和制度，得到的却是不可估量的社会资源、非正式的社会支持和庇护及以势压人的日常权威。"③

三、民族学人类学的"国家"概念与研究

　　民族学人类学把"国家"作为一种文化事项进行分析、研究和阐释，目的是了解"国家"的形成、行为以及影响，这里常说的"国家"就是民族－"国家"类型。"'国家'是超大规模共同体（民族）和政治领土（'国家'）的结合，形成一个文化-政治实体，是目前世界上最为常见的'生存单位'。"④ 民族－"国家"成了一种主导的政治形态："民族'国家'之所以成为一种主导的政治形态，主要是因为它们垄断了合法征税和使用暴力的权力，这使得它们拥有强大的军事力量，同时还能获得大量人口的政治忠诚。"⑤ 这里指出民族"国家"具有税收、军事、人口等功能和权力。

　　格尔茨认为"国家"无处不在，"国家"也是近代才成为真正意义上

---

　　① 翟学伟：《人情、面子与权力再生产》，北京：北京大学出版社，2023 年，第 240-241 页。
　　② 翟学伟：《人情、面子与权力再生产》，北京：北京大学出版社，2023 年，第 242 页。
　　③ 翟学伟：《人情、面子与权力再生产》，北京：北京大学出版社，2023 年，第 251 页。
　　④ 安东尼·吉登斯，菲利普·萨顿：《社会学基本概论：第二版》，王修晓译，北京：北京大学出版社，2019 年，第 287 页。
　　⑤ 安东尼·吉登斯，菲利普·萨顿：《社会学基本概论：第二版》，王修晓译，北京：北京大学出版社，2019 年，第 288 页。

的"国家",或者并非一直以来就是"国家"。"国家"具有绝对的地图、空间以及范畴,"整个世界被分成各个'国家'。除了南北极和海洋,除了散布于太平洋、加勒比海与南太平洋上的一些岛屿,除了梵蒂冈、巴拿马运河区、直布罗陀、当前的约旦河西岸之外,地球上几乎没有一块地方不隶属于名为某共和国、某联盟、某王国、某酋长国、某联邦、某'国家'或公国等具有边界、绵延不断的空间。这些绵延之地互相分离(一块地方不能同时隶属两个空间),具有单一范畴(一块地方或者隶属某国),了无遗漏(没有一块地方是无所属的),而且在空间上连续不断(像现在的巴勒斯坦和孟加拉国分属两国)。无论对边界划分有什么争议,如北爱尔兰语西撒哈拉,苏丹南部与东帝汶,以及从前苏联分离出去的各国之间的纷争等,如今我们有了一张绝对地图。这里所说的'绝对',不是指地图从不发生改变;近来,兰德·麦克纳利公司几乎每天都要更新一版地图。'绝对'意味着:无论地图如何变化,它始终都是由'国家'(countries)构成的,'各民族'(peoples)居住其间。这些'国家'被称为'主权'国家''(states),说得更确切些,就是'民族'国家''(nation-states)。"①

周雪光的《"国家"与生活机遇:中国城市中的再分配与分层1949—1994》②是"国家"研究的典范著作。作者指出:"如书名所示,这本书着眼于中华人民共和国成立后45年(1949—1994)间中国城市社会分层状况,特别是'国家'政策对民众生活机遇的影响。"③本书的主题:"在中华人民共和国的1949—1994年期间,'国家'及其政策对普通公民产生了重大影响,个人生活机遇与轨迹也被政治起伏波动所塑造和再塑造。'国家'政策在不同历史时期怎样影响了个人机遇轨迹,这正是本书的主题。"④在考察"国家"社会主义再分配模式及其对个人生活机遇影响

---

① 格尔茨:《追寻事实:两个"国家"、四个十年、一位民族学人类学家》,林经纬译,北京:北京大学出版社,2011年,第23页。

② 周雪光:《"国家"与生活机遇:中国城市中的再分配与分层1949—1994》,郝大海等译,北京:中国人民大学出版社,2014年。

③ 周雪光:《"国家"与生活机遇:中国城市中的再分配与分层1949—1994》,郝大海等译,北京:中国人民大学出版社,2014年,中文版序言第1页。

④ 周雪光:《"国家"与生活机遇:中国城市中的再分配与分层1949—1994》,郝大海等译,北京:中国人民大学出版社,2014年,中文版序言第1页。

的方面，全书从教育获得（"文化大革命"与高考，以及城市和农村户籍制度对一代人的影响）、职业流动（职业地位、社会出身、收入分配、住房分配等）、官员升迁（由行政等级和专业等级构成的独特官僚体系），经济利益分配（职业地位、工作经历和教育获得，地区差异，隐形收入分配：住房、教育、医疗等）等领域进行研究，"国家"实现了其政治和经济的意志以及由此形成对个人生活机遇的影响。

周雪光提出政治和市场的互动演变理论可以描绘出中国制度转型进程中政治与新兴市场之间特有的内在联系。他指出："在中国，'国家'发起的经济改革和新兴市场是经济转型的两个主要动力。利益政治和市场在彼此交互作用中协同演变：在某些领域，它们彼此竞争和限制对方；而在另一些领域，它们彼此强化；在其他一些领域，它们又在转型中彼此适应和改变对方。"① 当然，社会群体和个人在"国家"与社会条件下也有重要且特殊的互动。"在本书中我们强调'国家'对个人生活机遇的作用，但并不意味着个人和社会群体只是这些政治动荡的被动接受者。相反，他们一直是政治进程的积极参与者。由于中央集权的鲜明特色和'国家'社会主义的政治结构，他们参与的形式和影响与其他类型的社会相比有许多重要的不同之处。因此，以中国经验重新思考'国家'与社会的关系，特别是社会的角色是有益的。"②

格尔兹的《尼加拉：十九世纪巴厘剧场"国家"》③ 也是一部研究"国家"的民族学人类学典范之作。该书包括四个部分，第一是政治定义——秩序的资源；第二是政治机体——统治阶级的内部组织；第三是政治机体——村落与"国家"；第四是政治表述——辉煌与庆典。格尔兹通过对印度尼西亚前殖民时代的"尼加拉"（negara）这样一个古代"国家"组织来反思"国家"是什么？"国家"有哪些意义？"国家"在哪里等一系列基本问题。格尔兹认为"国家"具有剧场性特质，提出"剧场'国家'"的理论，在这样一个剧场里，国王和王公是主持人，祭司是导演，农民则是支持表演的演员、跑龙套者和观众。格尔兹指出"观念并不是而

① 周雪光：《"国家"与生活机遇：中国城市中的再分配与分层 1949—1994》，郝大海等译，北京：中国人民大学出版社，2014 年，第 27 页。

② 周雪光：《"国家"与生活机遇：中国城市中的再分配与分层 1949—1994》，郝大海等译，北京：中国人民大学出版社，2014 年，第 282 页。

③ 格尔兹：《尼加拉：十九世纪的巴厘剧场"国家"》，赵丙祥译，上海：上海人民出版社，1999 年。

且很久以来已经不再是不可观察的精神之物。它们是被承载物承载的意义，承载物就是符号（symbol，或在某些用法上，符码［sign］），一个符号即是进行指示、描写、体现、例证、标识、暗示、唤起、刻画、表现之物——具有或明或暗的指示（signify）意义之物。"① 因此可以总结说，"国家"是作为一种观念而存在，这种观念不断地被塑造和被塑造，在塑造和被塑造中呈现出自己以及意义。

格尔兹指出："因此，巴厘政治，一如其他任何一种政治，包括我们自己的政治，是象征行动，但这并非是在暗示说，它全部是观念性的，或它全部由舞蹈和焚香组成。此处考察过的政治诸方面——典范庆典、模型-副本型等级秩序、展示性竞争及偶像式王权；组织的多元主义、特定的忠诚、分散化权威及联邦型统治——构筑了一个现实世界，一如这一岛屿本身那样紧凑、细密。经由这一现实世界而寻找到其方式的人们（还有作为配偶、情妇和特权筹码的女人）——建造宫殿、起草协议、抽收租金、租赁商业、通婚、排解冲突、投资于庙宇、建立火葬堆、主持宴会及映照诸神——通过他们所拥有的方式追索他们能够构想的终极之物。剧场'国家'上演的戏剧，以及对它们本身的模仿，在其终极意义上，既非幻象亦非谎言，既非股掌伎俩亦非骗术。它们就是那曾经存在的。"② 因此，"国家"或"权力"等概念，对其做出一个完整的全面的概括性的定义显得非常难且不准确，这些概念是一个概念实体，而非一个历史实体。王铭铭写道："'尼加拉'是一个概念实体，而不是一个历史实体。如此一来，他一方面可以在建构一个'表象'（19 世纪巴厘'国家'）的基础上再去建构东南亚古代印式'国家'的表象；另一方面，也可以潜在地与西方世界的主流政治理论达成可能的对话。"③

---

① 格尔兹：《尼加拉：十九世纪的巴厘剧场"国家"》，赵丙祥译，上海：上海人民出版社，1999 年，第 164 页。

② 格尔兹：《尼加拉：十九世纪的巴厘剧场"国家"》，赵丙祥译，上海：上海人民出版社，1999 年，第 165 页。

③ 王铭铭：《20 世纪西方民族学人类学主要著作指南》，北京：民主与建设出版社，2018 年，第 414 页。

第二节　民族学人类学经典"文化、权力与'国家'"理论与田野工作（田野调查）

民族学人类学拥有一套既有本体论又有实践性的文化、权力与"国家"理论，对于在田野工作（田野调查）中发现和寻找到研究目标、研究问题、研究方法、研究路径等，具有重要的思想性、指导性和实践性的功能。田野工作（田野调查）者在田野中能够明显且刻骨地感受到文化、权力与"国家"无处不在。当然，只看到文化而看不到客观事物、只看到权力而看不到平权和义务，只看到"国家"而看不到地方；或者反之，都不是绝对正确的。本节将详细论述、分析和研究之。

一、民族学人类学文化视野下的田野工作（田野调查）

民族学人类学视野下的文化包括文化的人、文化的事、文化的物、文化的环境、文化的景观、文化的制度、文化的社会、文化的经济、文化的行为、文化的观念、文化的价值、文化的历史、文化的政治、文化的记忆，等等。作为熟练的田野工作（田野调查）者，我们要训练出在纷繁复杂的万象中对文化的感悟能力和认知能力，从而真正理解整体性的人和文化。

关于"文化的人"。费孝通在《乡土中国·生育制度·乡土重建》①的《生育制度》目录中罗列出了种族绵延的保障、双系抚育、婚姻的确立、内婚与外婚、夫妇的配合、社会结构中的基本三角、居处的聚散、父母的权力、世代间的隔膜、社会性的断乳、社会继替、世代参差、单系偏重、以多继少、续绝、亲属扩展等，从中可以清楚地看到"文化的人"的组成和构成。费孝通说："绵延种族假如是造物的主意，他还得另用一项法宝来使人类就范。这项法宝，在我看来，是在把人们结成社会，使每个人不但是个生物的个体，而且是一个社会的分子；每个个人的生存不能单独解决，他得依靠社会的完整。社会完整是个人健全生活的条件，而社会的完整必须人口的稳定，稳定人口有赖于社会分子的新陈代谢，因之引起

---

① 费孝通：《乡土中国·生育制度·乡土重建》，北京：商务印书馆，2011年。

了种族绵续的结果。"① 费先生在书中还进一步指出，"一个孩子要长成一个社会分子须有长期的教育。生育制度中就包括着生和育的两部分。生殖本是一种生物现象，但是为了要使每个出世的孩子都能有被育的机会，在人类里，这基本的生物现象，生殖，也受到了文化的干涉。"② 由此可见，人的生和育就是一种文化的行为，这种文化行为就是作为"文化的人"的意义表达。

"文化的人"也可以推断出"文化的事"，所有事情的发生、发展、过程和结果，都是被一系列的文化所影响和制约的，即事在人为。不过这里强调的事在人为是指所有事情都是靠人去实现的，如果没有文化就没有人，没有人就没有事，那么所有的事其实都是文化行为。

"文化的物"指的是我们所认识和观察到的物都是由文化行为所构造。物是靠着我们的经验、认识、价值和情感而存在的，而文化可以塑造、改变和重构我们人的观念、价值和情感。所以基于人的观念、价值和情感存在的物，即是文化所行为，当然文化也可以是物之所使然。

"文化的环境"指的是人所处的环境很多是由文化塑造的。环境、人与文化之间往往是彼此塑造和构建的互动关系，文化通过人塑造着环境，人发明文化来发展环境，文化或人又深深被环境所制约。

"文化的景观"，景观就是人为塑造和构建的环境，景观与人的社会、政治、经济、文化需求直接地联系在一起，所以"文化的景观"本来就是文化行为。

文化是由我们的制度、经济、社会、记忆、"国家"、技术、历史等所构成，文化可以通过隐喻的、象征的、资本的、技术的、制度性的、"国家"性的、权力性的等方式与人形成互动并发生联系。也可以说这就是文化的制度、文化的经济、文化的社会、文化的记忆、文化的"国家"等。

二、民族学人类学权力视野下的田野工作（田野调查）

民族学人类学有两个权力理论对于田野工作（田野调查）者具有重要的指导性和实践性意义。一个是"权力与乡土"理论，这个理论主要以费孝通系列著作和论文为代表，认为权力分为横暴权力和同意权力。横暴权

---

① 费孝通：《乡土中国·生育制度·乡土重建》，北京：商务印书馆，2011年，第156页。
② 费孝通：《乡土中国·生育制度·乡土重建》，北京：商务印书馆，2011年，第159页。

力与同意权力在乡土社会中相互交割、错综复杂，与乡土社会产生互动和交融；另一个是"权力与文化"理论，这个理论主要以杜赞奇系列著作和论文为代表，提出了"权力的文化网络"这个概念。该理论认为权力存在于不同的文化网络中，权力是通过文化网络与"国家"或者地方发生互动和联系的，如果权力不通过这些文化网络就想达到对"国家"或者地方的强力控制，注定会是徒劳或者失败的。"权力与乡土""权力与文化"对于田野工作（田野调查）者在田野中发现问题、研究问题、追踪问题或者理解"权力"这个概念是非常重要且实用的方法和手段。

费孝通说："论权力的人多少可以分成两派，两种看法：一派是偏重在社会冲突的一方面，另一派是偏重在社会合作的一方面；两者各有偏重，所看到的不免也各有不同的地方。"① 我们把第一种偏重社会冲突方面的权力称之为横暴权力，这种权力表现在不同的阶层、阶序、等级、官僚、团体等社会关系里；把第二种偏重社会合作方面的权力称之为同意权力。对于这种区分费孝通也指出："这两种过程常常是互相交割，错综混合，冲突里有合作，合作里有冲突，不是单纯的。所以上面两种性质的权力是概念上的区别，不常是事实上的区分。"② 费孝通指出为什么权力会有那么大的诱惑力，他认为"权力之所以引诱人，最主要的应当是经济利益"③。

至于中国乡土社会是民主的还是不民主的，是横暴权力的还是同意权力的。费孝通指出："回到我们的乡土社会来，在它的权力结构中，虽则有着不民主的横暴权力，也有民主的同意权力，但是在这两者之外还有教化权力，后者既非民主又异于不民主的专制，是另有一工的。所以用民主和不民主的尺度来衡量中国乡土社会，都是也都不是，都有些像，但都不确当。一定要给它一个名词的话，我一时想不出比长老统治更好的说法了。"④

杜赞奇认为宗族、市场、庙会、商会、水会、血缘关系、地缘关系、师徒关系、传教者与信徒、水利、通婚圈、市场、亲属关系、朝贡体系、礼仪、社会教化、教育、道德等这些词组成了文化网络。杜赞奇指出：

---

① 费孝通：《乡土中国·生育制度·乡土重建》，北京：商务印书馆，2011 年，第 62 页。
② 费孝通：《乡土中国·生育制度·乡土重建》，北京：商务印书馆，2011 年，第 63 页。
③ 费孝通：《乡土中国·生育制度·乡土重建》，北京：商务印书馆，2011 年，第 64 页。
④ 费孝通：《乡土中国·生育制度·乡土重建》，北京：商务印书馆，2011 年，第 71 页。

"如上所述，'权力的文化网络'中的'文化'一词是指各种关系与组织中的象征与规范，这些象征与规范包含着宗教信仰、相互情感、亲戚纽带以及参加组织的众人所承认并其受其约束的是非标准。这种象征性价值赋予文化网络一种受人尊敬的权威，它反过来又激发人们的社会责任感、荣誉感——它与物质利益既相区别又相联系——从而促使人们在文化网络中追求领导地位。"① 并进一步指出，文化网络可以控制着各种资源，所以它有着强大的诱惑力。"由于文化网络既控制着各种资源，而其本身又包含各种感性象征，所以，它成为乡村社会中使权威合法化的见证者。正因为如此，它也成为乡村社会中各种势力激烈角逐的大舞台——争取使网络中的舆论导向和权威为某一特殊的需要和利益服务。"②

杜赞奇通过对河北省邢台地区的水利管理组织进行详细的分析和研究，得出了文化网络是如何将"国家"政权与地方社会融合在一起的，让我们看到了他提出的文化网络的一些特点。杜赞奇总结出："从邢台地区水利管理组织中可以看出文化网络的一些特点。第一，文化网络内部各因素相互联系，例如行政区划与流域盆地相交叉，集镇与闸会在某种程度上部分重合，祭祀等级与不同层次的水利组织相互适应。第二，各种组织的权力资源相互混合，例如，在争斗之中往往将集镇、乡绅甚至行政机构引为后援。第三，在说明对龙王的宗教信仰如何被各组织引为己用的过程中，我们可以约略看到不同的利益和愿望是如何相互混杂而形成乡村社会中的权威代表的。"③

综上所述，民族学人类学视野下的"权力"是与我们所处的乡土社会或者基层社会紧密相连的，是与我们的文化属性与文化特征紧密相连的。理解了"权力与乡土"和"权力与文化"之的相互错综复杂的关系和关联，对于田野工作（田野调查）者深入田野，发现问题，明辨是非等具有重要作用。

---

① 杜赞奇：《文化、权力与"国家"：1900—1942 年的华北农村》，王福明译，南京：江苏人民出版社，2003 年，第 9 页。

② 杜赞奇：《文化、权力与"国家"：1900—1942 年的华北农村》，王福明译，南京：江苏人民出版社，2003 年，第 9-10 页。

③ 杜赞奇：《文化、权力与"国家"：1900—1942 年的华北农村》，王福明译，南京：江苏人民出版社，2003 年，第 20 页。

三、民族学人类学"国家"视野下的田野工作（田野调查）

民族学人类学意义上的"国家"是广义上的"国家"，包括四个方面：第一，"国家"与民族"国家"是相对而言的，即我们通常所说的国籍，如中国、美国、英国、俄罗斯等；第二，历史人类学所讨论的"国家"概念，这里的"国家"更多与制度、文字和礼仪的"国家"化、标准化、制度化有关，特别与中国历史上宋朝以来的王朝"国家"有关；第三，与年龄组、部落制、酋邦制或者无政府主义者有关；第四，与阶级、等级社会有关的"国家"理论。

何国强指出："有两种描述'国家'起源的基本观点。冲突论认为，'国家'起源于社会各个不平等利益集团的冲突（阶级斗争），是为了维护这种不平等关系而建立起来的政治组织；整合论则认为'国家'产生于对社会成员的利益进行调整和管理，是在他们之间达到某种契约的基础上形成的。"① 民族学人类学大多是以整合论的视角看待"国家"的生计、资源、人口、领土、区域、市场、贸易等，因此更多的是去讨论"国家"的"结构-过程"过程及其互动。

阎云翔在《私人生活的变革——一个中国村庄的爱情、家庭与亲密关系（1949—1999）》② 中指出"国家"在私人生活的转型过程中扮演着重要的角色，"国家"与私人生活转型是紧密相连的。阎云翔总结道："综上所述，本书所描述的个性与个人主义的兴起是集体化时代'国家'对本土道德世界予以社会主义改造以及非集体化之后商品生产与消费主义的冲击所共同作用的结果。在这两个时期，'国家'都处于不同的目的，以不同的方式在发起或者推动家庭的变迁中起了关键作用，并最终导致了私人生活的转型。"③ "国家"塑造和改造着私人生活："然而，就农民私生活的某些方面来说，'国家'的力量依然很强大，比如计划生育、婚姻法与地方政策的执行等。正如第八章所显示的那样，在非集体化之后，计划生育

---

① 何国强：《政治民族学人类学通论》，昆明：云南大学出版社，2011 年，第 101 页。
② 阎云翔：《私人生活的变革——一个中国村庄的爱情、家庭与亲密关系（1949—1999）》，龚小夏译，上海：上海人民出版社，2017 年。
③ 阎云翔：《私人生活的变革——一个中国村庄的爱情、家庭与亲密关系（1949—1999）》，龚小夏译，上海：上海人民出版社，2017 年，第 266 页。

政策重新塑造了关于家庭的理想，彻底改变了人们在后代抚育、家财管理、夫妻相处、老人赡养等方面的各种传统观念与实践。所以，即使在市场经济改革的大潮中，也不能忽视'国家'对私人生活的持续影响力。"①

周雪光在《"国家"与生活机遇：中国城市中的再分配与分层 1949—1994》中指出"国家"通过教育分配（包括城乡差距、区域差距、政治波动、社会出身、性别分工、家庭教育背景等），劳动就业（包括职业地位、经济收入、企业分类等），职位升迁（包括人事制度、职务体系、性别分类、资历和教育背景、社会出生等），以及经济转型、再生产与再分配和经济收入分配等，对个人和一代人或者群体的阶层分化和固化产生了重要的影响。周雪光在书中继续指出："随着社会和地区间交易规模的增长，中央权力和再分配规模也以一种或另一种形式在增长。随着现代'国家'和其他形式的中央权力的扩张以及对公民生活的渗透，我们可以预期，资源转换渠道会随之发生改变，'国家'政策对个人生活机遇的影响也会随之增长。在这个大背景下，'国家'塑造民众生活机遇的中国经验具有超越中国和超越社会主义'国家'的重要意义。"②

民族学人类学"国家"视野下的"国家"与权力，"国家"与地方，"国家"与文化，"国家"与制度，"国家"与个人，"国家"与群体，"国家"与礼仪等充满了错综复杂的互动和交融关系。当然如果在田野中只发现"国家"，没有发现地方；只发现"国家"，没有发现个人；只发现"国家"，没有发现文化等；或者反之，那都是不客观的，不准确的。因此，民族学人类学"国家"视野下的田野工作（田野调查），就是不断发现"国家"、不断研究"国家"、不断理解"国家"的过程以及"国家"与制度、文化、权力、礼仪等相互关联的过程。

---

① 阎云翔：《私人生活的变革——一个中国村庄的爱情、家庭与亲密关系（1949—1999）》，龚小夏译，上海：上海人民出版社，2017 年，第 263-264 页。

② 周雪光：《"国家"与生活机遇：中国城市中的再分配与分层 1949—1994》，郝大海等译，北京：中国人民大学出版社，2014 年，第 297 页。

第三节　民族学人类学经典"文化、权力与'国家'"理论与民族志

民族学人类学拥有一套既有本体论又有实践性的"文化、权力与'国家'"理论，作为社会科学研究工作者如何在民族志书写中呈现出文化、权力与"国家"之间错综复杂的互动关系是考量民族学人类学者的一个重要指标。"文化、权力与'国家'"理论给民族志学者在民族志书写过程中带来了哪些启示？指明了哪些方向？明确了哪些思路？提出了哪些问题？解答了哪些困惑？解决了哪些问题？本节将详细论述、分析或研究之。

一、民族学人类学文化权力视野下的民族志书写

马歇尔·萨林斯（Marshall Sahlins）《"土著"如何思考：以库克船长为例》① 一书指出文化是有自己实践性和理性的，有自己的一套认知体系，而这套认知体系是与当地或者"土著"契合的。同时，文化的观念、价值和情感也影响着当地或者"土著"对于事件的认知和处理，这应该是有序的且伴有强大的理性价值思考在里面的。书中以库克船长的船队在夏威夷岛所遭遇到的种种奇怪的事件为讨论起点。萨林斯指出："我想指出，如果不尊重那些不是而且永远也不会是我们自身之物的各种观念、行为以及本体论，没有人能够写出好的历史，甚至当代史。不同的文化，有不同的理性。"②

库克船长的船队第一次到达夏威夷岛的时间，正好与罗诺神像顺时针方向巡游时间是一致的，因此库克船长被当地人认为是罗诺神的化身，受到当地人极大的欢迎并以献祭来接待。但是当库克船长的船队第二次在大海上航行并被暴风雨袭击，桅杆折断后被迫回夏威夷岛时，当地人认为库克船长的船队是魔鬼和冲突者的化身，因此将其无情伤害。这种匪夷所思

---

① 马歇尔·萨林斯：《"土著"如何思考：以库克船长为例》，张宏明译，上海：上海人民出版社，2003年。

② 马歇尔·萨林斯：《"土著"如何思考：以库克船长为例》，张宏明译，上海：上海人民出版社，2003年，导言第17页。

的历史事件，引起了极大的争论，争论的焦点认为那些土著人的文化充满着非理性以及混乱性，是无序的。萨林斯从文化实践和理性的角度提出了他的看法："对于夏威夷人，库克是罗诺的化身这一观念，不可能是一个未经反思的、非经验性的命题。这一观念是从他们的宇宙观和他的历史之间既成的诸多关系中建构出来的，也是作为这些关系来建构的。夏威夷人的思想不同于西方经验主义之处并非在于他们对世界的漫不经心的态度，而在于他们的本体论前提，即神性和更一般意义上的主题性，是其思想中固有的本质。"①

斯蒂文·郝瑞（Stevan Harrell）《田野中的族群关系与民族认同：中国西南彝族社区考察研究》② 一书指出中国西南彝族族群的认同富含着族群的文化构建、利益分配与"国家"制度等之间错综复杂的关系。在田野工作（田野调查）中，斯蒂文·郝瑞发现在攀枝花的社区里面居住的村民，他们均被识别为彝族，而且他发现这些人彼此之间在语言和其他文化特征方面具有很大的差别，为什么会有这样的现象呢？

斯蒂文·郝瑞指出："现实中的族群，作为一个政治与经济的集合体，其界定在很大程度上不仅仅依据其内部共同的世袭与共享的文化，更多的是依据其外部与其他族群的关系和'国家'的关系。"③ 他更进一步指出，"在中国，参与界定族群的团体采取的形式有一些与其他'国家'一样，有些不一样。在中国或其他'国家'，任何地方社会系统中参与界定族群的团体总是由三部分人构成，他们是：①被识别的族群本身；②在地方社会系统中的其他族群，即被识别族群的邻居；③'国家'。"④

二、民族学人类学"国家"视野下的民族志书写

在民族学人类学者看来，"国家"与文化、制度、仪式、宗教、经济、项目等一样，可以整体地被研究和认识。因此，可以说，民族学人类学的

① 马歇尔·萨林斯：《"土著"如何思考：以库克船长为例》，张宏明译，上海：上海人民出版社，2003 年，导论第 8 页。

② 斯蒂文·郝瑞：《田野中的族群关系与民族认同：中国西南彝族社区考察研究》，巴莫阿依 曲木铁西译，南宁：广西人民出版社，2000 年。

③ 斯蒂文·郝瑞：《田野中的族群关系与民族认同：中国西南彝族社区考察研究》，巴莫阿依 曲木铁西译，南宁：广西人民出版社，2000 年，第 22 页。

④ 斯蒂文·郝瑞：《田野中的族群关系与民族认同：中国西南彝族社区考察研究》，巴莫阿依 曲木铁西译，南宁：广西人民出版社，2000 年，第 23 页。

"国家"研究就是把"国家"不断除魅和祛魅然后再还魅的过程。当然"国家"可以凭借文化、制度、仪式、宗教、经济、项目等路径和方式进入到机构、乡村、群体以及社会中。"国家"的除魅,"国家"的建构,"国家"的进入,"国家"的方式,"国家"的地方,地方的"国家","国家"与宗族,"国家"与文化,"国家"与仪式,"国家"的经济,"国家"与制度,"国家"与项目等的议题都能为民族志书写带来很多新范式、新思考、新议题。

陈春声在《走向历史现场》里着重指出研究区域社会要有"国家"制度和"国家"话语的视角:"在传统中国的区域社会研究中,'国家'的存在是研究者无法回避的核心问题之一。在提倡'区域研究'的时候,不少研究者们不假思索地运用'国家—地方''全国—区域''精英—民众'等一系列二元对立的概念作为分析历史的工具,并实际上赋予了'区域''地方''民众'某种具有宗教意味的'正统性'意义。对于中国这样一个保存有数千年历史文献、关于历代王朝的典章制度记载相当完备,'国家'的权力和使用的文字传统深入民间社会,具有极大差异的'地方社会'长期拥有共同的'文化'的国度来说,地方社会的各种活动和组织方式,差不多都可以在儒学的文献中找到其文化上的'根源',或者在朝廷的典章制度中发现其'合理性'的解释。区域社会的历史脉络,蕴涵于对'国家'制度和'国家''话语'的深刻理解之中。如果忽视'国家'的存在而奢谈地域社会研究,难免有'隔靴搔痒'或'削足适履'的偏颇。"①

科大卫(David Faure)在《皇帝和祖宗:华南的"国家"与宗族》②一书中指出,宗族具有法人性和制度性特质,历代王朝都在华南地区进行政治整合,而政治整合的过程中宗族及其所呈现的礼仪、身份、地位、财产权、商业习惯、社会流动与社区构建等都展现了宗族的"国家"性以及"国家"的"宗族性"特征。科大卫指出:"在中国历史上的不同时段,区域社会与王朝'国家'的关系,体现在不同的词汇、仪式、统治风格、信仰之上。把这些词汇、仪式、统治风格、信仰一言以蔽之,并命名一个制度,就是华南的'宗族'。随着宗族崛兴并为王朝'国家'意识形态所

---

① 陈春声:《走向历史现场》,历史·田野丛书总序,温春来著《从"异域"到"旧疆":宋至清贵州西北部地区的制度、开发与认同》,北京:生活·读书·新知三联书店,2008年。

② 科大卫:《皇帝和祖宗:华南的"国家"与宗族》,卜永坚译,南京:江苏人民出版社,2010年。

接受，区域社会与王朝'国家'的结合，把地区的利益也说成'国家'的利益。"① 这样就实现了"国家"与地方的整合。科大卫指出明代的里甲制度转换为宗族制度："珠江三角洲的许多家族谱牒，首先收录的是明初的里甲登记，继而收录的是之后几个世纪内的科举功名。书面文献和官府功名的突然出现，标志着里甲转化为宗族。宗族一方面内化了王朝'国家'的制度，一方面也把社会地位、族群差异等有可能'梗化'的因素尽量掩藏起来。"② 另外宗族的普及跟族谱和祠堂有关："宗族就是地方社会与'国家'整合的这样一种产物。宗族的普及，得力于两种制度，即白纸黑字的族谱和被称为'家庙'的符合官方规制的祠堂，大部分老百姓开始接受宗族的'正宗'形态时，对这两种东西是闻所未闻的。"③

景军在《神堂记忆：一个中国乡村的历史、权力与道德》④ 一书中从社会记忆的角度对大川人如何通过一系列的社会记忆机制供奉孔子，然后在供奉孔子的过程中如何被压制，以及孔庙的重建过程进行了描述。该书讲述了社会记忆的多重塑造和被塑造的构成。景军："我们将要从社会记忆的理论视角考察与庙宇有关的每个具体问题。这些问题包括仪式知识、族谱写作、民众脑海中的村史、人们的苦难叙事、复仇性的政治、仪式意涵的对立观点以及人们对激进社会主义的态度。更明确地说，我将考察以大川孔庙为中心的活动如何成为人们记忆的载体。我还希望以自下而上的方法处理'国家'权力如何极力左右人们的遗忘与选择性记忆。"⑤ 书中有关记忆控制的描述："虽然时过境迁，中国政治文化仍然在几个层次上对社会记忆保持着严格控制。在档案管理方面，这种控制采取了限制接近某些历史文件的方式。在大众传媒和公众教育方面，记忆控制通过内容审查、标语口号、撰写或重写的历史课本完成。在更私人的层面上，敢于直

---

① 科大卫：《皇帝和祖宗：华南的"国家"与宗族》，卜永坚译，南京：江苏人民出版社，2010年，第8-9页。

② 科大卫：《皇帝和祖宗：华南的"国家"与宗族》，卜永坚译，南京：江苏人民出版社，2010年，第9页。

③ 科大卫：《皇帝和祖宗：华南的"国家"与宗族》，卜永坚译，南京：江苏人民出版社，2010年，第11页。

④ 景军：《神堂记忆：一个中国乡村的历史、权力与道德》，吴飞译，福州：福建教育出版社，2013年。

⑤ 景军：《神堂记忆：一个中国乡村的历史、权力与道德》，吴飞译，福州：福建教育出版社，2013年，第13页。

言历史真相的人们必须勇于面对恐吓或惩罚。"①

郑振满、陈春声在《"国家"意识与民间文化的传承——民间信仰与社会空间的导论》中强调"国家"意识对社区的成形或者民间文化的传承具有重要意义，以及王朝典章制度是如何在乡村中运行并嵌入乡村社会的："对社区外部关系的重视和对民间社会内部组织法则强调，并不意味着'国家'的观念在社区的研究中变得无关紧要。实际上华南地区乡村最常见的庙宇是社庙，而社庙的发展，正是明王朝在乡村地位推行里甲制度，在里甲中建立'社祭'制度变化的结果，郑振满的研究揭示了这一过程。他从对典章制度的分析入手，结合地方和民间文献，讨论了明清福建里社制度的演变。从这一研究可以看到，尽管明中叶以后里社已经演变为神庙，清中叶后里社组织更加经历了家族化、社区化和社团化的过程，但明初朝廷推行的社祭制度已经变成一种文化传统，尽管露天的'社坛'变成有盖的社庙，但以'社'这个符号作为乡村社会的基本组织单位，围绕着'社'的祭祀中心'岁时合社会饮，水旱病灾必祷'，制度上的承袭还是相当清楚的。尽管后来的'社'与明初划定的里甲的地域范围不相吻合，但'分社立庙'这一行为背后，仍然可以看到'国家'制度及与之相关的文化传统的'正统性'的深刻影响。所以，社区的生活与仪式同样在述说着"国家"的存在。在乡村社会生活中，'功利'层面上地方官府与基层社会的关系，与乡民们在文化价值层面上关于'国家'的理念是分离的。对于日夜为生计操劳的百姓来说，'国家'即是一种无处不有、无时不在，又充满了遥远的、不可触摸的神秘感的神圣力量，常常是政治、社会与文化'正统'的主要来源。正因为这样，我们强调中国传统社会研究中，应该特别重视王朝的典章制度。只有对历代王朝的典章制度有着细致、深入、系统的理解，才可能在有深厚历史感的基础上理解具体的历史人物、历史事件和历史现象，所谓'基层社会研究'才不至于流于浅薄、低水平重复和欠缺理论深度，也才谈得上对'历史总体'的把握。"②

徐勇、王美娜在《'族'与'群'：中国社会与"国家"关系的底色与当代价值——以关系叠加为视角》中强调了中国的社会与"国家"之间

---

① 景军：《神堂记忆：一个中国乡村的历史、权力与道德》，吴飞译，福州：福建教育出版社，2013年，第21页。

② 郑振满 陈春声：《"国家"意识与民间文化的传承：民间信仰与社会空间的导言》，《开放时代》，2001年第10期。

相互渗透、"国家"组织社会并高于社会的中国的"'国家'性"治理性特征，指出"在中国悠久的历史中，产生了中国特有的社会，这就是'族'和'群'。由中国的'族'和'群'可以看出：中国的社会与'国家'相互渗透、'国家'组织社会并高于社会、'国家'治理能力具有特殊价值。这一特点构成了中国社会与'国家'关系的底色，并深刻影响着中国的历史进程。进入世界关系的时代后，一方面，传统的家族共同体解体，个人挣脱家族共同体，形成具有独立意识、利益和权利的个体；另一方面，要通过'国家'的力量将分散的具有不同利益的人联合为一个整体，并形成强大的'国家'认同。'族'与'群'这一古老的话语因此获得当代价值。从而理解中国的实践发展过程中并没有产生出一个与'国家'相独立和抗衡的所谓'市民社会'，这与西方的实践发展是不一样的。"①

王朝"国家"可以影响地方社会的历史记忆以及叙事，历史、历史记忆、文化、政治、"国家"等之间常常是以错综复杂的关系联系在一起的。景军："在大川，历史的概念不可避免地与'国家'政治、地方冲突、道德理性、社区苦难、宗教信仰以及仪式行为交织在一起，同时又受到影响。"② 这使得地方记忆与其崇尚的"国家"记忆、道德记忆、社区记忆等融为一体。

---

① 徐勇，王美娜：《族与群：中国社会与"国家"关系的底色与当代价值——以关系叠加为视角》，《政治学研究》，2022 年第 2 期。

② 景军：《神堂记忆：一个中国乡村的历史、权力与道德》，吴飞译，福州：福建教育出版社，2013 年，第 181 页。

第五章 民族学人类学经典"全球化、世界体系和现代性"理论与田野工作(田野调查)和民族志新范式

什么是全球化、世界体系、现代性？民族学人类学是如何看待全球化、世界体系、现代性的？全球化、世界体系、现代性对民族学人类学的研究有着什么样的影响，以及民族学人类学的研究如何回应全球化、世界体系、现代性？全球化、世界体系、现代性理论作为一种新范式、新程式、新要求、新方法、新路径以及本体论和认识论等方面的价值该如何呈现在民族学人类学者的田野工作（田野调查）和民族志上？全球化、世界体系和现代性之间的实践关系是怎么样的？本章将简答上述这些问题。

第一节 民族学人类学"全球化"理论与田野工作（田野调查）和民族志

什么是全球化？人类学的全球化研究有哪些传统？"全球化"理论对于我们的田野工作（田野调查）和民族志有哪些启示？我们的田野工作（田野调查）和民族志如何呈现"全球化"，以及在"全球化"中如何实践我们的田野工作（田野调查）和民族志？本节将重点叙述之。

全球化作为一个过程，吉登斯认为："全球化指的是原本在地理空间上散落分布的人口距离变近、交流增加，使整个地球成为一个命运共同体

或者全球社会的各种过程。全球化作为名词、形容词、动词以及一个过程。"① 所以全球化是不断被形塑的过程。全球化通过经济、文化、政治三个方面让人们加深认识，吉登斯指出，"全球化三个维度：经济全球化（金融交易、贸易、生产和消费全球化、劳动分工以及一个全球金融体系）；文化全球化（文化产品、文化观念、本地文化与全球化如何形成互动等问题）；政治全球化（地区性合作和交流、比如联合国，欧美、东亚的国际性组织依靠军事、经济、贸易、市场和文化等建立发展起来的。）"② 全球化还与新技术的快速发明和使用有关，吉登斯指出："全球化，兴起的时代背景与二战后资本的扩张、市场的全球化、跨国公司、国际贸易、世界信息技术、交通领域等的转变有关。"③ 另外，吉登斯还指出全球化有四个过程："全球化四个过程：①世界性的贸易和市场交换；②越来越多的国际政治合作；③信息技术、交通工具和文化活动的快速发展；④人类活动的全球化，快速流动、国际劳工等。20 世纪 70 年代以来，有些社会学家认为我们快速进入全球化的时代。"④

然而全球化给个人和社会带来生活改善和文化机遇的同时，也会带来许多的风险性和不确定性。齐格蒙特·鲍曼（Zygmunt Bauman）也指出全球化是导致悲惨的祸根，而且每个人都会深入全球化的过程，不能幸免。"对某些人而言，'全球化'是幸福的源泉；对另一些人来说，'全球化'是悲惨的祸根。然而，对每个人来说，'全球化'是世界不可逃脱的命运，是无法逆转的过程。它也是以同样程度和同样方式影响我们所有人的一个过程。我们所有的人都在被'全球化'——而对被'全球化'的意义大体上是相同的。"⑤ 全球化为什么会引起不同的反应，鲍曼继续指出全球化会导致贫富差距扩大、信息爆发等情况："全球化能超越空间的限制（公司是属于投资者的，不属于雇员和原料供应地），资本的流动性（资本有它

① 安东尼·吉登斯，菲利普·萨顿：《社会学基本概论：第二版》，王修晓译，北京：北京大学出版社，2019 年，第 10 页。

② 安东尼·吉登斯，菲利普·萨顿：《社会学基本概论：第二版》，王修晓译，北京：北京大学出版社，2019 年，第 11 页。

③ 安东尼·吉登斯，菲利普·萨顿：《社会学基本概论：第二版》，王修晓译，北京：北京大学出版社，2019 年，第 11 页。

④ 安东尼·吉登斯，菲利普·萨顿：《社会学基本概论：第二版》，王修晓译，北京：北京大学出版社，2019 年，第 11 页。

⑤ 齐格蒙特·鲍曼（Zygmunt Bauman）：《全球化：人类的后果》，郭国良，徐建华译，北京：商务印书馆，2013 年，绪论第 1 页。

自由的流动性特征），交通和旅行（"地理终极"空间不远、距离可短可近），信息技术（在全球范围内瞬间信息全达、电脑空间），新速度新分化（贫富差距）。"①

费孝通指出全球化不仅仅是经济的全球化，也是问题的全球化，全球化是一个过程："我想，当前所说的全球化，指的主要是经济的全球化，人类社会在政治、文化、意识形态和生活习俗方面还是多元的。全球化这个总的趋势，不能一下子就出现，而是一步一步变化的。第一步是经济的结合，形成全球市场，构成一个分工合作的经济体系，而其他方面还没有合起来，还保持着民族'国家'的分割状态。民族'国家'是19世纪以来形成的格局，新的经济体系看来已经在冲击它，但还没有好的代替办法。优势'国家'统治劣势'国家'造成的殖民体系在'二战'后发生了变化，但殖民主义造成的南北差距还存在。搞得不好，经济全球化可能会加剧南北差距，扩大贫富悬殊。"②

范可认为，流动性是全球化带给我们的，包括资本、信息、人口、族群、文化等的全球性流动。全球化给我们的世界、我们的"国家"、我们的社会带来了很多的变化，他指出："流动性是今天的世界与以往最大的不同之一。流动性指的是包括资本、信息、人口、族群，乃至于文化等在内的全球性流动。我们甚至可以这么认为，全球化的主体就是流动，而是全方位的互动、扩展与传播（expansion and diffusion）。全球化给我们的世界、我们的'国家'、我们的社会，带来了太多的变化。"③

项飚认为全球化带来诸多问题的同时也会带来新的发展机遇，全球化把不同的群体紧密地联系在一起了。他指出："目前的全球发展格局带来诸多问题，但是也带来新的发展机会。我们的任务应该是充分理解这些弊病和机会的具体特征：它们在不同的社会情形下如何具体地体现，对不同的人群有怎样不同的影响。同时，我的研究也展示了全球化的另一个重要性质，即世界上不同的群体已空前紧密地联系在一起，不管是以受益者还是以牺牲者的身份，不管是自愿的还是被迫的，大家都参与到全球性的社会

---

① 齐格蒙特·鲍曼（Zygmunt Bauman）：《全球化：人类的后果》，郭国良，徐建华译，北京：商务印书馆，2013年，绪论第6-25页。

② 张冠生记录整理：《费孝通晚年谈话录（1981-2000）》，北京：生活·读书·新知三联书店，2019年，第587-588页。

③ 范可：《在野的全球化：流动、信任与认同》，北京：知识产权出版社，2015年，第93页。

变化之中。全球化的进程将是由这样空前复杂和多项的互动而构成，没有人可能高高在上，纵观全局，决定和改变全球化的方向。"①

美国民族学人类学家阿尔君·阿帕杜莱的"全球文化景观"② 理论指出了全球的五种"景观"理论，对于我们深刻认识全球化具有重要的启迪意义。"一是'族群景观'（ethnoscape）。全球流动，首先是人的'去领土化'（deterritorialization）的流动。在全球化过程中，越来越多的个体和群体在'异国憧憬'和'幸福欲望'的幻想驱动下离开故土而迁徙异国他乡，致使在世界各地随处可见旅行者、移民、难民、流亡人员、外籍劳工等与当地族群相异的人群，构成了多族群的地理景观。相对稳定的共同体或由亲族、友谊、工作、休闲、家世、邻居等形式所构成的社会网络经线与其流动的纬线交织在一起，形成了全球化的人文景观。二是'科技景观'（techoscape）。在全球化时代，包括科技人员、科技成果和科技产品在内的科技资源进行着'非领土化'的配置，导致科技的全球流动，构造出参差不齐的世界科技分布景观，并在许多重要领域产生了文化流的意义。三是'金融景观'（finanscape）。国际化的货币市场、证券交易和商品脱机的发展，使得资本的配置越来越'非领土化'，大量资金快速而盲目地在不同'国家'穿梭，以至于细微差异的操作都会产生难以估量的结果，极大地增加了资本失控的可能性和全球性金融风向。四是'媒体景观'（mediascape）。随着信息技术、网络技术的不断发展，媒体的信息生产能力、跨国传播的能力和速度呈爆炸式上升，构造着世界的形象和想象的生活，通过符号操作着人们对世界的想象，制定全球消费秩序，人们经由媒体既消费着自己的想象也消费着来自远方的'他者'的想象。这种想象的生活已经构成民族学人类学共同的'生存隐喻'。五是'意识形态景观'（ideoscape）。政治行动者将维护其合法性或持续性的基本概念，如民主、自由、人权、主权、法制等，并借助媒体传播到全世界，而世界各地根据自身的社会文化逻辑构建起自己的政治文化。意识形态的跨国流动形成了全球政治生活的关键议题：同一概念在不同的语境中获得了不同的解

---

① 项飚：《全球猎身：世界信息产业和印度的技术劳工》，王迪译，北京：北京大学出版社，2012 年，第 165 页。

② 阿尔君·阿帕杜莱：《消费的现代性：全球化的文化景观》，刘冉译，上海：上海三联书店，2012 年。

释和同一语境如何确定相同的约定性。"①

一、民族学人类学经典"全球化"理论与田野工作（田野调查）

全球化带来极大便利的同时，也会带来极大的不确定性和风险性。全球化常常以人口高速流动，交通、通信发展便利，商品市场快速全球化，文化和传统快速变迁，阶层快速流动和分化，时尚和消费此起彼伏等形式出现，这对田野工作（田野调查）者提出了更高的要求。民族学人类学主张在田野工作（田野调查）中要见人见物见事。见人，全球化中我们的人是高速流动的（具有区域性的流动，也有跨国性的流动，也有地方性的流动），人的高速流动往往会带来思想、观念、情感、价值和物的流动，所以见人就需要流动性的思维和概念；见物，我们可以看到穿在身上的同一件时髦的服饰，我们可以看到在室内停放的同一种交通工具，我们可以在厨具里面看到同一种电器家电，我们可以看到在屋内放着同样的电视节目等，在这些见物当中我们需要全球化的思维；见事，一个小型社会里发生的很多事情往往是跟大的外部环境和条件紧密联系在一起的，因此有些时候一件小事件也可能会变成一件区域性的、全球性的事件。

范可认为全球化视野下多地田野工作（田野调查）和多点民族志是必要的，全球化加快了社会与文化的变迁，民族学人类学者要去发现和创造人类社会的万象共生、各美其美。其指出："如此看来，即便看似最为'闭塞'和边远的群体，我们也得考虑，在他们生活的世界里，可能也存在诸多外来的元素。更遑论我们身边那些同样生活在全球化时代看似'传统'的群落。在全球化的条件下，我们的田野作业也需要一定程度的改变，以适应瞬息万变的时代与世界。"② 当然田野工作（田野调查）也需要全球化思维和视野："随着全球化进程的加快，人类也加快了社会与文化变迁的速率。由于跨地、跨境活动、生活对许多人而言已成为常态，多地田野或者多点民族志也能帮助我们理解人们的活动。多点活动的流动不仅是生活的、物理意义上的流动，同时也是思维和思考方式意义上的流动。一个处于不断流动状态的社会，其隐含的思想绝不可能是僵滞不变的，而

①《民族学人类学概论》编写组：《民族学人类学概论》，北京：高等教育出版社，2019 年，第 282-283 页。

② 范可：《在野的全球化：流动、信任与认同》，北京：知识产权出版社，2015 年，自序第 3 页。

观念的变化对于生活乃至于整个文化的变迁具有至关重要的意义。田野的全球化语境要求田野工作（田野调查）者有着宽阔的视野与多维度的观照，要求我们摆脱常规意义上的'文化紧身衣'的束缚，去发现与创造人类社会文化万象共生、各美其美的可能性。因此，文化意义上的'去狭隘化'正在日益成为对民族学人类学研究者的要求。"①

麻国庆指出人类学的全球化研究，更多与文化再生产和文化认同等研究紧密相关："全球化对于社会科学来说，是近年来在不同的领域讨论的话题。不过对于全球化这一非常复杂同时又具有魅力的历史过程，寻找同一性的定义是不可能的。不同的学科倾向于从各自的领域去理解和认识全球化。很多研究大多从通信、商业与金融市场的全球化与经济的整合这一相互依赖的全球市场体系为出发点，把全球化理解为一种同质化的过程，甚至更极端的观点把全球化理解为西化或美国化。而作为以研究全球文化中的多样性而著称的人类学研究，却与之有着完全不同的看法和视角。与同质化、一体化甚至一元化相比，人类学更加强调的是地方化、本土化以及异质化的过程。这种认识是基于对全球范围中多样性文化的研究和积累。"② 全球化不会导致全球化的文化同质化、一体化甚至一元化，相反全球化会塑造文化个性，强化文化认同，因此其指出："面对全球化的影响，我们可以肯定地说，中国文化在 21 世纪并不会丧失自己的文化个性，而是以其特有的文化内涵和文化魅力在世界文化的多元格局中扮演重要的角色。"③

杨正文指出全球化既促进了经济、文化的同质趋势，也导致了地方性、民族性在文化焦虑中被强调的后果，在这个意义上全球化语境下文化遗产保护会隐藏一定的社会风险，应该引起重视和警觉。他认为："近年在非物质文化遗产保护领域不时出现'发明的传统'，这些'发明的传统'甚至被列入国家或省级非文化遗产名录，就是学者与政府共谋完成的。文化遗产保护不排斥适当的修复或文化振兴，但一些没有历史根系或时间连续性的'发明的传统'被堂而皇之地列入国家保护的名录之中，在一定程度上背离了文化遗产保护的原则和初衷，也扭曲了文化遗产保护的目标。

---

① 范可：《在野的全球化：流动、信任与认同》，北京：知识产权出版社，2015 年，自序第3 页。

② 麻国庆：《永远的家：传统惯性与社会结合》，北京：北京大学出版社，2009 年，第 321 页。

③ 麻国庆：《永远的家：传统惯性与社会结合》，北京：北京大学出版社，2009 年，第 329 页。

文化遗产保护话语是以全球化为背景逐渐凸显其意义的，全球化以比过去更快捷的速度促进了全球范围内民族国家经济、文化的同质趋势，同时也导致了地方性、民族性在文化焦虑中被强调的后果，文化遗产保护理念在这个意义上是全球化的回应。另一方面，文化不可避免地以商品的形式卷入到全球范围的贸易之中，由此强化了文化的国家权益意识，使得文化遗产保护成为一种文化权力的诉求表达。另一方面，在文化遗产保护实践中对文化权利、文化特性原则的强调，人们在一系列文化遗产保护国际'平台'的话语表述中，显现出浓厚的民族、国家的利益诉求，在一定程度上加深了民族、国家文化边界区隔的意识，也隐含着某些文化民族主义的情结。从这个角度上说，文化遗产保护潜存着一定程度的社会风险，应该引起反思和警惕。"①

全球化加快了人员、商品、市场、观念、价值、情感、消费、交通等的快速流动和变迁，也带来了全球性的话语、权利、霸权等体系，同时也带来了全球性的普惠价值和共同体等，为我们的田野工作（田野调查）带来了很多具有理论性和操作性的关键性概念和手段。

二、民族学人类学经典"全球化"理论与民族志

利恩著的《成为三文鱼：水产养殖与鱼的驯养》② 一书展现了全球化是如何推动三文鱼产业的，然后三文鱼产业又是如何推动了更广泛的全球化进程，指出三文鱼产业是全球化导致的结果。该书写道："本书是关于'鱼的城市'的一个民族志。它讲述三文鱼如何成为养殖的动物和如何被赋予情感的故事。这是关于一个出人意料的、正在崛起的产业故事，这个产业已给世界渔业资源的格局带来了巨大改变。随着三文鱼的全球化，这也是关于一种新型生物资本改变人类与非人类、自然与文化之间关系的故事。但更重要的，这是一个关于挪威西部三文鱼养殖场内外以及河流上游和其他地区中三文鱼与其人群之间新的、非常规的接触的研究。"③

---

① 参见杨正文：《文化遗产保护中民族与国家的诉求表述》，《西南民族大学学报》（人文社会科学版），2011 年第 6 期。

② 玛丽安娜·伊丽莎白·利恩：《成为三文鱼：水产养殖与鱼的驯养》，张雯译，上海：华东师范大学出版社，2021 年。

③ 玛丽安娜·伊丽莎白·利恩：《成为三文鱼：水产养殖与鱼的驯养》，张雯译，上海：华东师范大学出版社，2021 年，导论第 3 页。

项飚的《全球猎身：世界信息产业和印度的技术劳工》① 是作者基于在印度、澳大利亚和马来西亚长达两年的民族学人类学实地调查写作的（书中描述了印度的信息技术产业中的劳动力体系），其中关键在于产业中的"猎身"体系，这个体系是一个以印度为中心的全球化劳动力配置和管理体系。项飚指出："猎身可以说是一个印度独有的特别现象。猎身的基本操作程序是：印度人在世界各地开办咨询公司（body shops，本书称它们为'劳力行'），从印度招收 IT 工人，然后根据客户企业的项目需要把这些劳动力提供给客户。不同于传统的中介招聘机构，劳力行不是简单地把雇员介绍给雇主就完了，而是直接代表雇主管理工人，包括为工人提供担保、办理临时工作签证、支付工资、安排食宿，等等。因此，在猎身中，工人们与他们真正的雇主不发生任何直接的法律关系，从而雇主随时可以裁减他们；如果雇主不再需要这些工人，劳力行可以将他们派给另一个客户，或者让他们'坐板凳'（bcnching）——等待下一个职位。"② 为什么会需要这样流动的劳力行，主要有两个方面的原因：第一个方面是经济因素。"在'金融化'的格局下，产业的兴衰不完全取决于其实际的经济业绩，而在很大程度上由股票市场的起伏所决定，这使得大规模的人员雇用和解雇成为日课。因此 IT 工业所需要的不仅仅是能满足缺口的劳动力本身，而且更需要一个能招之即来、挥之即去的劳动力群体以及在最短的时间内适应市场波动。"③；第二个方面是制度和社会背景。"由于移民工人自己承担了流动和劳动力市场不稳定而带来的经济与社会成本（比如接受'板凳费'而非工资），猎身对劳动力接收国的'国家'和公众利益几乎毫无损坏。"④

"国家"的管制与资本和技术的迅速变化形成了一个结构性的矛盾，也带来了劳力行的产生。"繁琐行政手续的不可行性也在临时工作签证死板的时限规定和 IT 项目难以预测的实际所需时间形成矛盾。比如，澳大利亚

---

① 项飚：《全球猎身：世界信息产业和印度的技术劳工》，王迪译，北京：北京大学出版社，2012 年。

② 项飚：《全球猎身：世界信息产业和印度的技术劳工》，王迪译，北京：北京大学出版社，2012 年，第 6 页。

③ 项飚：《全球猎身：世界信息产业和印度的技术劳工》，王迪译，北京：北京大学出版社，2012 年，第 8 页。

④ 项飚：《全球猎身：世界信息产业和印度的技术劳工》，王迪译，北京：北京大学出版社，2012 年，第 9 页。

457 签证的最短有效期是一年，而大多数 IT 项目仅仅持续六个月。这样，'国家'的管制与技术和资本的迅速变化之间形成深刻的矛盾。这为代理机构，特别是 IT 劳力行提供了生存空间。代理机构和劳力行对于一个制度化的灵活劳动力市场至关重要，这不仅仅是因为他们将供求双方（工人和公司）连接起来，更重要的它们是克服了制度上的僵性。"①

第二节　民族学人类学经典"世界体系"理论
与田野工作（田野调查）和民族志

　　什么是"世界体系"（world-system）？"世界体系"理论对于我们的田野工作（田野调查）和民族志有哪些启示？我们的田野工作（田野调查）和民族志如何呈现"世界体系"，以及在"世界体系"中如何实践我们的田野工作（田野调查）和民族志？"全球化"和"世界体系"概念之间到底有什么关系？本节将对以上这些问题重点叙述之。

　　伊曼纽尔·莫里斯·沃勒斯坦（Immanuel Maurice Wallerstein）是世界体系理论的主要创始人，他认为现代世界体系分为三个维度：一体化的世界经济体、多民族—"国家"体系和多元文化体；世界经济体是现代世界体系的经济功能体，是政治体、文化体存在与发展的决定性因素。在如今的现代世界体系中存在着知识结构的危机：各种学科都被一种信念笼罩着——仿佛知识是确定的，其实知识是真正并永远不确定的。

　　沃勒斯坦指出："世界体系是一个社会体系，它具有范围、结构、成员集团、合理规则和凝聚力。世界体系的生命力由冲突的各种力量构成。这些冲突的力量，由于压力的作用把世界体系结合在一起，而当每个集团不断地试图把它改造得有利于己时，又使这个世界体系分裂了，世界体系具有有机体的特征，因为它具有生命期。在它的生命期中，它的特征在某些方面发展变化，而在另一方面则保持稳定。人们可以依据该世界体系的内在逻辑来判定处于不同时期的世界体系的结构的强弱。"②

---

　　① 项飙：《全球猎身：世界信息产业和印度的技术劳工》，王迪译，北京：北京大学出版社，2012 年，第 33 页。

　　② 沃勒斯坦（Immanuel Maurice Wallerstein），《现代世界体系·第一卷》，罗荣渠等译，北京：高等教育出版社，1998 年，第 460 页。

沃勒斯坦指出，世界体系目前由资本主义世界体系和世界帝国体系两部分组成，资本主义世界体系，也叫资本主义世界经济体系。"我们进一步论证迄今为止只存在过两种不同的世界体系：一种是世界帝国，在这些世界帝国中，存在一个控制大片地域的单一政治体系，不论其有效控制程度减弱到什么程度；而在另一类体系中，在其所有的，或几乎所有的空间不存在这样单一的政治体系。为了方便也是没有更合适的术语，我们用'世界经济体'描述后者。"① 沃勒斯坦认为资本主义世界经济体系是由劳动分工促成的："资本主义世界经济体系是建立在它的核心地区、半边缘地区以及边缘地区之间的劳动分工的基础之上的，这种劳动分工的方式是在地区间存在不平等交换，而各个地区之间的经济上和政治上的依赖却是以这种不平等交换的继续为基础的。"② 沃勒斯坦认为社会主义是另外一种世界体系："社会主义是一种新型的世界体系，它既不是重新分配的世界帝国，也不是资本主义世界经济体系，而是社会主义世界政府（world-goverment）。"③

此外，世界体系理论对于资本扩张和积累的关注，对于全球劳动-分工的关注，对于超越民族-"国家"的各种经济、文化、教育等团体或组织的关注，等等，都能给我们在具体的田野工作（田野调查）和民族志书写当中提供一些新的思考范式并扩大我们的视野。

一、民族学人类学经典"世界体系"理论与田野工作（田野调查）

民族学人类学经典"世界体系"理论包括世界资本-市场体系、全球劳动-分工体系、民族-"国家"体系、时尚-消费体系、科技-信息体系和人工智能体系等。

"世界体系"理论让我们认识到世界是整体的、系统的、互动的、联系的，"所谓'世界'乃是由多个他者和自我在多方面、多角度互动过程中产生的凸显现象，是由一系列联系、一系列互动过程组成的；不存在一

---

① 沃勒斯坦（Immanuel Maurice Wallerstein），《现代世界体系·第一卷》，罗荣渠等译，北京：高等教育出版社，1998年，第461页。

② 沃勒斯坦（Immanuel Maurice Wallerstein），《沃勒斯坦精粹》，黄光耀，洪霞译，南京：南京大学出版社，2003年，第73页。

③ 沃勒斯坦（Immanuel Maurice Wallerstein），《沃勒斯坦精粹》，黄光耀，洪霞译，南京：南京大学出版社，2003年，第128页。

个独立的、稳定的、超越地方和主宰地方的世界规律和世界理论。"①

在"世界体系"理论下如何发现研究问题？如何实现田野工作（田野调查）工作？是每个民族学人类学家需要面对的。项飙在书中描述到这个痛苦的过程："在折腾了一年多之后，2001 年 2 月的一个下午，我疲惫至极，到悉尼港湾边散步。我的脑子早已经是糨糊一桶，无力思考如何遣词造句来描述'流散在国外的空间'是如何多面的、多层的、多彩的……我任由被采访者的故事在脑海中回放，放手让感觉带着我走。我忽然在眼前看到了一束光芒。印度专业人士中那些从业 IT 的职业人士，他们如何通过中介代理来到澳大利亚，如何找工作，丢了工作之后又怎么办的故事，即所谓的'猎身'过程，突然浮现出来。这个流动不完全是个人行为，而是被在印度的劳务公司（'劳力行'）招聘，在名义上和该劳务公司形成雇佣关系，而后该公司通过和在澳大利亚的劳务公司（通常也是印度人所开，也被称为'劳力行'）的合作，把人派到澳大利亚来；来了以后，澳大利亚的劳务公司与来的印度人形成名义上的雇佣关系，但是把他（她）发包到其他 IT 公司工作，并从工人的工资里抽头作为利润，而真正的 IT 公司给这个印度人提供工作，但是不形成劳务关系。……到晚饭后时我即做出决定：将我的研究焦点转向 IT 职业人员的流动，尤其是他们的劳力输出过程。这几乎完全偏离了我原来的题目，我当时猛然决定要这么跳跃基本上是凭直觉，……"②

二、民族学人类学经典"世界体系"理论与民族志

在"世界体系"的背景下，张少春的《漂在淡马锡：一个技术移民群体的流动与身份》③ 一书，以在新加坡半导体企业工作的中国工程师这一特殊的技术移民群体为研究对象，通过长时间的民族学人类学式的田野观察，关注这些中国工程师在跨国就业过程中面临的一系列自由与限制，以及他们身份和认同的塑造与被塑造的过程。

新加坡作为港口城市，具有世界体系节点的"世界城市"特征，在世

---

① 项飙：《全球猎身：世界信息产业和印度的技术劳工》，王迪译，北京：北京大学出版社，2012 年，第 32 页。

② 项飙：《全球猎身：世界信息产业和印度的技术劳工》，王迪译，北京：北京大学出版社，2012 年，第 39-40 页。

③ 张少春：《漂在淡马锡：一个技术移民群体的流动与身份》，北京：社会科学文献出版社，2023 年。

界体系中扮演着重要角色。张少春指出："作为东南亚一个重要的多元文化城市，在这里可以观察到中国人、东南亚华人、马来人、印度人等不同群体的人口流动和适应问题，以及他们如何被现代的资本主义生产体系联结起来，在同一个工厂中协作分工。以半导体公司为例：欧美人、新加坡人、中国台湾人是管理人，马来西亚华人和中国大陆人是工程师的主体，而生产线上的女性操作工则主要来自马来西亚和中国大陆。"[①] 作为"世界体系"下的半导体产业，"世界范围内半导体产业的专业分工形成了以美国为主导的半导体设计，以东亚地区为中心的半导体制造这样的格局。半导体行业的世界体系分为两部分。一是研发，研发的第一层是美国和欧洲，如英特尔、IBM、高通、AMD、英飞凌、意法半导体；第二层是亚洲，如韩国、中国大陆及台湾地区、新加坡，相当于研发金字塔的底端。二是制造业，顺序刚好是反过来的，韩国、新加坡和中国拥有大多数 fab，而欧美只有少数的生产部门。根据在新加坡工作的中国工程师的观点，基本上欧美企业属于发明，就是从无到有地做一个东西出来；日韩属于发展，能够迅速地把新技术产业化为产品或者设备；中国、新加坡就属于大规模应用制造。"[②] 这些半导体工程师的流动与移民政策、薪酬制度以及年龄等有关，张少春指出"根据工程师们对中国、新加坡两地半导体公司薪资结构所做的比较，会发现双方资深工程师以上的差距只有 30%～40%。但底层工程师差距很大，新加坡企业提供的薪水达到国内的 2.5 倍左右，所以对国内的年轻人还是很有吸引力的。24～35 岁是他们流动最频繁的阶段，在这个阶段之后许多人因为家庭生活的扩展就会选择稳定的工作机会。特别是现在新加坡移民政策日益收紧的背景下，留不下来的工程师就选择了回流。"[③]

瓦尔曼的《玉米与资本主义：一个实现了全球霸权的植物杂种的故事》[④] 一书，以全球性经济作物或饮食作物——玉米为研究对象，呈现了

---

① 张少春：《漂在淡马锡：一个技术移民群体的流动与身份》，北京：社会科学文献出版社，2023 年，导论第 55 页。

② 张少春：《漂在淡马锡：一个技术移民群体的流动与身份》，北京：社会科学文献出版社，2023 年，第 68 页。

③ 张少春：《漂在淡马锡：一个技术移民群体的流动与身份》，北京：社会科学文献出版社，2023 年，第 81 页。

④ 阿图洛·瓦尔曼：《玉米与资本主义：一个实现了全球霸权的植物杂种的故事》，谷晓静译，上海：华东师范大学出版社，2005 年。

玉米作为美洲的地方性食物是如何扩散到世界体系里的历程，展示了玉米与资本主义之间错综复杂的历史，以及由此带来的社会和文化的剧烈变迁过程。瓦尔曼指出："人类和玉米相互依赖，求生共存，进而传承宗族。我们是同一个严密组织中的成员，是一个族类。在新大陆上培育的千百万生灵已经化为了宝贵的遗产。在集体劳作中，他们既积累又扩大了物种，创造了玉米。玉米是人类的后裔，我们的植物亲族。"①

瓦尔曼认为资本主义是一种新型的生产和所有制关系，而玉米无疑是充当了其中一个重要的角色。他认为："资本将地区经济汇集到一个巨大的世界市场中，它是一个核心要素，是全球资本主义形成和发展中一个决定性的推动力。在资本的推动下，一种新型的生产和所有制关系形成了，这就是资本主义。"② 玉米与资本主义之间的关系扑朔迷离："在本书中，西欧全面资本主义的扩张是最具深刻性的裂变。虽然资本主义意味着一种生产模式，但那并不是它的全部。它还包括资本主义制度所释放出来的能量，这种能量形成了一个直接或间接的全球政治和经济体系。它是一种意识形态、科技、文化的载体，是所有可以被归结为某种文明的林林总总。玉米的蔓延和世界资本主义的扩张之间存在着明显的关联，我们可以将称之为现代化。"③

玉米在中国的种植也伴随着一系列的历史过程。据推断，玉米在欧美开始种植后大约五十年就开始向中国进发，其在中国种植的历史大概是四百年。瓦尔曼："在玉米作为人民食物的'国家'中，中国是最大的玉米生产国。考虑到玉米进入中国只有四百年，这个数字应该是个不小的成果。"④

---

① 阿图洛·瓦尔曼：《玉米与资本主义：一个实现了全球霸权的植物杂种的故事》，谷晓静译，上海：华东师范大学出版社，2005年，第28页。

② 阿图洛·瓦尔曼：《玉米与资本主义：一个实现了全球霸权的植物杂种的故事》，谷晓静译，上海：华东师范大学出版社，2005年，第2页。

③ 阿图洛·瓦尔曼：《玉米与资本主义：一个实现了全球霸权的植物杂种的故事》，谷晓静译，上海：华东师范大学出版社，2005年，第233页。

④ 阿图洛·瓦尔曼：《玉米与资本主义：一个实现了全球霸权的植物杂种的故事》，谷晓静译，上海：华东师范大学出版社，2005年，第43页。

第三节　民族学人类学经典"现代性"理论
与田野工作（田野调查）和民族志

　　什么是"现代性"？"现代性"理论对于我们的田野工作（田野调查）和民族志有哪些启示？我们的田野工作（田野调查）和民族志如何呈现"现代性"，以及在"现代性"中如何实践我们的田野工作（田野调查）和民族志？"现代性"和"现代化"之间到底有什么关系？现代性作为一种成功的社会模型，有没有统一模型的现代性？现代性进入后现代性了吗？本节将对以上这些问题重点叙述之。

　　现代性（modernity）更多的是一整套的生产生活方式，有强烈的发展、进步、道德、合理与理性的价值属性和成功模式。

　　它"指向的是从18世纪中期欧洲启蒙运动到20世纪80年代中期这段时间，特征是世俗化、理性化、民主化、个体化以及科学的兴起。"[1] 这里的世俗化指的是宗教和信仰方面的世俗化，理性化指的是科学、知识和技术等方面的精确化，民主化就是民族－"国家"、权利等方面。"现代社会指的是欧洲封建主义之后的时代，是后封建社会的统称，包括工业化、资本主义、城市化和作为一种生活方式的都市主义、世俗化、民主制度的建立和扩散、科学技术在生产过程中的应用，以及人类生活全方位的平等化运动。"[2] 所以说现代社会，与资本主义、城市化、工业化以及信息化等有关。当然通往现代性或者现代化是有多种途径和多种路线的："事实上，通往现代性有很多种途径，正所谓条条大路通罗马。日本的现代化和美国就很不一样。此外，就目前的情况来看，中国正在发展的，又是一条全新的道路。"[3]

　　吉登斯（Anthony Giddens）是关注现代化和现代性理论的大师，他认为现代性是一种社会生活和组织模式，他指出我们还未真正地进入后现代

---

　　① 安东尼·吉登斯，菲利普·萨顿：《社会学基本概论：第二版》，王修晓译，北京：北京大学出版社，2019年，第15页。

　　② 安东尼·吉登斯，菲利普·萨顿：《社会学基本概论：第二版》，王修晓译，北京：北京大学出版社，2019年，第15页。

　　③ 安东尼·吉登斯，菲利普·萨顿：《社会学基本概论：第二版》，王修晓译，北京：北京大学出版社，2019年，第18页。

性，而是正在进入现代性当中，现代性在带来更多便利的同时也是洪水猛兽，会带来很多的不确定性和风险性。吉登斯指出："我们实际上并没有迈进一个所谓的后现代时期，而是正在进入这样一个阶段，在其中现代性的后果比从前任何一个时期都更加剧烈化更加普遍化了。"① 为什么说我们还未进入后现代性，吉登斯指出："首先，是现代性时代到来的绝对速度（具体表现在技术或其他领域，技术日新月异）；其次，断裂体现在变迁范围上（全球互动，全球在政治、经济、文化、商品等上的互动和交流）；第三，是现代制度的固有特性（民族'国家'的形成，现代性重塑了民族'国家'，民族'国家'又固化了现代性，特别是城市的产生）。"② 为什么现代性会带来更大的不确定性和风险性，即现代性具有双重性特质，吉登斯指出："同任何一种前现代体系相比较，现代社会制度的发展以及它们在全球范围内的扩张，为人类创造了数不胜数的享受安全的和有成就的生活的机会。但现代性也有其阴暗面（核武器与军事冲突），在本世纪变得尤为明显。现代性是一种双重现象。"③

吉登斯列出了现代性的四个基本的制度性维度以及它们之间的相互关系④，他指出："资本主义，指在竞争性劳动与产品市场情境下，日益从政治生活中脱离开来的经济。其次，监督对与现代性的兴起相关的所有类型的组织来说都是根本的，特别是对在相互促进发展中历史地与资本主义相缠绕的民族'国家'来说，监督就尤为重要。同样，在民族'国家'实施的监督行动与现代社会中已经改变了性质的军事权力之间，也存在着密切的实质性关联。以现代'国家'名义而实现的对暴力手段的成功垄断，有赖于用世俗手段对刑法法典的维系，以及对'越轨行为'的监督性控制。相对而言，军事则成了'国家'在市民权威方面所具有的内在霸权的一种间接性支撑，武装力量主要来说是'向外'的，即是针对其他'国家'的。"⑤ 吉登斯也列出了现代性会导致的严重后果，其表现形式为集权的增

---

① 安东尼·吉登斯：《现代性的后果》，田禾译，南京：译林出版社，2011年，导言第3页。

② 安东尼·吉登斯：《现代性的后果》，田禾译，南京：译林出版社，2011年，导言第5-6页。

③ 安东尼·吉登斯：《现代性的后果》，田禾译，南京：译林出版社，2011年，导言第6页。

④ 安东尼·吉登斯：《现代性的后果》，田禾译，南京：译林出版社，2011年，导言第52页。

⑤ 安东尼·吉登斯：《现代性的后果》，田禾译，南京：译林出版社，2011年，导言第52-53页。

长、经济增长机制的崩溃、生态破坏和灾难以及核冲突和大规模战争①。

格尔茨认为现代性既是一种范畴，也是一个过程，类似于文艺复兴、启蒙运动、烂漫主义等。他对现代性的深刻洞见对我们整体地把握和理解现代性具有重要的启示意义："西方历史中的一些主导范畴，那些推动我们的世界运转的字眼，如古代、中世纪、文艺复兴、宗教改革、启蒙运动、浪漫主义，在20世纪特别是自第一次世界大战以后，被另一个同样具有宰制性的字眼所继承，那就是现代性（modernity）。关于现代性，我们之中有些人认为自己身处其中，有些人急切地想要获得，另有些人则对其深感绝望，或后悔、或反对、或畏惧，如今甚或想要以某种方式超越。现代性是当今社会/世界共有的一个普通特征。有现代艺术、现代科学、现代哲学、现代社会、现代政治、现代技术、现代历史、现代文化、现代医学、现代性爱、现代宗教、现代心灵、现代女性和现代战争。现代性的存在或阙如，是区分不同经济、岐体、民族和道德的分水岭，大体决定了它们在我们这个时代进程中的位置。"②

"现代性"作为一个概念、一种工具、一种视角、一个新范式、一种道德价值、一种共同体、一种手段等，对我们的田野工作（田野调查）和民族志撰写都有很好的启示作用。

一、民族学人类学经典"现代性"理论与田野工作（田野调查）

资本、人口、信息、商品、技术、产品、符号、市场等的快速流动性、专门化、市场化、数字化、智能化、货币化以及全球化业已成为"现代性"的主要表现方式，民族学人类学的田野工作（田野调查）也因此具有多点性、跨学科性、流动性、跨国性、数字化等轨迹。

在现代性资本中，讨论最多的方面是资本的垄断化、民族"国家"化和权力化。资本的垄断化是指资本不断被积累、不断被垄断。资本社会化是经济学领域术语，是指随着生产和管理的社会化，资本也日益采取社会化的形式。资本包括私人资本、企业资本、家族资本、村落资本、族产和庙产、股份制资本等多种形式，在田野工作（田野调查）中，找出不同区

① 安东尼·吉登斯：《现代性的后果》，田禾译，南京：译林出版社，2011年，导言第150页。

② 格尔茨：《追寻事实：两个'国家'、四个十年、一位民族学人类学家》，林经纬译，北京：北京大学出版社，2011年11月版，第151页。

域不同空间不同组织里不同资本的存在形式及其作用也是我们田野工作（田野调查）所必需的。

哈维兰认为现代化进程由四个亚过程组成。一是技术发展，二是农业发展，三是工业化，四是城市化。他指出："现代化进程最好被理解成由四个亚过程组成，其中一个是技术发展。在现代化的过程中，传统知识和技术让位于主要从工业化的西方借来的科学知识和技术的应用。另一个亚过程是农业发展，它意味着农业重点从生存型农业向商品化农业的转变。人们不再为自己使用而种植庄稼和饲养牲口了，他们越来越多地转向经济作物的生产，因而也就越来越多地依赖于货币经济和全球市场来出售农产品和买进商品。第三个亚过程是工业化，它更加强调用物质形式的能量——特别是矿物燃料——来驱动机器。人力和畜力变得不那么重要了，一般的手工艺也是这样。第四个亚过程是城市化，其特征是人口从农村移入城市。尽管所有这四个亚过程是相互关联的，但它们的出现没有固定的顺序。"①

二、民族学人类学经典"现代性"理论与民族志书写

刘东旭的《流动社会的秩序：珠三角彝人的组织与群体行为研究》②一书探讨了全球化、现代性、市场化、信息化、商品化、劳动力和东莞工厂的全球化，以及凉山彝族农民工在被誉为"世界工厂"的珠三角地区基于地缘、亲缘等社会纽带关系组成的"领工制"制度下的工作、生活和组织状况。

刘东旭指出："由此可见，彝人领工制的生成，在很大程度上与世界生产的后福特主义化、中国的工业化过程以及劳动力的深度市场化有紧密关联。而依托于领工制的彝人群聚性自然也与此紧密相关。"③ 所谓"领工制"就是这些在珠三角地区的彝人通过依靠原生的社会纽带自组织的劳动力中介和派遣组织。领工制是指："领工工头在带工过程中，借用原生的血缘、姻缘、地缘和族缘关系来扩大自己的工人规模，通过这种方式带领

① 威廉·A.哈维兰：《文化民族学人类学》（第十版），瞿铁鹏、张钰译，上海：上海社会科学出版社，2006年，第476页。

② 刘东旭：《流动社会的秩序：珠三角彝人的组织与群体行为研究》，北京：中央民族大学出版社，2016年。

③ 刘东旭：《流动社会的秩序：珠三角彝人的组织与群体行为研究》，北京：中央民族大学出版社，2016年，绪论第9页。

出来的工人在共同的工作和生活过程中自然而然地形成相互帮助的机制，从而结成了一种'流动的社区共同体'。在这个社区之内，他们可以遵循传统的习惯，讲彼此熟悉的语言，像在老家一样生活，而不再苦于忍受个体打拼的孤独和风险。也正是基于这样一种社区，他们在遇到纠纷的时候更容易采取群体性方式来表达抗议。"①

后福特主义化特指劳动工人的临时化和短期化，它要求劳动力要像商品一样便捷和快速地流通。刘东旭指出，"领工制的社会根源在于全球工业的后福特主义背景下珠三角普遍流行的代工分包体制。这种代工分包用工模式导致了劳工的临时化和短期化，而企业这种新的用工模式直接催生了劳动力中介、劳务市场、带工工头这样专事劳动力组织、协调、输送的中间机构，这样的机构迅速发展使得工人和用工企业之间生发出一个专门的劳动力市场。原本是工人和工厂直接'交易'的关系转变成为由劳动力市场来分配和协调，在很大程度上促进了劳动力像商品一样更便捷地流通。"②

恩特维斯特尔（Joanne Entwistle）在《时髦的身体：时尚、衣着和现代社会理论》（*The Fashioned Body：Fashion，Dress and Modern Social Theory*）中认为：时尚与现代社会的生产、消费、媒介传播等有关。他指出："在日常生活中，时尚并非唯一影响衣着的因素，因为别的因素，像性、阶级、收入和传统，也同时发挥着它们的作用。时尚的衣着是体现当下审美趣味的衣着；它是特定时刻被定义为可心、漂亮和流行的衣着。在表达当下审美趣味和推出 定服装品种方面，时尚为日常衣着提供了'素材'，而日常衣着乃众多团体在不同场所运作的产物。理解时尚，需要理解在时尚系统中运作的这些不同团体之间的关系：服装学院和学生、设计师和设计室、裁缝和成衣匠、模特儿和摄影师，以及时尚杂志的编辑、批发商、零售商、时尚买手、商店和消费者。换言之，研究时尚，视线要在生产、销售与消费之间不断移动：没有难以数计的裁缝和成衣匠，就没有服装可供消费；没有诸如时装杂志记者等文化媒介对时尚的推广，作为当下风格的'时尚'就难以远播；没有消费者的接受，时装就会被搁在工

---

① 刘东旭：《流动社会的秩序：珠三角彝人的组织与群体行为研究》，北京：中央民族大学出版社，2016 年，第 335 页。

② 刘东旭：《流动社会的秩序：珠三角彝人的组织与群体行为研究》，北京：中央民族大学出版社，2016 年，第 334 页。

厂、商店和衣柜，无人问津。因此，当我们谈论时尚，我们同时也是在谈论服装生产和推广彼此交叉相互作用的诸多团体，一如'穿着打扮'时个体对他们的身体所施行的各种行为。"①

① 恩特维斯特尔：《时髦的身体：时尚、衣着和现代社会理论》，皓元宝等译，桂林：广西师范大学出版社，2005年，引言第1页。

第六章　中国式现代化引领中国民族学人类学的田野工作（田野调查）和民族志新范式

　　什么是中国式现代化？中国式现代化何为？中国式现代化作为一套学科体系、学术体系和话语体系如何进行回应与阐释？中国式现代化作为一种新范式、新方法、新价值、新要求、新路径以及本体论和认识论等功能价值该如何呈现在中国民族学人类学的田野工作（田野调查）和民族志上？田野工作（田野调查）和民族志如何在中国式现代化视野下构建起新范式、新方法和新价值？中国式现代化视野下田野工作（田野调查）和民族志如何进行实践？本章将简答上述这些问题。

第一节　中国式现代化

　　中国式现代化是人口规模的现代化，是共同富裕的现代化，是人与自然和谐共生的现代化，是物质文明和精神文明相协调的现代化，是走和平发展道路的现代化。

一、什么是中国式现代化

　　中国式现代化，是中国共产党领导的社会主义现代化，中国式现代化既有各国现代化的共同特征，更有基于自己国情的中国特色。习近平总书记指出："我国建设社会主义现代化具有许多重要特征。世界上既不存在定于一尊的现代化模式，也不存在放之四海而皆准的现代化标准……我们所推进的现代化，既有各国现代化的共同特征，更有基于国情的中国特色。第一点，我国现代化是人口规模最大的现代化。我国 14 亿人口要整体迈入现代化社会，其规模超过现有发达国家的总和，将彻底改写现代化的世界版图，在人类历史上是一件有深远意义的大事。第二点，我国现代化是全体人民共同富裕的现代化。共同富裕是中国特色社会主义的本质要求，我国现代化坚持以人民为中心的发展思想，自觉主动解决地区差距、城乡差距、收入分配差距，促进社会公平正义，逐步实现全体人民共同富裕，坚决防止两极分化。第三点，我国现代化是物质文明和精神文明相协调的现代化。我国现代化坚持社会主义核心价值观，加强理想信念教育，弘扬中华优秀传统文化，增强人民精神力量，促进物的全面丰富和人的全面发展。第四，我国现代化是人与自然和谐共生的现代化。我国现代化注重同步推进物质文明建设和生态文明建设，走生产发展、生活富裕、生态良好的文明发展道路，否则资源环境的压力不可承受。第五点，我国现代化是走和平发展道路的现代化。一些老牌资本主义国家走的是暴力掠夺殖民地的道路，是以其他国家落后为代价的现代化。我国现代化强调同世界各国互利共赢，推动构建人类命运共同体，努力为人类和平与发展做出贡献。实践表明，中国式现代化既切合中国实际，体现了社会主义建设规律，也体现了人类社会发展规律。我国要坚定不移推进中国式现代化，以中国式现代化推进中华民族伟大复兴，不断为人类作出新的更大贡献。"[1]

党的二十大报告提出，从现在起，中国共产党的中心任务就是："团结全国各族人民全面建成社会主义现代化强国，实现第二个百年奋斗目标，以中国式现代化全面推进中华民族伟大复兴。"[2]

习近平总书记指出："我们党要领导一个十几亿人口的东方大国实现社会主义现代化，必须坚持实事求是、稳中求进、协调推进，加强前瞻性思考、全局性谋划、战略性布局、整体性推进，实现发展质量、结构、规模、速度、效益、安全相统一。全面建设社会主义现代化，一个地区、一

---

[1] 习近平：《习近平谈治国理政》第四卷，北京：外文出版社，2022 年，第 123 页-124 页。

[2] 习近平：《高举中国特色社会主义伟大旗帜 为全面建设社会主义现代化国家而团结奋斗——在中国共产党第二十次全国代表大会上的报告》，北京：人民出版社，2022 年，第 21 页。

个民族都不能落下，同时我国区域差异大、发展不平衡，现代化进程不可能齐步走，要鼓励有条件的地区实现现代化，支持带动其他地区实现现代化。"①

习近平总书记在《准确把握新发展阶段》讲话中指出："我们的任务是全面建设社会主义现代化国家，当然我们建设的现代化必须是具有中国特色、符合中国实际的，我在党的十九届五中全会上特别强调了5点，就是我国现代化是人口规模巨大的现代化，是全体人民共同富裕的现代化，是物质文明和精神文明相协调的现代化，是人与自然和谐共生的现代化，是走和平发展道路的现代化。这是我国现代化建设必须坚持的方向，要在我国发展的方针政策、战略战术、政策举措、工作部署中得到体现，推动全党全国各族人民共同为之努力。"②

戴木才在《论中国式现代化理论体系的基本建构》中认为，中国式现代化与中华民族五千多年文明发展和近代以来推进的中华民族伟大复兴是一脉相承的关系，中国式现代化坚持走中国特色社会主义道路，坚持把马克思主义同中国具体实际相结合、同中华优秀传统文化相结合，他指出："近现代以来，西方式现代化造就了资本主义现代文明，形成了当今世界的现代化理论体系和现代文明知识体系。在批判借鉴西方式现代化和西方现代文明的基础上，在推进中华民族伟大复兴的历史进程中，中国共产党领导中国人民进行革命、建设和改革，解放思想，实事求是，守正创新，坚持走中国特色社会主义道路，坚持把马克思主义同中国具体实际相结合、同中华优秀传统文化相结合，创造了中国式现代化道路和人类文明新形态，初步建构了中国式现代化理论体系。深入分析中国式现代化与中华民族五千多年文明发展尤其是近代以来推进中华民族伟大复兴的渊源关系和内在关系，科学揭示中国式现代化理论体系产生的历史背景、研究的基本问题、理论谱系和路径谱系的重大创新、具有世界现代化的普遍共性，以及中国式现代化的光明前景和原创性贡献，对于建构具有中国特色、中国风格、中国气派的中国式现代化理论体系，具有非常重要的理论意义和

①　习近平：《习近平谈治国理政》第四卷，北京：外文出版社，2022年，第47页。
②　习近平：《习近平谈治国理政》第四卷，北京：外文出版社，2022年，第164页-165页。

实践意义。"①

戴木才指出中国式现代化是中国共产党领导中国人民独创的一条人间正道，有它自己的历史逻辑、理论逻辑、实践逻辑，丰富了世界现代化理论，"概言之，中国式现代化是从中国自身的深厚社会土壤中生长起来的现代化，是一条史无前例、独具中国特色的现代化发展之路，是近代以来中国人民长期奋斗的历史逻辑、理论逻辑、实践逻辑发展的必然结果，是中国共产党领导中国人民独创的一条人间正道。独特的文化传统、独特的文明底蕴、独特的基本国情和独特的历史命运，决定了中国必然要走适合自己特点的社会主义现代化发 展道路。从提出'实现工业化''农业近代化'到'实现四个现代化'，从提出'实现中国式的现代化'到'全面建成小康社会'再到'全面建设社会主义现代化强国'，中国式现代化始终坚持马克思主义基本原理同中国基本国情相结合、同中华优秀传统文化相结合，从我国历史悠久、地域广大、人口众多、基础薄弱，区域发展、城乡发展、贫富发展不平衡等具体实际出发，提出不同发展阶段的发展战略目标，为实现中华民族伟大复兴开辟了光明前景，为当今世界现代化理论新范式的多元建构提供了中国方案和中国智慧，极大地推进和丰富了世界现代化理论体系和实践路径的创造性发展和多样性呈现。"②

二、中国民族学人类学对中国式现代化的探索

林耀华在《三上凉山：探索凉山彝族现代化中的新课题及展望》中对凉山彝族的现代化进行了有意义的讨论，对凉山彝族实现中国式现代化具有重要的理论和应用价值。凉山现代化的任务是什么，凉山彝族将怎样实现现代化等问题是林耀华的出发点和落脚点，他指出凉山在实现现代化的道路中要注意生态和环境、发展商品经济、发展民族地方工业、发展教育事业、发展旅游等，目前来看也具有重要的启示和指导性意义。林耀华指出："凉山彝家究竟将通过什么途径实现现代化这个问题虽然涉及的是未来，但其答案却不能不以凉山乃至整个中国的历史和现状为根据的。当然，一个民族走向未来的具体途径不会也不应该是由民族学家来设计和规

---

① 戴木才：《论中国式现代化理论体系的基本建构》，《中国人民大学学报》，2023 年第 6 期。

② 参见戴木才：《论中国式现代化理论体系的基本建构》，《中国人民大学学报》，2023 年第 6 期。

划。但民族学家还是可以而且应该运用自己的知识，根据自己的研究对象所要达到的目标，来出谋划策，提出设想，以供自己的研究对象去选择和参考。我认为中国民族学为现实服务，为研究对象服务，为社会主义现代化建设服务的宗旨，最终还是应该在这种出谋划策中体现出来。基于这种认识，我把下面的一些想法作为研究成果提供给凉山彝家：①在发展建设中尊重客观规律，保护和改良生态环境。凉山的雨水不均，山势陡峭、地形破碎、土层不厚，生态系统是比较脆弱的，一旦遭到破坏则不仅难以恢复，而且将首先威胁到公路系统，给本来困难的交通条件雪上加霜，进而影响当地的现代化建设。因此在发展生产的同时，应该未雨绸缪，十分注意生态环境的保护和改良。山一年比一年绿、水一年比一年清，为凉山彝家子孙万代的生活幸福打下好的基础。②走专业户之路，因地制宜，发展多种经营和商品经济。事实上，昭觉县和整个凉山州近几年成长起来的专业户中，纯靠粮食种植而致富者为数极少，绝大部分都是靠畜牧、经济作物、经济林本或经营手工艺品才走上富裕之路的。专业户密布的地带，不是城镇附近的平坝，就是边远的山区。因为前者不仅致富门路多，而且有发展商品经济的良好环境，后者则有利用荒山草坡多养牲畜的独特条件。实际上，走专业户之路，开展多种经营的作用，还不仅仅在于增加彝族群众的收入，通过这条道路还能收到强化社会分工，搞活商品经济，进而改变彝家旧的生活方式和价值观念的功效。③走赤黑约日之路，发展民族地方工业。凉山彝家在近几年的建设实践中，已经悟出了发展经济'无农不稳、无工不富、无商不活'的道理。凉山的现代化不仅需要充分利用地面资源，而且需要把在地下沉睡千年的矿藏开发出来作为新的经济动力。④发展民族教育事业，为建设凉山彝家的现代经济文化准备人才。现在要指出的是：无论是赤黑约日这样的企业家还是数以千计的专业户，都是在党的民族政策和十一届三中全会方针所造成的新形势之下自发地成长起来的。尽管他们的成功经验为凉山的现代化闯出了切实可行的道路，但他们的数量毕竟是太少了。为了加速现代化的实现，凉山需要数以十万计的专业户，需要成百上千乃至成千上万个赤黑约日，需要整整一代具有现代科技知识、素质更强、水平更高的新人。这种规模空前的人才需求，当然不能靠自发成长来满足，而必须有计划地大力发展民族教育事业。要与发家致富的要求直接结合起来，以调动群众支持办学的积极性。我们也期待整个社会都对这一事业给与更多的关注，从师资和资金两个方面支持彝家的教育事业。⑤广辟财路，开发旅游资源。随着人民生活的显著提高，国内的旅游活动已逐步蔚成风气。这使我想到凉山潜在旅游资源的开发利用问题。将近50年前，我初渡马湖，泛舟水上，但见四周皆山，湖水洁净，波光粼粼，日光映在水上呈金黄色，加之空气新鲜，寂无声音，真令人心旷神怡之感。从此之后我对凉山旅游资源格外属意。通过三次的出入往返，我发现凉山天生丽质，景色之美更有胜过马湖者。"①

林耀华对凉山的现代化充满希望和期盼，他指出这得益于最开明的民族政策以及凉山独特的资源禀赋，并总结道："对于彝家的未来，我持有充分的信心。有人害怕现代化会使彝家失去民族特色，担心彝家的社会文化会被现代化的潮流席卷而去。根据个人对凉山彝家的了解，我相信此事绝不会发生。中国有世界上最开明的民族政策，凉山有独特的地理环境，凉山彝家能在这种社会和地理环境中用自己的双脚走上通向现代化的道路，他们就一定能够在这条道路上发展出有自身特色的新型社会文化。可以断言，曾在民族改革中打碎了奴隶制千年枷锁，赢得了一个新凉山的彝家人民，在现代化这场社会文化变迁中失去的只会是物质上的贫困和文化上的旧锁链，他们得到的将是一个具有现代化社会主义物质文明和精神文明的未来美好的凉山。"②

费孝通在《迈向人民的人类学》中认为人类学应该是迈向为人民服务的人类学。他指出："在我和海外的同行们分别的三四十年里，我从正面的和反面的教育里深刻地体会到当前世界上的各族人民确实需要真正反映客观事实的社会科学知识来为他们实现一个和平、平等、繁荣的社会而服务，以人类社会文化为其研究对象的人类学者就有责任满足广大人民的这种迫切要求，建立起这样一门为人民服务的人类学。这门学科的目的——请允许我瞩望着不应当太遥远的将来——应当是使广大人民对自己的社会具有充分的知识，能按照客观存在的社会规律来安排他们的集体生活，去实现他们不断发展的主观愿望。"③费孝通在《中国的现代化与少数民族的发展》中把中国的现代化比作新的长征路，提出现代化需要少数民族，少数民族需要现代化。他指出："这个特点说明了我们中国不仅整个说来经济和科技落后于世界的先进水平，我们国内的少数民族还落后于我国汉族

---

① 林耀华：《凉山彝家的巨变》，北京：商务印书馆出版，1995年，第189页-196页。
② 林耀华：《凉山彝家的巨变》，北京：商务印书馆出版，1995年，第197页。
③ 费孝通：《民族与社会》，天津：天津人民出版社，1981年，第89页。

所已经达到的水平。因之，在现代化的道路上我们要缩短以至消灭两个差距：一个是我国和其他先进'国家'之间的差距，一个是国内各民族之间的差距。这两个差距是互相关联的，我们要赶上国际先进水平，必须要发展少数民族的经济、文化；要发展少数民族又有赖于提高全国的经济、文化。用现在在我们国内流行的一句话说："现代化需要少数民族，少数民族需要现代化。'"①

费孝通在《文化的生与死》中指出中国的人类学社会学需要研究出自己的路子来，不能照搬外国的，要建立中国的社会学和人类学。他指出："社会学作为一门系统的学科有其实用性，研究在社会发展中有特点的东西，它不像自然科学，不能从国外照搬，我们不能搬了苏联的，再去搬美国的，一定要从中国的实际出发。建立中国的社会学和人类学。……作为新兴的学科，社会学、人类学要提高本身创新的能力，搞出中国自己的学科来。我们不能离开实际调查，一定不能脱离实际，新东西要在实践中形成的。看一看农村的工业化——城镇化——现代化，就可以知道，中国的路子不同于外国。我经过70年的摸索总算找出了一条可供参考的框架。"②

杨清媚的《中国人类学对中国式现代化的探索》认为中国人类学提出了有别于西方社会的现代化道路，中国人类学在中国式现代化道路的形成以及社会科学的本土化方面做出了自己独到的知识体系："中国人类学在政治、经济与文化三个重要领域，提出了有别于西方现代化道路的一系列见解。这些见解，集中在三个重要问题上：中国社会现代化转型中的国族建构、经济建设和精神启蒙。其中，文化精神的现代启蒙是总体问题，国族建构、经济建设强烈地呼应政治经济政策变化，本质上服从于'国家'的根本追求——也即'国家'对发展其政治和经济最终要实现何种目的的思考。文化与'国家'之间的关系构成三个重要问题的关键。历史与现实表明，中国人类学的责任在于从中国思想出发，在广泛比较和反思基础上，参与形塑中国人对于人类与世界的普遍主张。首先，中国社会现代化转型的复杂持久和问题相互牵连的复合性，意味着不可能通过单一的现代化理论予以全部解释。燕京学派的启发在于，中国式现代化理论是一个有丰富内部结构和层次的理论系统。前文所述的中国人类学诸种现代化理

① 费孝通：《民族与社会》，天津：天津人民出版社，1981年，第62页-63页。
② 费孝通：《文化的生与死》，刘豪兴编，上海：上海人民出版社，2009年，第251页。

论，不是各自独立、前后取代的关系；将它们集合在一起，才呈现出中国人类学现代化理论体系的样貌。在国族建构问题上，李济和凌纯声的体质-文化双重建构论，与吴文藻的经济-文化认同建构论、费孝通的多元一体理论之间，不可舍此就彼，而应保持对话和借鉴，更好地综合。其次，中国式现代化进程的一个重要侧面是社会科学知识系统的本土化问题。本土化并非只以中国概念解释中国现象，更多的是将中国经验纳入世界性的比较研究框架当中，通过经验对话实现概念互通，最终使中国学人对世界的解释成为理解现代世界不可或缺的知识贡献。要实现这一点，人类学的视角必不可少。"[1]

第二节　中国式现代化引领中国民族学人类学田野工作（田野调查）

"没有调查，就没有发言权。"可见调查研究的重要性，中国式现代化对于民族学人类学进入田野、深入田野、扎根田野、了解田野、把握田野、发现田野等具有重要的启发性和指导性意义，本节将重点论述。

一、"没有调查，就没有发言权。"

周大鸣在《人类学如何观察社会——四十年田野调查自白》中指出："田野调查这种方法，一般都认为是自马林诺夫斯基开始的，所以他对田野调查方法的介绍也是最重要的，人类学的学生基本都会被要求去读他的代表作《西太平洋的航海者》。马林诺夫斯基一生写了很多书，但关于特罗布里恩群岛的这本书，特别是这本书的序言，做田野调查一定是必读的。从国内来看，毛泽东主导的农民运动调查以及他对根据地的农村调查，其实是非常成功的田野调查范本。毛泽东思想里面很多基本的东西，都得自于他的调查。这也是'没有调查就没有发言权'的由来。如果理解了田野调查与决策的关系，以及田野调查主题的重要性，那么就容易理解为什么中国共产党在延安时期会发动那么多经济学家和学者去做调查。因

---

① 参见杨清媚：《中国人类学对中国式现代化的探索》，《中国社会科学》，2022 年第 3 期。

此，学会做实地调查应该是所有人文社会科学学科研究的必备课，这也是认识社会的基础。"①

毛泽东在《关于农村调查》里谈到了没有调查，就没有发言权的话："没有调查，就没有发言权。但就有同志就问：'十样事物，我调查了九样，只有一样没有调查，有没有发言权?'我以为如果你调查的九样都是一些次要的东西，把主要的东西都丢掉了，那么，仍旧是没有发言权。"他继续补充道，"今天中国主要的矛盾是民族矛盾，阶级矛盾成为次要的。西安事变前主要矛盾在国共两党之间，而西安事变后，主要矛盾则在中日之间。因此，今天无论解决任何问题，都应该以这个主要矛盾作为认识问题和解决问题的出发点。假若丢掉主要矛盾，而去研究细微末节，犹如见树木而不见森林，仍是无发言权的。"②

开调查会是调查研究的一个主要方法，怎么样开好调查会? 毛泽东指出："怎样开调查会? 一个调查会不仅提出问题，而且要有解决问题的方法。参加调查会最好有三五人。我在兴国调查中，知道地主占有土地达百分之四十，富农占有土地达百分之三十，地主、富农所共有的公堂土地为百分之十，总计地主富农占有土地百分之八十，中农、贫农只占有百分之二十。但是地主人口不过百分之一，富农人口不过百分之五，而贫农、中农人口则占百分之八十。一方面以百分之六的人口占有土地百分之八十，另一方面以百分之八十的人口则仅占有土地百分之二十。因此得出的结论，只有两个字：革命。因而也益增革命的信心，相信这个革命是能获得百分之八十以上人民的拥护和赞助的。"③

怎样找调查的类型，毛泽东指出："怎样找调查的典型? 调查的典型可以分为三种：一、先进的，二、中间的，三、落后的。如果能依据这种分类，每类调查两三个，即可知一般的情形了。"④

在收集和整理材料时，毛泽东指出："如何收集和整理材料? 都必须自己亲身去做，在做的过程中找出经验来，用这些经验再随时去改进以后

① 参见周大鸣：《人类学如何观察社会——四十年田野调查自白》，广东技术师范大学学报，2023 年第 1 期。

② 中共中央文献研究室：《毛泽东文集》第二卷，北京：人民出版社，1993 年，第 382 页。

③ 中共中央文献研究室：《毛泽东文集》第二卷，北京：人民出版社，1993 年，第 383 页。

④ 中共中央文献研究室：《毛泽东文集》第二卷，北京：人民出版社，1993 年，第 383 页。

得调查和整理材料的工作。"①

毛泽东的《寻乌调查》是调查研究的代表作，该书开宗明义就指出了寻乌调查的时间、目的和意义以及为何选择寻乌这个县等，毛泽东指出："我做的调查以这次为最大规模。寻乌调查是一九三〇年五月四军到寻乌时做的，正是陂头会议（二月七日四军前委与赣西特委的联席会议）之后，汀州会议（六月四军前委与闽西特委的联席会议）之前，关于中国的富农问题我还没有全般了解的时候，同时我对于商业状况是完全的门外汉，因此下大力来做这个调查。……寻乌这个县，介在闽粤赣三省的交界，明了了这个县的情况，三省交界各县的情况大概相差不远。"②

《寻乌调查》分为几个大的部分。第一章，寻乌的政治区划，主要介绍寻乌的政治地理历史部分，"全县分为七区，七区之中包括四厢十二堡。"第二章，寻乌的交通，详细介绍了水路、陆路、电报、邮政、陆路交通器具。第三章，寻乌的商业，详细调研了寻乌城里的盐、杂货、油、豆、屠坊、酒、水货、药材、黄烟、裁缝、伞、木器、火店、豆腐、理发、打铁、爆竹、打首饰、打洋铁、修钟表、圩场生意、娼妓、同善社、人口成分和他们在政治上的地位等内容。第四章，寻乌的旧有土地关系，包括农村人口成分，旧有田地分配，公共地主，个人地主（大地主、中地主、大中地主对于生产的态度、大中地主的政治思想、小地主），富农，贫农，山林制度，剥削状况，寻乌的文化。第五章，寻乌的土地斗争，包括分配土地的方法，山林分配问题，池塘分配问题，房屋分配问题，分配土地的区域标准，城郊游民要求分田，每人得田数量及不足生活之补添，留公田问题，分配快慢，一个"平"字，抵抗平田的人，原耕总合分配，暴动在莳田之后怎样处理土地，非农民是否分田，废债问题，土地税，土地斗争中的妇女。

《寻乌调查》把寻乌这个地方的人和人群关系、土地和土地分配、商业和贸易、人和土地等之间的关系详细地精确地展现出来，如在人口成分和他们在政治上的地位中写道："寻乌这个城，把它的人口成分剖解起来，才知它还完全是一个农业手工业城市。全城近二千七百人的各业比例如下：

---

① 中共中央文献研究室：《毛泽东文集》第二卷，北京：人民出版社，1993 年，第 383 页。
② 中共中央文献研究室：《毛泽东文集》第一卷，北京：人民出版社，1993 年，第 118 页。

职业	人口数	百分比
农民	一，六二〇	六十
手工业者	二九七	一一
游民	二七〇	一〇
娼妓	一六二	六
商人	一三五	五
政府机关	一〇〇	四
地主	七八	三
宗教徒	二二	一弱
总计	二，六八四	一〇〇

看这个表，农民和小手工业者共占百分之七十一，便知这个城市还是以农业手工业为主体，向附城一带耕田的和开小作坊做手工的占着住民的最大多数。所谓手工业者，包括各业手工工人和手工业主，商店的店员也算在内。所谓手工业，就是裁缝店、首饰店、黄烟店、酒店、伞店、爆竹店、理发店、木器店、豆腐店、首饰店、洋铁店、修钟表店、屠坊店这一些。"① 有关盐部分的描述，"本城的一切货物，大都是销向城区的东西南北四厢和三水区的三标，水源两堡这个区域里的，别的地方很少到本城买东西。惟独盐是例外。盐的大部分是稍往安远、信奉，小部才销在城区、三标。又因为它是日用品，所以它是城里生意的第一大宗。城内有五家盐店，每家每年多的做得两万元生意，少的也做得六七千元生意，五家共合一年可做十万元生意。盐分潮盐、惠盐。潮盐好，但贵，每元（小洋）买十斤到十一斤。潮盐色青黑，清洁能防腐。惠盐色白，但质差味淡，因之价也较贱，每元能买十六七斤。要是贪便宜的人才吃惠盐。寻乌的盐，历来潮盐多，惠盐少。"②

二、中国式现代化引领中国民族学人类学田野工作（田野调查）

中国式现代化可以为中国民族学人类学田野工作（田野调查）中的重大理论和实践问题提供重要的论述和论断，新的学术、学科和话语体系，鲜活的材料和案例，新的新范式和要求，新的价值和目标，新的要素和功

---

① 中共中央文献研究室：《毛泽东文集》第一卷，北京：人民出版社，1993 年，第 169-170 页。

② 中共中央文献研究室：《毛泽东文集》第一卷，北京：人民出版社，1993 年，第 133 页。

能，新的中国智慧和中国方案，等等。

周飞舟在《将心比心：论中国社会学的田野工作（田野调查）》一文中认为新时代要求田野工作（田野调查）要更加深入地把握时代脉搏，需要通过总结田野工作（田野调查）的发展经验，提倡和继承费孝通的"将心比心"的田野工作（田野调查）方法，提出中国特色的社会学需要中国特色的社会学田野工作（田野调查）。田野工作（田野调查）只有为中国式现代化服务才能大有所为，他指出："可以说，没有中国特色的社会学田野工作（田野调查），中国的社会学就会变成空中楼阁。本文的目的即在通过梳理中国社会学田野工作（田野调查）的历史和经验，反思田野工作（田野调查）的方法论，探讨如何能够使社会学更加紧贴社会现实、把握时代脉搏，真正实现社会学的中国化，建立有中国特色、中国风格、中国气派的社会学。……当前的中国社会正处于前所未有的快速变迁阶段，开辟了一条中国式现代化新道路。这条前无古人的道路与其他社会的现代化道路最大的不同之处，就是始终坚持和贯彻在中国共产党领导下以人民为中心的发展理念，向共同富裕的美好生活迈进。这样的道路始终要求理论联系实际，要求制度改革、政策设计与社会结构、社会意识层面的变化紧密结合，要求有上下感通、贯通、畅通的渠道和机制，这正是田野工作（田野调查）大有可为之处。田野工作（田野调查）只有为中国式现代化服务，在中国式现代化的社会发展和社会变迁中发挥力量，才能得到更好的发展和完善，才能为迈向人民的社会学贡献力量。"[1]

第三节　中国式现代化引领中国民族学人类学民族志

中国式现代化对于中国民族学人类学民族志而言，"没有调查，就没有决策权。"可见调查研究对决策的重要性，中国式现代化对于我们民族学人类学民族志新的书写和新范式、新的目标和价值、新的情况和实践、新的问题和实践等具有重要的启发性和指导性意义，本节将重点论述。

---

① 参见周飞舟：《将心比心：论中国社会学的田野工作（田野调查）》，《中国社会科学》，2021 年第 12 期。

一、"没有调查，就没有决策权。"

2017 年 10 月 25 日习近平总书记在党的十九届一中全会的讲话中指出："我说过，调查研究是谋事之基、成事之道，没有调查就没有发言权，没有调查就没有决策权。调查研究是我们做好工作的基本功。党的十九大明确了坚持和发展新时代中国特色社会主义的大政方针，作出了一系列重大工作部署，提出了一系列重大举措，关键是抓好贯彻落实。正确的决策离不开调查研究，正确的贯彻落实同样也离不开调查研究。"同年 12 月，习近平总书记在中央政治局民主生活会的讲话中也指出："调查研究是我们党的传家宝，是做好各项工作的基本功。要在全党大兴调查研究之风，推动全党崇尚实干、力戒空谈、精准发力，让改革发展稳定各项任务落下去，让惠及百姓的各项工作实起来，推动党中央大政方针和决策部署在基层落地生根。"

如何把调查研究做深做实，如何从调查研究中了解实际情况，发现真问题，研究真问题，习近平总书记提出了"身到"基层的同时也要"心到"基层的观点，他在《努力成为可堪大用能担重任的栋梁之才》中指出："坚持从实际出发，前提是深入实际、了解实际，只有这样才能做到实事求是。同样，只有有实事求是的态度才能重视深入实际、了解实际。要了解实际，就要掌握调查研究这个基本功。现在，各方面对调查研究是重视的，但还要下更大功夫，关键是把调查研究做深做实，避免浮在表面、流于形式。要眼睛向下、脚步向下，经常扑下身子、沉到一线。近的远的都要去，好的差的都要看，干部群众表扬和批评都要听，真正把情况摸实摸透。现在通信很发达，通过打打电话、发发微信、看看材料也能了解很多情况，但毕竟隔了一层，没有现场看、当面听、直接问和'七嘴八舌式'的讨论来得真实鲜活。过去常用的'蹲点调研'、'解剖麻雀'的调研方式依然是管用的。我们现在搞的各种试点，成功了再逐步推广，这就是'解剖麻雀'的方法。既要'身入'基层，更要'心到'基层，听真话、察真情，真研究问题、研究真问题，不能搞作秀式调研、盆景式调研、蜻蜓点水式调研，'无实事求是之意，有哗众取宠之心'是不行的！这就是严重的形式主义、官僚主义！要在深入分析思考上下功夫，去粗取精、去伪存真、由此及彼、由表及里，找到事物的本质和规律，找到解决问题的办法。要用好交换、比较、反复的方法，重视听取各方面意见包括少数人的意见、反对的意见，立体式地进行分析、三思而后行，防止自以为是、一得自矜。兼听则明、偏听则暗，能听到不同声音不是坏事，经过多次'否定之否定'的过程，进行的思考、作出的决策才能符合实际。"①

深入调查研究对于决策具有重要的决定性作用，对精准扶贫战略，习近平总书记指出："我提出精准扶贫战略，就是在深入调查研究的基础上提出来的。脱贫是贫困群众的殷切希望，也是老一辈革命家的长期愿望。如果不能做好脱贫工作，我们就对不起贫困地区的老百姓，也对不起老一辈革命家。党的十八大闭幕不久，我就到河北阜平县考察脱贫工作。党的十八大以来，我走遍 14 个集中连片特困地区，而且年年去、常常去，直接到贫困户看真贫、扶真贫，直接听取贫困地区干部群众意见，不断完善扶贫思路和扶贫举措，不断推进工作，带着感情去抓，带着践行宗旨的承诺去抓，最终在全党全国共同努力下打赢了脱贫攻坚战，贫困地区广大群众高兴了，老一辈革命家在九泉之下也会感到安慰。"② 习近平总书记在《全国脱贫攻坚总结表彰大会上的讲话》中指出："8 年来，我先后 7 次主持召开中央扶贫工作座谈会，50 多次调研扶贫工作，走遍 14 个集中连片特困地区，坚持看真贫，坚持了解真扶贫、扶真贫、脱真贫的实际情况，面对面同贫困群众聊家常、算细账，亲身感受脱贫攻坚带来的巨大变化。我在各地都看到，广大脱贫群众露出了真诚笑脸，这是对脱贫攻坚的最大肯定，是对广大党员、干部倾情付出的最高褒奖，也是对革命先辈和英烈的最好告慰。"③

二、中国式现代化引领中国民族学人类学民族志

中国式现代化可以给中国民族学人类学民族志提供重大的理论和实践记录，新的经验和认知、新的学术、学科和话语体系、新的案例和判断、新的书写和新范式、新的启迪和范本、新的价值和意义、新的中国智慧和中国方案等。

曹绿在《中国式现代化视阈下构建全球文明的内在逻辑阐释》一文中认为中国式现代化的构建与全球文明是高度契合的，中国式现代化是推进和倡导全球文明的有力力量，中国式现代化为构建全球文明提出了中国方

---

① 习近平：《习近平谈治国理政》第四卷，北京：外文出版社，2022 年，第 526–527 页。
② 习近平：《习近平谈治国理政》第四卷，北京：外文出版社，2022 年，第 527 页。
③ 习近平：《习近平谈治国理政》第四卷，北京：外文出版社，2022 年，第 131 页。

案和中国智慧，他指出："构建全球文明基于全球科技革命和全球性危机的客观实在，既是马克思唯物史观及其世界历史理论的内在逻辑规定，也是人类自我反思、自我批判和发挥主观能动性的实践旨趣。全球文明发展的根本出路就在于推动资本主义现代文明向全球文明转变，而这不仅仅只是应对全球危机和全球问题，而且关乎人类文明的生存和发展。因此，必然要在扬弃西方现代资本主义文明的基础上，推动构建以全球文明为表征的人类文明新形态。唯有如此，才能更好地应对全球性挑战，增进全人类共同福祉，守护全人类共同利益。中国式现代化在扬弃和超越西方现代化的基础上正在为整个人类社会创造一种崭新的文明形态，而这种人类文明新形态本质上必然要求呈现为一种全球文明。审视当下，建设中华民族现代文明，本质上必然要求构建一种全球文明。全球文明不仅代表人类文明发展的历史方向，而且是人类社会迄今为止最进步的一种文明形态。放眼未来，中国式现代化必将在建构全球文明的时代洪流中提出中国方案和中国智慧，为人类文明的发展做出属于中华民族的伟大贡献。"①

朱碧波在《中国式现代化引领中华民族共同体建设研究》一文中认为，中华民族共同体建设唯有在中国式现代化的引领之下，才能迈向中华民族伟大复兴的康庄大道，中国式现代化与中华民族共同体建设是高度契合的、相互赋能的，因此中国式现代化引领中华民族共同体建设，他指出："中华民族共同体建设走向中国式现代化，不仅是中国现代化理论逻辑演绎的必然走向，而且是中华民族共同体历史演进的必然抉择。中国式现代化与中华民族共同体建设的高度契合，决定了中华民族共同体建设必然要接受中国式现代化的引领。鉴于中华民族伟大复兴的总体布局是'五位一体'，中国式现代化引领中华民族共同体建设亦相应地体现为经济、政治、社会、文化、生态等五个维度的引领。其一，中国式现代化以高质量发展引领中华民族共同体经济发展。其二，中国式现代化以全过程人民民主引领中华民族共同体的政治建设。中华民族共同体是一个政治共同体。其三，中国式现代化以民族事务法治化引领中华民族共同体的社会交往。其四，中国式现代化以文化自觉引领中华民族共同体的文化建设。其

① 参见曹绿：《中国式现代化视阈下构建全球文明的逻辑阐释》，《云南大学学报》（社会科学版），2023 年第 6 期。

五，中国式现代化以生态环境治理现代化引领中华民族共同体的生态文明建设。"①

徐勇在《中国式现代化为政治学研究提供新范式》一文中指出，中国式现代化是在中国社会主义现代化建设中提出来的重大命题，并为中国的政治学研究提供一种基本新范式，中国式现代化为构建中国自主的政治学提供了指引和方向，他指出："中国式现代化是基于中国现代化实际提出来的政治命题。从中国式现代化命题的提出，到党的二十大的系统阐述，可以看出这一命题包含的基本涵义。这就是现代化的先进目标与中国的具体实际相结合。现代化是方向，中国式是特点。从中国实际出发对现代化的追寻构成中国式的现代化。这一命题为中国政治学发展提供了基本指引，它要求从中国实际出发建构'中国性问题'，并在'现代化指向'下回答问题。……中国式现代化建设是一个不断前进和深化的过程。政治学研究也要伴随中国式现代化的深入推进而不断提升。如果说在提出中国式现代化命题时，政治学主要是引进和学习，那么当下及今后更应该从中国式现代化的推进中建构具有自主性的知识体系。"②

---

① 参见朱碧波：《中国式现代化引领中华民族共同体建设研究》，《学术界》，2023 年第 11 期。
② 参见徐勇：《中国式现代化为政治学研究提供新范式》，《贵州民族研究》，2022 年第 6 期。

第七章 总结：民族学人类学理论、田野工作（田野调查）与民族志

笔者认为，民族学人类学者要充分认识到理论的汲取、掌握、理解以及熟练地运用对于相关的田野工作（田野调查）以及撰写民族志具有重要的基础性决定性的指导意义，深入细致整体的田野工作（田野调查）以及民族志也会对相关理论的完善、提炼和总结以及超越具有重要的方法论意义。"每个民族学人类学家要充分认识到理论对于相关观察的促进作用。每个训练有素的调查者都是在一定的假说的指导下进入田野的，他可能会受到特定的理论流派的影响，这势必影响到他的工作方法和对调查问题的选择，还会影响到对于超过观察者个人研究范围的、有关社会性质和活动的透彻研究。"①

作为现代人类学的奠基人，科学民族志的创始人马林诺夫斯基（Bronislaw Malinowski）在去特罗布里恩德群岛田野工作（田野调查）写出著名的《西太平洋的航海者》之前，已具备了极好的理论素养和实践经验。弗雷泽在序言中评价道："关于方法，就我所见，马林诺夫斯基博士的工作是在最佳情形下，并且是以预计最有保证得到最好的结果的方式进行的。他在理论训练和实践经验两方面都很出色。就理论训练而言，他关于澳大利亚土著人家庭那些博学而睿智的论著可资证明；在实践经验上，他的有关新几内亚迈卢（Mailu）土著的描述无与伦比，这些描述是他在土

---

① 英国皇家民族学人类学会：《民族学人类学的询问与记录》（第六版），周云水，许韶明，谭青松等译，香港：国际炎黄文化出版社，2009年，第27页。

著人中逗留六个月的产物。"①

日本人类学家中根千枝指出理论、田野与民族志之间复杂且有序的关系："田野工作（田野调查）是文化人类学研究的基础，两年以上细致的野外调查是田野工作（田野调查）必不可少的一环。要使田野工作（田野调查）卓有成效，调查者必须接受严格的文化人类学方法论的训练，只有掌握了扎实的文化人类学理论，才能通过实地调查升华和建构出新的理论，也才能对不同社会形态进行深入的比较研究。"②

对民族学人类学学者来说，要充分认识到理论、田野工作（田野调查）与民族志的必要性。理论、田野工作（田野调查）和民族志可以被认为是民族学人类学者的手段、方法、功能、价值、情感和向导等。作为手段，理论、田野工作（田野调查）和民族志能获取和收集新的材料，发现和提出新的问题；作为方法，理论、田野工作（田野调查）和民族志能发现和提出新的研究问题，提供和启示新的研究视角，掌握和运用新的研究方法；作为功能，理论、田野工作（田野调查）和民族志能提供和建设新的指导性和实践性意义功能；作为价值，理论、田野工作（田野调查）和民族志能倡导和弘扬新的价值选择，并坚持和树立新的价值取向；作为情感，理论、田野工作（田野调查）和民族志能提倡和树立新的观念，崇尚和发扬新的伦理、道德和风尚；作为向导，理论、田野工作（田野调查）和民族志能指导和指示新的理论、田野工作（田野调查）和民族志，等等。

民族学人类学者要充分掌握、理解和认识作为名词意义的理论、田野工作（田野调查）和民族志，以及作为动词意义的理论、田野工作（田野调查）和民族志或作为形容词意义的理论、田野工作（田野调查）和民族志等观念和思维。民族学人类学作为名词意义的理论、田野工作（田野调查）和民族志，具有了特定的专用的名词，表示了名称。民族学人类学作为动词意义的理论、田野工作（田野调查）和民族志具有了过程性和动态性的意义，是表示动作或状态的词汇。民族学人类学作为形容词意义的理论、田野和民族志具有了阐述和叙述的功能，表示了性质、状态、特征或属性，常用作定语，也可作表语、补语或状语。

---

① 马林诺夫斯基：《西太平洋上的航海者》，梁永佳、李绍明译，高丙中校，北京：华夏出版社，2001年，弗雷泽序第1页。

② 中根千枝：《田野工作（田野调查）的意义》，麻国庆译，《思想战线》2001年第1期，第73-76页。

参考文献

一、著作类

[1] 中共中央文献研究室编. 毛泽东文集 第三卷 [M]. 北京：人民出版社，1996.

[2] 中共中央文献研究室编. 毛泽东文集 第一卷 [M]. 北京：人民出版社，1993.

[3] 习近平. 习近平谈治国理政 第四卷 [M]. 北京：外文出版社，2022.

[4] 杨成志. 杨成志人类学民族学文集 [M]. 北京：民族出版社，2003.

[5] 林耀华. 民族学通论 [M]. 北京：中央民族大学出版社，1997.

[6] 林耀华. 凉山彝家的巨变 [M]. 北京：商务印书馆出版，1995.

[7] 费孝通. 民族与社会 [M]. 天津：天津人民出版社，1981.

[8] 费孝通. 文化的生与死 [M]. 刘豪兴 编，上海：上海人民出版社，2009.

[9]《民族学人类学概论》编写组. 民族学人类学概论 [M]. 北京：高等教育出版社，2019.

[10] 庄孔韶. 民族学人类学通论 [M]. 4 版，北京：中国人民大学出版社，2020.

[11] 庄孔韶. 民族学人类学通论 [M]. 2 版，北京：中国人民大学出版社，2015.

[12] 何星亮. 文化人类学调查与研究方法 [M]. 北京：中国社会科学出版社，2017.

[13] 郝时远. 田野工作（田野调查）实录：民族调查回忆 [M]. 北

京：中国社会科学文献出版社，1999.

[14] 黄应贵. 反景入森林：民族学人类学的观照、理论与实践 [M].
北京：商务印书馆，2010.

[15] 马林诺夫斯基. 一本严格意义上的日记 [M]. 卞思梅，何源远，
余昕，译. 桂林：广西师范大学出版社，2015.

[16] 郑少雄，李荣荣. 北冥有鱼：人类学家的田野故事 [M]. 北京：
商务印书馆，2016.

[17] 威廉·W. 哈维兰. 文化人类学 [M]. 10 版. 瞿铁鹏，张钰，译.
上海：上海社会科学出版社，2006.

[18] 埃默森，弗雷兹，肖. 如何做田野笔记 [M]. 府裕，何珉，译.
上海：上海译文出版社，2012.

[19] 安东尼·吉登斯，菲利普·萨顿. 社会学基本概论 [M]. 2 版. 王
修晓，译. 北京：北京大学出版社，2019.

[20] 爱德华多·科恩. 森林如何思考：超越人类的人类学 [M]. 毛
竹，译. 上海：上海文艺出版社，2023.

[21] 罗伯特·V. 库兹奈特. 如何研究网络人群和社区：网络民族志方
法实践指导 [M]. 叶韦明，译. 重庆：重庆大学出版社，2016.

[22] 大卫·费特曼. 民族志：步步深入 [M]. 龚建华，译. 重庆：重
庆大学出版社，2007.

[23] 陈学金. 如何做民族志研究 [M]. 北京：教育科学出版社，2003.

[24] 克利福德，马库斯. 写文化：民族志诗学与政治学 [M]. 高丙
中，吴晓黎，李霞，等译. 北京：商务印书馆，2006.

[25] 项飙. 全球"猎身"：世界信息产业和印度的技术劳工 [M]. 王
迪，译. 北京：北京大学出版社，2012.

[26] 爱德华-希尔斯. 论传统 [M]. 2 版. 傅铿，吕乐，译. 上海：上
海人民出版社，2014.

[27] 罗伯特-芮德菲尔德. 农民社会与文化：民族学人类学对文明的
一种诠释 [M]. 王莹，译. 北京：中国社会科学出版社，2013.

[28] 张泽洪. 瑶族宗教经书文化内涵研究 [M]. 北京：社会科学文献
出版社，2023.

[29] 周星. 乡土生活的逻辑：人类学视野中的民俗研究 [M]. 北京：
北京大学出版社，2011.

［30］维克多·特纳. 仪式过程：结构与反结构［M］. 黄剑波，柳博赟，译. 北京：中国人民大学出版社，2006.

［31］拉德克利夫-布朗. 安达曼岛人［M］. 梁粤，译. 南宁：广西师范大学出版社，2015.

［32］拉德克利夫-布朗. 原始社会的结构与功能［M］. 潘蛟，王贤海，刘文远，等译. 北京：中央民族大学出版社，1999.

［33］唐钱华. 宗教民俗与生存实践：凉山彝族阿都村落的民族志研究［M］. 北京：宗教文化出版社，2014.

［34］巴莫阿依. 彝族祖灵信仰研究［M］. 成都：四川民族出版社，1994.

［35］索绪尔. 索绪尔第三次普通语言学教程［M］. 屠友祥，译. 上海：上海人民出版社，2007.

［36］庄孔韶. 民族学人类学通论［M］. 北京：中国人民大学出版社，2020.

［37］鲁思·本尼迪克特（Ruth Benedict）. 文化模式［M］. 何锡，章欢，译. 北京：华夏出版社，1987.

［38］玛格丽特·米德（Margaret Mead）. 萨摩亚人的成年：为西方文明所作的原始人类的青年心理研究［M］. 周晓虹，等译. 北京：商务印书馆，2008.

［39］维克多·特纳. 象征之林：恩登布人的仪式散论［M］. 赵玉燕，欧阳敏，徐洪峰，译. 北京：商务印书馆，2006.

［40］安东尼·吉登斯，菲利普·萨顿. 社会学基本概论：第二版［M］. 王修晓，译. 北京：北京大学出版社，2019.

［41］泰勒. 原始文化［M］. 连树声，译. 南宁：广西师范大学出版社，2005.

［42］杜赞奇. 文化、权力与国家：1900—1942年的华北农村［M］. 王福明，译. 南京：江苏人民出版社，2003.

［43］陈国强. 简明文化民族学人类学词典［M］. 浙江：浙江人民出版社，1990.

［44］约翰·奥莫亨德罗. 像人类学家一样思考［M］. 张经纬，等译. 北京：北京大学出版社，2017.

［45］周雪光. 国家与生活机遇：中国城市中的再分配与分层 1949—

1994 [M].郝大海，等译.北京：中国人民大学出版社，2014.

[46] 格尔兹.尼加拉：十九世纪的巴厘剧场国家 [M].赵丙祥，译.上海：上海人民出版社，1999.

[47] 格尔茨.文化的解释 [M].韩莉，译.南京：译林出版社，2014.

[48] 格尔茨.追寻事实：两个国家、四个十年、一位民族学人类学家 [M].林经纬，译.北京：北京大学出版社，2011.

[49] 王铭铭.20世纪西方民族学人类学主要著作指南 [M].北京：民主与建设出版社，2018.

[50] 王铭铭.民族学人类学是什么 [M].北京：北京大学出版社，2016.

[51] 费孝通.乡土中国·生育制度·乡土重建 [M].北京：商务印书馆，2011.

[52] 何国强.政治人类学通论 [M].昆明：云南大学出版社，2011.

[53] 阎云翔.私人生活的变革：一个中国村庄的爱情、家庭与亲密关系 (1949—1999) [M].龚小夏，译.上海：上海人民出版社，2017.

[54] 马歇尔·萨林斯.土著如何思考：以库克船长为例 [M].张宏明，译.上海：上海人民出版社，2003.

[55] 斯蒂文·郝瑞.田野中的族群关系与民族认同：中国西南彝族社区考察研究 [M].巴莫阿依，曲木铁西，译.南宁：广西人民出版社，2000.

[56] 温春来.从"异域"到"旧疆"：宋至清贵州西北部地区的制度、开发与认同 [M].北京：生活·读书·新知三联书店，2008.

[57] 科大卫.皇帝和祖宗：华南的国家与宗族 [M].卜永坚，译.南京：江苏人民出版社，2010.

[58] 景军.神堂记忆：一个中国乡村的历史、权力与道德 [M].吴飞，译.福州：福建教育出版社，2013.

[59] 齐格蒙特·鲍曼.全球化：人类的后果 [M].郭国良，徐建华，译.北京：商务印书馆，2013.

[60] 张冠生记录整理.费孝通晚年谈话录 (1981—2000) [M].北京：生活·读书·新知三联书店，2019.

[61] 阿尔君·阿帕杜莱.消费的现代性：全球化的文化景观 [M].刘冉，译.上海：上海三联书店，2012.

［62］范可. 在野的全球化：流动、信任与认同 ［M］. 北京：知识产权出版社，2015.

［63］麻国庆. 永远的家：传统惯性与社会结合 ［M］. 北京：北京大学出版社，2009.

［64］项飚. 全球猎身：世界信息产业和印度的技术劳工 ［M］. 王迪，译. 北京：北京大学出版社，2012.

［65］玛丽安娜·伊丽莎白·利恩. 成为三文鱼：水产养殖与鱼的驯养 ［M］. 张雯，译. 上海：华东师范大学出版社，2021.

［66］沃勒斯坦. 现代世界体系·第一卷 ［M］. 罗荣渠，等译. 北京：高等教育出版社，1998.

［67］张少春. 漂在淡马锡：一个技术移民群体的流动与身份 ［M］. 北京：社会科学文献出版社，2023.

［68］阿图洛·瓦尔曼. 玉米与资本主义：一个实现了全球霸权的植物杂种的故事 ［M］. 谷晓静，译. 上海：华东师范大学出版社，2005.

［69］安东尼·吉登斯. 现代性的后果 ［M］. 田禾，译. 南京：译林出版社，2011.

［70］刘东旭. 流动社会的秩序：珠三角彝人的组织与群体行为研究 ［M］. 北京：中央民族大学出版社，2016.

［71］英国皇家民族学人类学会编. 人类学的询问与记录 ［M］. 周云水，许韶明，谭青松，等译. 第六版，香港：国际炎黄文化出版社，2009.

［72］马林诺夫斯基. 西太平洋上的航海者 ［M］. 梁永佳，李绍明，译. 高丙中校. 北京：华夏出版社，2001.

［72］恩特维斯特尔. 时髦的身体：时尚、衣着和现代社会理论 ［M］. 皓元宝，等译. 桂林：广西师范大学出版社，2005.

二、期刊类

［1］徐义强. 多物种民族志的关键词与研究理念 ［J］. 文化遗产，2022（4）：109.

［2］周大鸣. 学科恢复以来人类学的研究：基于对中大人类学系博士论文的分析 ［J］. 西北民族研究，2013（1）：25-34.

［3］彭兆荣. 博物民族志：一种基于不同物种"生命共同体"的民族志新范式 ［J］. 民族研究，2023（6）：62.

［4］陈纪，南日. 自传式民族志的发展概况及其社会效用论析［J］. 湖北民族学院学报（哲学社会科学版），2018（1）：37.

［5］舒瑜. 山何以"灵"：文明共生视角下的云南鸡足山［J］. 民族学刊，2021（12）：96.

［6］王婷婷. 大小传统理论视野下的民间鸡脚神信仰探考［J］. 宗教学研究，2020（4）：264.

［7］陈婷婷. 仪式专家与传统的发明：云南省武定县龙潭村祭山神的个案研究［J］. 民俗研究，2020（4）：105-116.

［8］黄彩文，沈彭. 再造传统：布朗族"贡母"节的当代重构及其仪式实践：来自云南省永德县送归村的调查［J］. 民族学刊，2021（11）：70.

［9］杨正文. 清水江流域的白银流动与苗族银饰文化的成因［J］. 民族研究，2015（5）：60.

［10］蓝希瑜."拔伤"：浙西南畲族死者的过渡仪式［J］. 民族研究，2016（3）：64.

［11］彭兆荣. 人类学仪式研究评述［J］. 民族研究，2020（2）：89.

［12］王建民. 文化［J］. 广西民族大学学报（人文社会科学版），2023（5）：9-16.

［13］杨正文. 文化遗产保护中民族与国家的诉求表述［J］. 西南民族大学学报（人文社会科学版），2011（6）：47.

［14］赵旭东. 权力的文化表达与美好社会的追求：变动世界中一种政治人类学视角的新观察［J］. 湖北民族大学学报（哲学社会科学版），2023（3）：1.

［15］郑振满，陈春声. 国家意识与民间文化的传承：民间信仰与社会空间的导言［J］. 开放时代，2001（10）：67.

［16］蓝江. 从规训社会，到控制社会，再到算法社会：数字时代对德勒兹的《控制社会后记》的超—解读［J］. 文化艺术研究，2021（4）：1.

［17］段颖. 互联网时代的田野工作与人类学研究［J］. 思想战线，2023（6）：86.

［18］色音. 论人类学民族志新范式的转换与创新［J］. 世界社会科学，2023（1）：125.

［19］徐勇，王美娜. 族与群：中国社会与国家关系的底色与当代价值：以关系叠加为视角［J］. 政治学研究，2022（2）：31.

［20］杨清媚. 中国人类学对中国式现代化的探索［J］. 中国社会科学, 2022（3）：125.

［21］周大鸣. 人类学如何观察社会：四十年田野调查自白［J］. 广东技术师范大学学报, 2023（1）：34-35.

［22］戴木才. 论中国式现代化理论体系的基本建构［J］. 中国人民大学学报, 2023（6）：13.

［23］曹绿. 中国式现代化视阈下构建全球文明的逻辑阐释［J］. 云南大学学报（社会科学版）, 2023（6）：28.

［24］朱碧波. 中国式现代化引领中华民族共同体建设研究［J］. 学术界, 2023（11）：24-33.

［25］周飞舟. 将心比心：论中国社会学的田野调查［J］. 中国社会科学, 2021（12）：54.

附录　田野日志和问卷

　　本附录包括三篇田野考察日志以及两份问卷，附录一是 2023 年 7 月 16 日至 2023 年 7 月 28 日笔者穿越大小凉山进行民族学人类学考察的田野日志；附录二是笔者到昭觉县"博什瓦黑"完成的民族学人类学田野考察日志；附录三是笔者到普格县"日都迪撒、马布飞奎"完成的民族学人类学田野考察日志；附录四为两份问卷，一份是关于大小凉山地区巩固拓展脱贫攻坚成果的问卷，一份是关于大小凉山地区乡村振兴的问卷。

　　田野考察是民族学人类学田野工作（田野调查）的一个重要手段和方法，但与民族学人类学长时间的专题性的或做硕士博士学位论文需要的田野工作（田野调查）是不一样。每个人因研究方向、学科背景、田野经验、理论储备、历史知识、身份认同、文化认同、性别观念等不同，呈现出来的田野考察日志也会不尽相同。附录的三次田野考察日志，客观描述和记录了笔者在田野考察中的心路历程、问题意识、文化价值、故事和感受、互动和交流等，以及所见所思所感所想所闻。

　　笔者认为，一个训练有素的民族学人类学田野考察者，应该具备在田野考察中能够把握住历史的厚度、文化纵横向的宽度、地方性知识的智慧和方案、人的主体性互动、文献材料的敏感、社会和文化的整体论认识、比较思维即见人见事见物，以及见章见典见书见礼见土见文献等的能力。见人包括见历史上的人、流动的人、今天的人、性别的人、阶层的人、农业的人、手工业的人、牧业的人等；见事就是要见到文献上的事情、历史上的事情、集体记忆中重要的事情、那些流传的故事和传奇等；见物就是要观察到历史上的动植物、今天看到的动植物、节庆和仪式、工具和物质等；见章就是要见到习俗、规则、制度、禁忌、习惯法、家法、祖规、政策、项目等；见典就是要见到典礼、庆典、礼俗、典故、仪式等；见书就是要见到书面的、书本的、书写的、契约的、文本的等；见礼就是要见到礼物、礼品、礼仪、礼节等；见土就是要见到农民、土地、土方、土特产、土语、土办法、土地神灵、本地动植物、本土服饰等；见文献就是要见到碑文、契约、账簿、族谱、祠堂、公示栏、广告牌、标语等。

本附录的三篇田野考察日志与严格意义上的民族学人类学者必修的定点长时间的参与观察式，也就是科学的田野工作（田野调查）似乎不同，笔者还时常被外界误解为到处走马观花、吃喝玩乐、无病呻吟、走村串户、挖碑找墓的人。但不管怎样，笔者觉得本附录的三篇田野考察日志还是有其重要的理论和现实意义的。它不仅有笔者在田野考察中的经历、经验、问题、认识、追寻和思考，还有在田野考察中出现的情与景、人与事、自然与生态、历史与时代等，另外，其最大的价值是笔者在田野考察中感受到的历史厚度、文化韧性与人的主体性与活动，以及在田野考察中被同行人的知识和认识启发和点拨。田野考察中的问题，有些是准备好的，有些是在考察中发现的，有些是追寻旧问题中发现的新问题，有些是被报道人采访对象启发的，有些是被同行的人启发的，因此，在田野考察中，实际上对准备问题、发现问题、追寻问题等问题意识的训练和激发是很重要的一环。

两份问卷，是出自两次实地调研。两份问卷都得到了受邀访谈的人和填写问卷的人的高度评价，他们说看这些问题就知道调研组对基层以及精准扶贫等工作开展情况是相当熟悉的，是直中要点的，是对症下药的。因此，笔者把这两份问卷也呈现给大家。笔者认为高质量地完成一个调查研究，少不了一份较好的问卷，少不了一个好的座谈，少不了一个好的实地考察，还少不了一个分工明确且高效运转的团队。

附录一　穿越大小凉山民族学人类学田野考察日志

2023 年 7 月 16 日，天气晴，星期日

这次学术工作坊的汇合地点在乐山，提前买好了动车票后，13:34 我从成都南站乘坐 G8681 次列车出发，14:22 到达乐山高铁站，用时不到一个小时。目前成都去乐山可以选择开车走高速或乘坐高铁，走高速大概两个半小时，高铁50分钟左右，如果不走高速和坐高铁大概需要 5~6 个小

时的车程。

到了乐山高铁站后，我打了个的士到达指定的酒店。酒店坐落在乐山师范学院校园里面，由于是放假时间，酒店周围的很多小店都关门了。到了酒店，几个西南民族大学的师弟师妹已等候在那里，他们都是乘坐动车从成都到乐山的。领了资料后，我便在酒店里看这些资料，包括学术工作坊的参考资料和工作手册。与我汇合的师弟师妹中有两个是我指导的硕士研究生，一个是宋嘉雯，一个是梁梓琳，宋嘉雯于 15 号到达乐山，梁梓琳是 16 号早上到的乐山，询问之，他们两个去看了乐山市博物馆。

工作手册里介绍了学术召集人、学术指导、后期服务等，另外还有《研习营意旨》全文摘录如下：

中国特色社会主义进入新时代，以铸牢中华民族共同体意识为主线和以中国式现代化全面推进中华民族伟大复兴，是我们政治生活、社会生活中的主旋律。扣紧社会时代主旋律开展学术研究是新时代赋予民族学人类学新的使命担当。为此，我们以"铸牢中华民族共同体意识·抗战时期藏彝走廊研究"为主题，举办研习营，进行田野学术考察和学术探讨，在"田野"中传承红色基因，赓续学术血脉，铸牢中华民族共同体意识。

"藏彝走廊"是历史上各民族迁徙流动实现"三交"的文化地理空间，更是费孝通先生提出的为民族学人类学学界广泛认同的学术概念。厚重多样的民族文化和久远的各民族交往交流交融历史，提供了考察和研讨铸牢中华民族共同体意识的基本元素。以杨成志先生开创的"巴布凉山"彝族社会文化之民族学人类学研究，在抗战时期高校和学术机构内迁西南时，众多著名学者加入推动，学术成果卓著；同时，抗战时期以民族地区为对象的边疆建设和边政、边疆学术研究，留下了众多学术遗产，值得回溯。位于"藏彝走廊"中南部以安宁河谷为中心的四川第二大平原，作为抗战期间重要大后方进行建设。作为救亡生命线的乐西、西祥公路在此背景下紧急动员修筑，为沿线各民族强化"国家"认同和参与"国家"建设的重要契机，也开启了攀西地区中国式现代化之路，是提供探索和理解中国现代化道路的一段区域历史。

"铸牢中华民族共同体意识·抗战时期藏彝走廊研究"研习营，围绕拟定的主题，秉承中山大学历史民族学人类学研究中心、凯里学院民族研究院和西南民族大学民族学与社会学学院、西南民族研究院三个学术机构多年来合作暑期工作坊的模式，即师生共同考察，融课堂于田野，视田野为课堂，在研讨中互动；老师在考察中进行学术指导，学生在考察实践中学习，促进教学相长。

本次研习营选择考察的线路既以民国时期中国西部科学院雷马峨屏科学考察为线索，更以红军长征红色遗产以及"藏彝走廊"中南部大小凉山的民族学、民族学人类学学术研究传统和抗战时期攀西地区现代建设为背景。期冀参与研习营师生在为期 10 天的学术考察和学术研讨中学有所愿、学有所得！

这些详细的行程安排，是几个老师经过多次讨论后形成的，这些行程中的地点是 7 月 10 日西南民族大学杨正文老师带领西南民族大学郭建勋老师和西南民族大学博士生王敏同学经过几天的前期考察和调研定下来的。

参与考察的共有 48 名成员，其中老师 20 位，博士后 2 位，博士研究生 15 位，硕士研究生 11 位，分别来自中山大学、兰州大学、云南大学、贵州大学、上海师范大学、凯里学院、广西民族大学、吉首大学、四川师范大学、四川省社会科学院、西南民族大学、广州中医药大学、西昌学院 13 个大学和科研机构。

晚宴时，中山大学张应强老师说，我们这个学术工作坊已经坚持很多年了，目前运行得很好，是这个团队里的很多人在背后默默地付出很多努力和辛苦才逐渐形成起来的，现在很多高校和机构想模仿，但是都很难办到。我们名单上的田野点和行程点都是经过几个老师充分讨论后才确定的，另外我们的老师在大部队考察之前是走过这些田野点和考察线路的，我们的行程表精确到某个时刻，每个时间段、每个饭店、每个酒店、每个考察点等都是经过充分讨论后才确定的。

这个学术工作坊是由中山大学历史人类学研究中心、西南民族大学民族学与社会学学院、西南民族研究院以及凯里学院民族研究院共同主办的，每年轮换，这次由西南民族大学民族学与社会学学院、西南民族研究院组织。上次在四川的考察主要在宜宾市境内，当时因我有脱贫攻坚任务在身，无法前往，这次既然要穿越大小凉山，而我又是大小凉山的人，所以动身前往是应该的，况且学术工作坊的组织者张应强老师、杨正文老师、蒋彬老师分别是我硕士、博士、博士后的老师，名单里面还有我的博士同学，因此这次无论如何也要前往。

2023 年 7 月 17 日，天气晴，乐山市，星期一

09:00 用完早饭，我们坐车到乐山师范学院旅游与地理科学学院会议室开学术工作坊的开营大会。

张应强老师谈到几点。第一是学术传承，张老师指出学术需要传承，他说我们民族学与人类学的研究机构、学科体系在那个时代就已经基本成型。张老师指出还要注意当时的一些学术概念，当时他们面临的问题与今天我们面临的问题具有一致性特征，在座的学生们可以根据自己的研究兴趣做些有时代价值的研究问题，在完成自己学位论文的同时，还要做一些深入的区域性和地方性的思考。第二是在学术传承的同时，更重要的是学者的情感投入。第三是要启发一些新的问题，作为整体，作为一个区域，我们需要讨论其共同性是什么？依靠什么样的路径实现区域的共同性？去思考新的问题，要展开我们的讨论。第四是要注意新的问题如何落地，新的思考如何呈现。另外我们这个工作坊群体也是一个共同体，共同体在一路上应该相互团结、友爱以及相互关心。

钱杭老师谈道，铸牢中华民族共同体，它不仅仅是一个学术的概念，更是一个实践的概念，共同体的行程历史可以追溯到公元 4 500 多年前。政治共同体是以 1949 年的建国为开始标志。共同体为什么要铸牢？如何铸牢？共同体还差什么？目前关键的问题是缺少共同体的意识，即缺乏铸牢共同体的意识。目前，影响我们铸牢中华民族共同体的各种问题和因素还在，虽然问题不少，但解决的办法也是有的。关键是我们的问题是什么？我们的解决方法是什么？这些问题是我们需要解决的。

杨正文老师谈道，我们今天面临的环境相当于当时的困境。20 世纪 30 年代对"雷马屏峨"（雷波、马边、峨边、屏山四县）的考察，这个地界是各民族交往交流交融多元文化一体的地方，我们这次学术工作坊考察的目的是延续中山大学的民族学人类学传统，从杨成志开创的民族学人类巴布凉山的考察开始，到边疆社会，到会理会议，到西祥公路（救亡的公路），等等，是需要我们注意的。

09:53 分我们到达乐山文庙。据介绍，乐山文庙古称嘉定府文庙，始建于唐武德年间（公元 618—626 年），其原址在乐山古城西南育贤门外育贤坝上，明代时大渡河暴涨将其淹没，后三迁得胜地，于天顺八年（公元1464 年）迁建高标山麓，迄今已有 550 多年的历史。抗战时期，1938—1946 年武汉大学西迁至乐山文庙，赋予了乐山文庙特殊的价值。

乐山文庙（见图 1）作为"国家"的遗产，在不同的时期被赋予了不同的意义，说明乐山地区在历史上很早就进入到了化内之地。文庙代表着一种制度、一种文化、一种遗产、一种新范式、一种文明，我猜想这也是此次老师们把乐山文庙作为一个重要的考察点来进行设计的原因。

图 1　乐山文庙：左右对联德配天地、道贯古今，桥星门，由笔者拍摄

儒学在乐山有相当长的历史（见图 2），其中尤为著名的是理学大师马一浮创办的复性书院，自 1939 年 9 月 1 日开讲以来，复性书院前后共有 30人毕业。从明代开始，乐山历代考取进士共计 47 人，可见乐山科举教育制度的兴盛。

图 2　儒学与乐山的展板，由笔者拍摄

12:49 我们到达乐山马边彝族自治县（以下简称"马边县"），它与凉山彝族自治州美姑县接壤。马边河穿城而过，河两边有很多粗壮挺拔的古树，证明了马边县的悠久历史文化。

14:39 在马边县政府会议室举行了本次学术工作坊的第一场学术会议，由四川师范大学历史与文化学院院长汪洪亮教授和西昌学院阿洛秀英博士主讲。因会议室空调不起效果，我们在酷暑中熬过了三个小时左右，可见马边县城也是典型河谷气候。大家对讲的内容不是很清楚，还好两位主讲把他们讲座的 PPT 放在了群的共享里，才聊以欣慰。汪洪亮教授主要对边疆学的学术概念和研究新范式进行了系统性的讲解，阿洛秀英从彝族的礼物交换与伦理道德关系角度进行讲解。阿洛秀英是马边县的彝族，马边县属于小凉山，我想这次邀请阿洛秀英参加学术工作坊跟这次的马边之行也或多或少有关联。

17:04 分到达马边县脱贫攻坚展览馆观看马边县的脱贫攻坚成果介绍。马边县的面积为 2 293 平方千米，辖 15 个乡镇 11 个社区 103 个村，总人口23 万，其中彝族人口占比 51.9%。2014—2019 年马边县累计实现脱贫 10 307 户共计 43 996 人。据介绍，春秋战国时期马边县就有人居住，北宋设赖因寨、荣丁寨；明万历十七年（公元 1589 年），设马湖府安边厅，马边之名由此诞生；清乾隆二十九年（公元 1764 年）设马边厅；民国三年（公元 1914 年）设马边县。1955—1957 年，马边县举行了一场声势浩大的民主改革运动，彻底消灭了奴隶制，解放了彝族的奴隶、半奴隶和被剥削、被压迫的劳动人民（见图 3）。

1957年,彝族群众穿上新衣兴高采烈地参加庆祝翻身大会

图 3　1957 年马边县民主改革情景，由笔者拍摄

据介绍马边县自精准扶贫以来，在住房保障方面，依靠易地扶贫搬迁、彝家新寨、土地增减挂钩、破旧房改造 4 个项目，投入资金 25.2 亿元，累计新建、改建住房 4.5 万户。我认为精准扶贫对于大小凉山的彝族而言不亚于大小凉山地区的民主改革，这样的判断以后可用更多的案例来支撑。

2023 年 7 月 18 日，天气晴，星期二

早上 8:30 我们从酒店出发，09:20 在车上看到一个大的水池，水面宽，可能是一个水电站，有高峡出平湖之感。水电站的修建对河谷两边人民生产生活的影响也是很深远的，这是这次考察时明显感受到的。

09:35 到达马边县烟峰彝家新寨，它属于马边县烟峰镇，烟峰彝家新寨距离马边县县城 25 千米，彝语称为"雅宏波惹"，从彝语字面意思上看应该是唱山歌的山坡。烟峰彝家新寨有 262 户 1 102 人，介绍说这是最大的彝族聚居区，这里的田里长着粗壮的玉米和水稻。

据介绍，烟峰镇有三个主要的农业产业，其中林业主要是由 21 000 亩柳沙基地、37 000 亩笋用林、9 800 亩茶叶种植基地组成，另外还有蔬菜基地以及放牧基地。2010 年全镇的人均可支配收入仅 1 436 元，到 2022 年人均可支配收入达到 16 292 元。目前烟峰镇全镇有 510 户 2 297 人，其中贫困户人口 149 户 712 人，2017 年烟峰镇退出贫困村序列。烟峰镇的民俗文化展览馆、宏达的民俗文化广场，以及新修的道路、建筑、房屋都是在脱贫攻坚中修建起来的。

图 4　烟峰村史馆里的一套完整银饰酒具，由作者拍摄

我问一名乡镇工作人员这里有没有彝族的苏尼，乡镇工作人员说，这里的苏尼和毕摩都较多，其中苏尼以女性居多，因为这里靠近凉山州美姑县，所以这里的彝族文化受到美姑县的影响比较多。

14:49 我们到达三河口镇，参观了三河口镇的古城墙与古门。从地图上可以看出三河口镇恰恰与凉山州美姑县、乐山市峨边县接壤，从三河口镇到马边县县城与峨边县县城到美姑县城的距离是相近的，老百姓说这里以前是屯军的。从古城墙来看，历史上三河口镇的规模也较大，考察组里的阿洛秀英博士出生在三河口镇，她说她记得小时候三河口镇这里的人大部分都是汉人，彝族人较少，现在这个镇上基本都是彝族人了。张应强老师是历史人类学家，总是能在区域、历史、结构与地方中找到学术的问题意识。张应强老师指着三河口镇周边聚落的村子说："这些聚落的村子很有意思，你看它不会形成像贵州黔东南苗族侗族那种大寨几百户，这些村落都比较少，但村落与村落之间的距离还是比较近的，为什么会这样？"这些讨论是很有意思的。张应强老师继续讲道，据记载明代时这里有 600 多屯军，这 600 多人的后代今天去哪里了？当时他们要吃、要喝、要生活，他们跟周围这些彝族的关系是什么？他们怎么与外面的人进行物质上或者其他方面的交换？这些问题都很有意思。

据了解，三河口镇这里距马边县县城 53 千米，平均海拔 1 580 米，面积 236 平方千米，是典型的彝族聚集区，辖 8 个行政区，32 个村民小组，2019 年全镇共有 2 343 户 10 020 人。三河口镇的街道如图 5 所示。

图 5　三河口镇的街道，由笔者拍摄

在乡镇宣传栏上，看到由马边彝族自治县彝学学会和马边彝族民间"德古"文化协会发出的用彝汉双语文字写成的"致全县彝族公民的倡议"：为了治理彝区婚丧嫁娶和"尼木措毕"操办行为，进一步巩固脱贫攻坚成果接续乡村振兴，根据《中华人民共和国民法典》中《婚姻家庭篇》规定，本着尊重彝族民间历史习俗，在深入全县 17 375 户彝族家庭中调研和广泛征求意见的基础上，马边彝族自治县彝学学会和马边彝族民间

"德古"文化协会组织各界人士就规范我县彝区群众婚丧事宜和"尼木措毕"操办标准问题进行了认真研会商，达成一致意见，形成公约如下：第一条，马边境内婚嫁聘金7万元以下、礼金2.5万元以下。（据说，这条在马边县内执行得好，但超出马边县外特别是大凉山那边就无法实行，所以目前采取的是双向依据，如果婚姻只是牵涉到马边县境内的话，那么就按照这个公约来，但如果超过这个县，那么这条公约基本上无效。）第二条，提倡婚事新办，喜事简办，丧事俭办，不大操大办，不铺张浪费，不互相攀比，不燃放烟花，不杀牛少杀羊，不扰民添乱。（询问乡政府工作人员和路边的群众，都说现在马边这里丧葬的时候不杀牛，这条是执行得比较好的）第三条，"尼木措毕"活动应控制规模，在费用上毕摩总费用限定在4 000元以下，"攀木"（指妻子的家支、弟兄和堂兄们来参加男主人家的"尼木措毕"仪式给的礼钱，笔者的家乡就没有这样的习俗，可见攀木习俗对于马边这边的人意义。）赶礼5 000元以下，参加人数20人以下，"月南诺"（指姐姐和妹妹来参加'尼木措毕'仪式给的礼钱，一般用两只绵羊表示。）赶礼6 000元以下，参加人数30人以下。（尼木措毕是指生者的后辈亲属要给死去的亲人进行灵魂超度以及指路魂归到祖先居住之地而举行的仪式，尼木措毕是大小凉山彝族人生礼中最后一个礼仪。）第四条，严格控制结婚年龄，按《中华人民共和国民法典》的规定不提倡早婚。第五条，严禁在"尼木措毕"和丧葬仪式当中把人民币扎成花圈、粘成条幅，贴在墙面，炫富以示孝敬行为。第六条，举办婚丧嫁娶和"尼木措毕"活动时，需向属地政府报备。第七条，本公约从2021年6月1日实行。第八条，本公约由马边彝族自治县彝学学会和马边彝族民间"德古"文化协会负责解释。

这个公约里提到几个很有意思的话题。第一，"德古"是什么？马边彝族民间的"德古"文化协会组成的人员是谁？"德古"在马边或者小凉山彝族社会中起着什么重要的作用？"德古"这一群体能否成为中介人或者替代人，或者说是阶序社会里的代理人？等等。"德古"能否成为"国家"与地方，传统与现代，区域内和外，阶序上下的代理人？第二，"尼木措毕"想必是马边彝族社会里最重要的一个仪式活动，它和大凉山的"尼木措毕"有哪些区别？什么样的"尼木措毕"才是属于凉山彝族的？"尼木措毕"仪式对于这些人群的意义是什么？"尼木措毕"的执行者毕摩群体在这一地区的日常生活是怎么样的？第三，文化上和行政上的区隔是如何被当地人整合在一起的？

17:36 我们返回马边县县城参观马边县文化馆，文化馆的题记写着"让世界领略彝人的记忆，让未来感知马边的神韵"。

在文化馆内我第一次见到了形象特异且具有独特名字的"地沐占布"（见图6和图7）。这些泥塑的塑像，造型独特，夸张表达，总共有50多种，而且每个塑像都有彝语名字，这对我来说是新奇的。可能泥塑是用在某个特定的仪式上，或者某个特定的时间节点上。据介绍，马边县的"地沐占布"塑像大概有120座，形态各异，在彝族毕摩文化中用泥塑造的偶像叫"地沐"也叫"占布"或叫"地沐占布"。在彝语里"地沐"就是被埋或者埋地的意思，彝族的"地沐占布"分为天上的、人间的、地狱的，其中，天上的被塑造成形似人的样子，个头高大，眼睛或凹陷、或凸出、或如柱状，头顶或成鸡冠状、或似飞轮、或似火轮、或缠头帕、或顶蛇、蛙等物。人间的指人间生活的物像，泥塑的都是人间的人物或者动物等，个头中等，形象都是人常见到的物像。

图6　马边"地沐占布"塑像，由笔者拍摄

图 7　丁地西日苗，由笔者拍摄

20:30 学术讨论会。

凯里学院的谢景连老师谈道，"第一是疑惑，关于共同体，我们的共同体的范围如何确定？第二是日常实践，我们现在可能进行的是一个共同体的实践，我们的田野观察确实是我们观察到的，它从来不是虚的。第三是我们应该要有整体的视野，整体的视野包括整体的视角。我们应该把我们看到的东西纳入整体的社会和生活当中去；另外还有历史的视角，很多我们看到的东西，其实就是历史的产物，所以历史的视角也是需要的；我们还应该从环境史的角度去理解，环境的区隔会不会引起人的区隔，等等；最后我们还要注意制度的安排，制度安排可以让区域发生联系。"

广州中医药大学的邓刚老师谈道，"感觉进入到一个过渡地带，这个过渡地带梳理出什么样的特征？我们看到这里有文字——彝文，但这里没有很多的碑文，我们说这里是山地民族，跟贵州黔东南的苗族侗族等一样，但还是有很大的区别。这里有场、乡、堡等出现，这些有没有汉商进入？这里的坡改田是怎么进行的？再说乡场。三河口镇那里那些石头是怎么来的？那里的道路、交通与乡场的建设关系是怎样的？从新建的乡我们可以看出，'国家'进入这个地方是有过程的，市场跟城堡的建筑又有什么样的关系？这个地方配一个营的兵力，那么规格是比较高的，为什么？"

笔者谈道，"从历史上来看，我们今天看到的区域是一个行政划分的区域，也可能是文化划分的区域，但是看三河口镇我们应该要破除今天的行政划分。三河口镇恰恰是位于凉山州美姑县、乐山市峨边县和马边县的接壤处，历史上这个地方在军事上、政治上、地理上、文化上的中心位置是需要考量的。我们从三河口镇里面也可以看到'国家'的过程性特征，包括猪这种东西也是很晚近才进入到凉山彝族社会里的。人群与动物的关系是怎样的？包括哪些家畜？包括哪些食物？我们在仪式当中看到很多苦荞和麻线以及绵羊和鸡的东西，这些怎么理解？等等。"

西南民族大学杨正文老师谈道，"我们从清水江到大小凉山，这里就是彝边的问题，包括马边以及峨边，这样整合起来我们才能理解中华民族共同体以及共同体等的概念。'国家'的共同体到国族的建构，我们第一要理解'国家'的治理与边疆建设的历史，从苗族社会到凉山彝族社会，黔东南以苗族为主的平权社会与大小凉山彝族的等级社会是不一样的，当然，'国家'的治理方式以及进入方式也是不一样的。在平权社会里'国家'是很难找到代理人进入的，所以'国家'进入平权社会会遇到很多不一样的互动和过程。但等级社会就不一样吗？'国家'在等级社会里很容易找到代理人吗？这是我们要搞清楚的。谈到等级社会就要谈到等级社会的权力来源。我们说权力来源有两个：第一个是神授，就是权力是神授的，黔东南或者大小凉山都不是这样的；第二个是强势的竞争，'国家'是有授权，就像土司的产生，土司这个阶层可以看作'国家'的代理人，也就是区域社会的强人，包括我们所知道的彝族奢香大人，'国家'很快就会找到她。凉山彝族民主改革之前就是土司社会或者头人社会的，有人就有市场。苗族社会就不同，'国家'找不到代理人，因为那个社会是平权社会，没有形成大人物的推进。我们看，到了清朝，黔东南还是一个化外之地，到了开辟新疆六厅后，才被真正地纳入'国家'版图当中，这是两种不同的社会导致的结果。第三个王朝'国家'有两种治理的传统，其一是因俗而治，包括土司朝贡体系，苗历等；其二是教化政策，也就是我们时常看到的边疆文化建设，或者说移风易俗等的事情。凉山彝族有部分彝族是种植水稻的，就像安宁河谷的彝族，但大部分地区是不能种植水稻的，这些还是有明显的区别。"

西南民族大学蒋彬老师谈道，"第一要注意当下'铸牢'背景下，我们的学科能在这个背景下做什么？我们看到的学科最主要做什么？第二要注意共同体的书写，中国民族史的书写，以及各民族书写各民族的历史，等等。"

中山大学张应强老师谈道，"这是第一次进入大小凉山，我们要知道这个学科的问题意识，我们要反思我们看到了什么。我们是不是自己看自己，我们想了解他们的生存生活环境是怎么样的，当然你也可以讲他们历史上是怎么样的。从明代开始特别是明万历年开始，这个地方是有制度性的变化的，包括今天看到的屯堡。我们说屯堡生活的这些人，有那么多的人，这些人去哪里了？我们今天去看文化馆，我感兴趣的是这些日常生活相关的东西都很快地进入到仪式当中，应用到仪式当中。仪式当中会不会有文化的创新？或者说仪式当中的'新文化'等问题。今天我们看到那条河很宽，历史上是不是这样？历史上的河与今天的河形成的区域是不是一样的？从厅志里我们看到了田野，其实有一个很重要的思考，三河口镇今天的规模看起来也不小，书上说有 630 人进入这里，是怎么安排这些人的生计的？我们说城外就是这些人，这些人的生计依靠什么？靠什么来进行补给？他们怎么样完成'国家'给的任务，等等，这些问题是值得探讨的。"

兰州大学王海飞老师谈道，"这是我第一次来大西南，也就是藏彝走廊。我一直在走河西走廊，河西走廊的特征就很明显，就是农牧交错带，我对外人怎么进来，然后里面的人如何出去，非常感兴趣。然后我对黑骨头和白骨头的彝族划分也很感兴趣。"

西南民族大学郭建勋老师谈道，"我们今天看到的很多现象，其实是有它的历史延续性的。这个历史，不见得是那么晚近的一件事情。"

上海师范大学钱杭老师谈道，"这两天看起来，我们在这里遇到的跟我们在贵州黔东南的经验是不一样的。我们说中国的凉山、世界的凉山到底有什么意义和价值？我们要认真理解我们的学科到底在做什么？我们想看到历史与人怎样进行互动？历史人类学特殊的共同体的作用是什么？我们要对我们的概念有准确的理解和深刻的把握。"

2023 年 7 月 19 日，天气晴，星期三

08:30 我们从马边县县城出发前往屏山县图书馆。

10:22 我们到达屏山县图书馆。马湖府志中记载之，屏山早在汉晋时期就已被列入朝廷版图，采取的主要措施是设立郡县、编制户口、选派官吏管理。唐宋时期，朝廷对西南地区管理的形式是羁縻州县政策，所以他们的长官是世袭的。到了明洪武初年（公元 1368 年），马湖地区归附朝廷的大小部落有很多，朝廷仍让他们世袭原来的官职，视如朝廷的藩臣。元鼎六年（公元前 111 年）汉武帝平定西南夷之后，设置牂（zang）柯、越嶲、沈黎、汶山、键为、益州六个郡。洪武四年（公元 1371 年），将元朝设立的马湖路改为马湖府，管辖泥溪、雷波、蛮夷、沐川四个长官司。

在图书馆展厅里面，我们看到已经发黄的光绪三十三年（1907 年）的票据（见图 8），上面清楚地写着每户贡马正银、加火耗银、今完耗正银多少两多少钱多少分多少厘。还有那些发黄的且表面已经有很多腐烂的藏书，表明历史时期屏山县老百姓的藏书已经有相当的规模。

图 8　屏山图书馆票据，图片由笔者拍摄

11:45 我们到达屏山县博物馆。新建的博物馆壮观、大气和豪华，令我们赞叹不已。同行的阿洛秀英博士说，屏山县博物馆比我们凉山州的州博物馆更壮观、大气和宏伟。

屏山县的种茶历史可追溯至先秦时期，距今已经有 2 000 多年的历史。到了三国时期，屏山的炒青制茶技艺已相当成熟。乾隆时期，茶已经成为当时屏山的主要经济作物，年产量可达 5 000 担。在屏山县博物馆，我们发现了精美的银质的彝族护心镜（彝族护心镜是笔者第一次看到）和彝族银铃牌（见图 9）。

图 9　彝族护心镜和彝族银铃牌，图片由作者拍摄

2014 年至今，屏山县解决了 8 917 户贫困户和 8 823 户 "六类" 人员的安全住房问题，投入易地扶贫搬迁资金 9.1 亿元。

2006 年 11 月 26 日屏山县开始建设向家坝水电站以来涉及移民人数59 950 人，涉及房屋 20 731 户。

17:05 我们到达书楼古镇。书楼古镇是向家坝水电站修建后整体搬迁过来的古镇。古镇打造得很漂亮，但人很少。村民说，周末的时候人稍微多一点。

19:30，上海师范大学钱杭教授讲 "库域型水利社会研究"。钱杭教授在家谱研究方面有很多建树，提出了 "库域型社会" 的概念。钱杭教授指出一部中国的革命史也就是一部水库的治理、水库的研究和水库的发展史，钱杭教授从什么是水库，什么是水利社会，什么是 "库域型" 社会等基本定义、基本概念出发，重点谈到了对于历史学，对于历史人类学来说如何研究水利社会（"库域型社会"）。谈到这些水库制度或者移民制度在历史时期是如何的，其中重点谈到在水库的环境史方面的研究，以及从自然、生态、生计等角度谈到 "库域型社会" 的基本特征。

杨正文老师谈道，水利建设对于地方性的产权观念的变化与变迁及其与 "国家" 进程和现代进程的关系是值得探讨的。

笔者指出，从金沙江下游到上游沿线的向家坝、溪洛渡、白鹤滩、乌东德等大型水电站的修建势必会影响到两岸人民的财富分化、人际关系、人群流动，由此产生的移民、生计、生态、财政、地方政府以及当地人之间错综复杂的关系是值得探讨的。水库治理的现代性、"国家"性、地方性、治理性、宗教性、生计性、历史性等问题都需要我们深入地去讨论和理解。

2023 年 7 月 20 日，天气晴，星期四

09：00 我们从书楼古镇前往雷波县。

从书楼古镇沿着金沙江顺江而上，两边的河床因修建电站变得宽阔起来，有种高峡出平湖之感，金沙江水也很清澈，水的颜色是深蓝色的，在阳光的照耀下变得金灿灿、亮堂堂的。在古代，金沙江因江里夹裹着大量黄色的沙子而得名。在没有修建大坝之前，金沙江的水流很湍急，有些时候水道变得很窄。2012 年 7 月我因写博士论文曾经到过靠近布拖县龙潭镇那边的金沙江，我记得那边的河床很低，有些地方很窄，感觉可以跨江到金沙江对面去，与修建水电站后的景象完全不一样。

两边沿江高速公路正在如火如荼地修建，沿江高速的修通必将极大地改变沿江县市的经济发展、生计变迁、物流流动以及文化变迁，等等，这些都是值得关注的。

11：52 到达雷波县的三和台。传说这里是三国时期诸葛亮和孟获进行前后三次会盟的地点，所以称为三和台。三和台是从金沙江河谷进入雷波黄琅镇马湖的必经之地。

12：12 分到达雷波县的马湖。马湖是属黄琅镇的高原湖泊，湖水很清澈，湖的周围植被保持得较好，马湖景区面积 100 多平方千米，有很多原始森林。马湖景色漂亮，明镜般清澈的深蓝色的水与周边翠绿色的山和蓝天白云完美地结合在一起，好一处世外桃源。

据介绍，马湖（见图 10）水域面积为 7.33 平方千米，南北长 5.5 千米，东西宽 2.5 千米，平均水深为 66 米，最深处 134 米，海拔 1 098 米。这里出产著名的莼菜、鲶鱼、明前茶、天麻等。据当地村民讲，周末有很多游客来马湖玩，但平时冷冷清清的。马湖的中间有个小岛，那里修建的有海龙寺。环湖环岛的公路、人行道和自行车道还未修好，湖边修建的有

民宿店、餐馆等。由于交通不便，目前从金沙江河谷到马湖差不多一个半小时，到雷波县城的距离也差不多一个半小时，所以除周末外，这里的游客稀少。

图10　雷波马湖，图片由笔者拍摄

13:29 我们一行登上游船，游船沿着马湖南北走向行驶。

14:24 我们到达湖中心的海龙寺孟获殿（以下简称"孟获殿"，见图11）。据传孟获殿，始建于明万历十七年（1589年），迄今已有四百余年时间，在功德碑记上，有很多熟悉的名字。这个小岛也叫金龟岛，小岛形状像龟，漂浮在湖面上，因此叫金龟岛。孟获殿供奉着三尊塑像，正殿供奉着孟获、孟优（大将军）、摩铁（军师）三尊塑像，中殿供奉着孟获的妻子祝融夫人塑像，后殿供奉着观音像。据孟获殿记载说，诸葛亮"七擒孟获"是《三国演义》历史虚构的产物，并无历史依据，事实上应该是"七请七送"，就是诸葛亮七次请孟获，然后七次送孟获，孟获为了识大体、顾大局，才与诸葛亮一起平定南方叛乱，为民族团结和睦和边疆建设做出了贡献，因此孟获是一个英雄。

图 11　马湖孟获殿，图片由作者拍摄

关于孟获殿与诸葛亮的叙述在雷波县出现，这本身就是一个很有意思的话题，我们不一定要追寻历史事实的真相，而要去追寻当地人或者这一区域的人为什么要建这个寺庙或者为什么要表述成这样，这才是值得深入讨论的话题。

孟获殿里的右方还展览了一些雷波县的彝族文物，展品很丰富，这是值得注意的事，这里有考古发现的金斗笠、金马笼、银酒器、皮质铠甲、早期的彝族银饰项链、银质披肩、早期彝族服饰、婚礼绣球、彝族新娘盖头、彝族女式金花领、彝族苏尼羊皮鼓等文物，肉眼看去都很有历史感，但这里缺少专业化的展示以及专业化的保护。

旁边的文物陈列室简介写着：这些大量的文物是解放前彝族贵族家庭所拥有的。1956 年民主改革时政府没收了大量文物，原来共有 190 多件，其中 60 多件由县文化馆收藏，其余的部分贵重物品（毕摩经书、战衣、战袍、战旗、皮铠甲等）珍藏在凉山彝族奴隶社会博物馆，馆内展示的有 140 多件，内容涉及彝族日常生产生活诸多方面。

15：10 从马湖出发。

17：10 到达永盛镇考察彝族向天坟，从马湖到永盛镇的路很多都是挂在悬崖上的路，即从悬崖里开出一条缝隙，而那缝隙就是路，很多路段只能单车通过，车头对着悬崖峭壁，车下也是滚滚悬崖，还有近在眼前的金沙江，司机和同行的老师和同学们都不由自主地惊呼起来。

20:19 分到达雷波县县城。

2023 年 7 月 21 日，天气阴转晴，星期五

8:30 从雷波县县城出发前往瓦岗镇。

选择瓦岗镇主要基于两点考虑：第一，瓦岗镇的前身是瓦岗县，是雷波县前往大凉山的必经之地。且瓦岗镇的彝族没有黑彝统治者，全部都是白彝，也就是没有奴隶主和奴隶的关系。第二，瓦岗镇的现任镇党委书记是笔者的同班同学，可以提供调研的便利。

瓦岗镇属于雷波县地处金沙江上游地区，与昭觉县和金阳县接壤。

从雷波县通往瓦岗镇的路（见图 12），路下方是悬崖加深不可测的河水，路上方也是悬崖峭壁，悬崖与悬崖之间近在咫尺、闻声而令，但悬崖与悬崖之间纵深交错，切割明显，难怪在雷波县彝族民歌特别发达，那些歌词听起来饱含深情，听起来令人动容。

图 12　雷波县城通往瓦岗镇的盘山路，图片由笔者拍摄

10:17，老师和同学的惊诧声一片。

11:08 到达瓦岗镇，瓦岗镇的乡镇领导和工作人员等候多时，当地下

起了雨，还好乡镇工作人员准备了雨伞。

在瓦岗镇党委书记谢光文带领下，我们参观了坐落在学校里的瓦岗县办公大楼旧址。办公大楼是一栋青砖红窗绿瓦的二层建筑，属于典型的20世纪50年代的建筑风格。

11:56 我们参观集中安置点。我们到达时，集中安置点的民俗文化坝子上燃起了熊熊的篝火，女孩子们穿上漂亮的彝族服饰在跳达体舞，谢书记说这里的彝族女孩服装比较有特色，有沙马土司治理下的服饰特征，跟大凉山那边的服饰有区别。他说，这里是独立的白彝地区，一直以来都是土司治理的核心区，所以没有黑彝奴隶主阶层。历史上，这里有苗族、彝族和汉族等民族，现在苗族和汉族都已搬迁到其他地方了，这里可以种植水稻、玉米等，是属二半山地区。

据了解，这个易地搬迁集中安置点是属于雷波县瓦岗镇的嘎窝村，集中安置了107户，村委会门口粘贴着《凉山彝族自治州移风易俗条例》《嘎窝村村规民约》《雷波县嘎窝村婚丧嫁娶村规民约（居民公约）》等，可见移风易俗的治理已然成为彝族地区各级政府关注的焦点。

其中，办理丧事相关要求的条例是这样的：第一条，倡导丧事简办，办理丧事宰杀牲畜数量上限：牛6头、羊15只、猪5头；操办天数不超过3天（这里提到的与马边县的办理丧事时禁止宰杀牛是不一样的，如果跨区域面对这样的问题时怎么来处理这个关系，这个是需要考虑的），禁止奔丧者送花篮，奔丧者统一在操办丧事的主人家中就餐，禁止办"宴外宴"。第二条，子女可以"赶牲畜"，每名子女最多只能赶1头牛，赶牛总数不能超过6头。亲戚朋友等在移风易俗实施前已经赶了牛的，应当折合成人民币还礼，2012年5月1日前赶的按一头牛7 000元还礼，2012年5月1日后赶的按一头牛12 000元还礼；无儿无女的，允许第一抚养人或第一赡养人参照一个子女的标准"赶牲畜"。近亲属（指兄弟、姐妹、祖父母、外祖父母、孙子女、外孙子女等）按照民族风俗需要"赶牲畜的"，折合人民币随礼，一头牛不超过5 000元，一只羊不超过1 200元，一头猪不超过1 000元，均包含酒水。第三条，有组织的集体性奔丧，1名子女组织人数不超过50人，车辆不超过10辆，其他亲属及朋友组织人数不超过20人。严禁燃放烟花爆竹、电子炮，严禁抛物散钱、扎人民币花圈、栓钱绳、挂钱树、组织豪华车队等异化的传统民俗和陈规陋习。操办丧事的主人家负责告知奔丧人员严格遵守本社区的相关规定。第四条，老人病重之前需要召集亲朋好友杀牲畜的（黑次懂），必须严格控制杀牲畜数量，不准宰杀牛，适当控制聚餐人数，羊不超过5只，猪不超过5头，参加人数控制100以内。

办理"尼木措比"仪式相关要求：遵守法律法规，规范民间信仰活动，保护公共环境，爱好公共空间，维护公共秩序，不得干扰他人正常生活、工作和学习。倡导从简办理"尼木措毕"仪式，严格控制祭品数量，祭祀羊不超过8只，其中"赌莫羊"不超过2只（祭祀两代人不超过4只）；祭祀猪不超过8头，其中"赌莫猪"不超过2头（祭祀两代人不超过4头）；"约拿提帕"绵羊包装礼不超过2 000元，"帕木折礼"（娘家人赶礼）不超过5 000元，人数不超过10人，严禁杀牛宴请；仪式中严禁人员聚集、燃放烟花爆竹、抛洒钱物、宰杀大量牲畜等行为。禁止以任何形式发放钱物。

雷波县移风易俗"十措施"：①婚嫁彩礼不能超：婚嫁彩礼不超过10万元，舅舅、伯父、叔叔、兄弟、媒人等各类婚嫁民俗礼金不超过10 000元。亲姐夫或妹夫礼金不超过（5 000元）。②送亲迎亲不能超：女方送亲人数不超过50人，男方接亲人数不超过11人，车辆不超过10辆。③婚丧摆席不能超：婚丧摆席不得超过3餐，就餐不超过60桌，随礼不超过500元，赶多少随礼多少。④丧事宰畜不能超：办理丧事宰杀牛不超过6头，羊15只，猪不超5头，操办天数不超过3天。⑤丧事赶礼不能超：除子女赶牲外，其余亲属及朋友只能随礼。其中，近亲属（指兄弟姐妹、祖父母、外祖父母、孙子女、外孙子女）按照民族风俗需要"赶牲"的，折合人民币一头牛不超过5 000元，一只羊不超过1 200元，一头猪不超过1 000元（均包含酒水），以礼金形式随礼。⑥文明餐饮不能少：加大对各村红白理事会的管理，明确宴席地点、标准、控制菜品数量，进一步发挥红白理事服务队的作用，提倡荤素搭配、营养美味、禁止蹲地不卫生行为。⑦婚丧烟花不能放：婚丧事宜禁止燃放烟花爆竹、电子炮，禁止抛钱撒物等陈规陋习。子女组织奔丧人数不超过50人、车不超过10辆，其他组织不超过20人。禁止在奔丧中提花篮。⑧婚丧宴席不浪费：鼓励节俭并采用自助餐形式操办婚宴席，就餐不提倡使用一次性碗筷，不使用塑料盆装食物。不得摆放高档烟酒，不得购买无法回收的酒瓶的啤酒等，不得利用微信、微博、快手、抖音等新媒体发布大超大办、炫富攀比、炫耀高价彩礼和违背社会主义核心价值观的社会负能量。⑨"尼木措毕"不能超：

办理"尼木措毕"祭祀羊不超过 8 只,"约拿提帕"(绵羊包装礼 2 000 元),"帕木折礼"(娘家人赶礼)不超过 5 000 元。⑩婚丧之外不办宴:禁止婚丧之外办宴,禁止参加乔迁、满月、庆生、升学、入伍等各类收礼性宴请。

这与马边县出现的"德古"协会不一样,瓦岗镇这里有"德古"吗?如果有,它发挥着什么作用?这里的红白理事会是由哪些人组成?红白理事会充当什么职能?等,这些问题待以后的详细研究来解答。另外,从这里可以看出,大小凉山地区的移风易俗主要体现在两个重要的人生礼仪里面,一个是嫁娶的婚俗事项以及程序,涉及彩礼、礼金、宴席、还有各种不同的礼和还礼,以及不同地区的不同数目和表现形式。另外一个就是葬礼中的宴席、赶礼以及宰杀牲畜,还有葬礼中的"尼木措毕"仪式等等。"尼木措毕"和葬礼都涉及规模、人员、宴席、赶礼、随礼,这也是需要从文化的整体论角度来看的。

据了解,瓦岗镇平均海拔 1 300 多米,辖区面积 134.4 平方千米,辖 7 个村 31 个村民小组,全镇 12 000 多人。瓦岗镇主要的经济作物和畜禽养殖有天麻、魔芋种植和黄牛养殖,2022 年政府投入了 800 万元用于种植天麻、700 亩的魔芋种植项目和黄牛养殖项目。截止到 2023 年 7 月,瓦岗镇全镇常驻人口约 10 700 余人,共计 2 240 户,其中脱贫户 1 292 户,重点人群防风险贫困户 113 户,监测户 50 户,一般农户 785 户,人均纯收入 11 935 元。这里可以看出,当时瓦岗镇的贫困人口超过全镇人口的一半,另外至 2023 年易致贫户和风险户在 100 户以上,所以要接续巩固拓展脱贫攻坚成果。

瓦岗建县的大致历史:1953 年 2 月,云南、西康两省分别组成了昭通分工委和昭觉分工委。1953 年 4 月 24 日,中共四川凉山工委和四川省军区凉山指挥部在雷波县县城宣告成立。1953 年 4 月 22 日,工作团在沙坝与彝族头人安八呷、马朝岗、徐拉却等人见面,通过向他们反复交代政策,表明态度,"吃了血酒"(吃了血酒后变成弟兄、一家人的仪式,如彝海结盟)、"钻了牛皮"(一起钻牛皮一起盟誓的意思)表示真诚团结,逐渐解除顾虑,争取头人同意后,在金沙江边建渡船,宣传政策、运东西、放电影,瓦岗群众也开始逐步对党有了初步的认识。1954 年 3 月 16 日,沙马土司安登俊主动召开头人会议,号召大家团结生产,听毛主席的话跟毛主席走。1955 年 12 月 11 日,瓦岗工作团组织召开建县工作代表大会,通过反复讨论、协商，到会代表一致同意建县和划归瓦岗县，县府治地在今天的瓦岗镇嘎窝村。1959年2月19日，中共四川省委发出文件，同意凉山州委关于同意调整县级行政区划的意见，撤销瓦岗县建制。1959年10月，国务院批准瓦岗县建制撤销后，瓦岗的所有机构并入雷波县，建立瓦岗区。

12:26 我们在瓦岗镇镇坝子上看瓦岗历史、乡村振兴、产业发展、脱贫攻坚、瓦岗酿酒、瓦岗文物、瓦岗服饰等展览。由于雨下得大，我们匆匆地看完这些展览后吃饭。

14:40 我们离开瓦岗镇。

16:40 我们到达雷波县凉山工委旧址，凉山工委旧址为一栋二楼的红窗青砖绿瓦的建筑风格，与瓦岗镇办公楼的风格一样。这个楼建于1952年，是原中共凉山工作委员会、凉山临时军政委员会、凉山军事指挥部办公旧楼。

凉山工委展板里介绍：解放前，大小凉山地区分属川、康、滇三省所辖。解放后，三省分别组织工作团（队），在各自所辖地区开辟工作。1952年4月，中央人民政府政务院批准，将西康省西昌地区一部分化为西康省凉山彝族自治区，首府设昭觉。1953年2月5日，根据中共中央西南局和西南军区指示，川康滇三省委、军区和有关地区同年3月5日在成都召开凉山民族工作会议，解决凉山地区民族政策和军事指挥的统一领导问题。1953年8月，中共西康省凉山彝族自治区工作委员会成立。1953年4月在雷波县成立中共四川省凉山彝族自治区工作委员会和中国人民解放军四川省军区凉山指挥部，下辖成立3个工委：在昭觉县成立中共西康省凉山彝族自治区工作委员会昭觉分工委，在乐山成立中共四川省乐山分工委，在云南省永善县黄桷（jue）树成立中共云南省昭通分工委。3个分工委在民族政策和军事指挥上接受中共四川凉山工委和四川省军区凉山指挥部的统一领导，其他方面仍同川、康、滇三省保持原隶属关系。

为进一步统一加强大小凉山的党、政、军工作，根据西南局指示，1955年3月1日，在雷波县成立凉山临时军政委员会，3月1日至11日，凉山临时军政委员会在雷波县召开第一次会议，参加会议的委员有36人，会议还邀请各地代表、团结治安生产模范等共计1 153人参加了会议。会议任命张冲（彝族）为临时军政委员会主席，唐兴盛、刘清顺、瓦扎木基（彝族，后来任凉山彝族自治州州长）、周全杰、果基木古（彝族，属黑彝果基家的家支头人)、杨代蒂(彝族,是土司)、冷邦正(彝族,是土司)、阿候鲁木子(彝族,属黑彝阿候家头人)、王海民(阿尔木呷,彝族)等9人为副主席,何现龙(彝族)为秘书长。

19:00 我们在酒店会议室由彭文斌老师讲述作为区域史和学术史意义上的"彝边"大小凉山。彭老师指出,经过这几天的考察,我们还是清楚地看到"彝边"的存在,"彝边"社会概念的提出是基于在这之前提出的"藏边"社会概念而来的。"雷马屏峨"作为彝汉文化交界的地方,作为四川盆地与云贵高原的过渡地带,在中国民族学人类学田野考察的里程碑意义是重要的。

西南民族大学郭建勋老师谈道,将彭老师的讲座再结合日本学者鸟居龙藏的研究,然后再回到抗战时期藏彝走廊的研究,具有重要的意义。

杨正文老师谈道,昨天和今天的一路的经历,我们其实可以明白,我们的学术工作坊去的地方都是很有学术关怀意义的。另外今天我们去瓦岗的路,一路上我还是特别纠结,因为我们这么多人,路又这么陡这么窄,基本上车轮在悬崖边了,还是提心吊胆的,还好我们经历过了。另外,我们也要知道我们民族学人类学的田野工作(田野调查)真的不是吃吃喝喝,不是走马观花,而是有很多问题意识的思考的。第二个,刚才彭文斌老师提到的杨成志巴布凉山的考察和研究,我觉得我们应该要注意他这个考察和研究之后引起的社会反响。我认为他的这次考察不要忽略掉社会性意义,他回到昆明后,在各个地方去做演讲,去展示这些考察结果,是更大程度上呈现了此次考察的社会性意义。第三个,1956年凉山完成民主改革后,凉山彝族真正地纳入社会主义的制度轨道之中,民主改革完成了全国统一,跟蒙古族蒙旗制度的建立是类似的。第四个,其实在民国时期,民国政府还是有很多强化当地土司的举措,想找到这些地区的代理人。

张应强老师说:第一点就是关于概念的东西,我们的概念,我们应该要认真严谨地对待;第二点就是制度,制度是一个逐渐的过程,也是一个生与熟的过程,我们今天看到这里有个凉山工委,凉山工委这样一个制度对于解决当时面临的问题和困难是很有用的,或者对于治边是很有用的;第三点就是生计的变迁,我们知道生计的变迁与当地有着很重要的联系,我还是很惊讶在瓦岗这样一个地方,经过绕山路经过悬崖,突然发现这么一个地方是可以种植水稻的,而且水稻的种植历史还不短,这里面讨论的点很多;第四点就是资源,怎么来理解资源?怎么分配资源?怎么使用资源？等等。这些问题都可以讨论。

杨正文老师谈道，有些时候遇到资源与制度很密集地联系在一起的现象。我们前两天看到了大型的水坝，这引起人群的流动，水道是传统运输里面很重要的一个，我们一路看到很多电站以及沿江高速等的"国家"工程，之所以会引起"国家"密集性的资源投入这与"国家"的权力下沉和制度密集是有关的。

晚上 9:30 完成学术讨论会。

2023 年 7 月 22 日，天气阴转晴，星期六

05:30 出发。因从雷波县到昭觉县的线路中有一段路程属于美姑县，而美姑县拉马镇在修路，所以所有车要在 08:30 之前通过那个路段，不然就要等到 17:00 以后车才能放行。因此雷波县的人希望我们一行人早点出发，争取 08:30 之前通过那个路段。

07:30 我们到达雷波县悬崖村（古里拉达），那一段峡谷的风光在晨曦的照耀下变得更峻峭、更深邃、更壮观（见图 13）。

图 13　峡谷与悬崖村，图片由笔者拍摄

10:10 我们到达昭觉县县城。因到达昭觉县县城时间较早，预订的酒店说最早中午 12:00 才能腾出房间来，且我们要在昭觉县考察的点都是往

西昌方向的，于是我建议先去考察昭觉县县城易地搬迁集中安置点，吃完午饭后再往西昌方向去，或者我们直接去会理。昭觉县的工作人员说，我们要去考察的点正在修缮保护，人不能去看，最后协商结果是，去看易地扶贫搬迁集中安置点后直接去会理。

10:30 到达昭觉县易地扶贫搬迁集中安置点"沐恩邸"社区。因我之前已经对"沐恩邸"社区做过 3 次深入的调研，对这里比较熟悉，跟社区居委会书记说明情况后，我没有跟着大部队进行考察。"沐恩邸"社区共安置来自 28 个乡，87 个村，1 428 户 6 258 名搬迁群众。使"村民"变成了"居民"，使"山头"变成了"城头"。

12:00 我们在昭觉县县城吃饭。

13:40 我们离开昭觉县出发前往会理县。从昭觉县出发前往会理县要经过西昌，过西昌后先经过西德高速公路（西昌到德昌），再走德会高速（德昌到会理）。

19:00 到达会理县的酒店。

2023 年 7 月 23 日，天气晴，星期日

07:30 在酒店推荐的早餐店吃到了会理县全味金火丝饵块，汤是原味的，鸡汤加鸡肉丝再加上有劲道的饵块，美味可口。会理自古以来是古代南方丝绸之路上入川、入滇，出川、出滇的一个重要驿站，它是一座古城，这里还有完整的古城墙建筑风格，所以这里饮食文化资源也很丰富，比较出名的有会理米线、会理全味金火丝饵块，会理黑山羊肉，会埋铜火锅，等等。另外，会理的石榴也很出名。

09:16 我们从汽车窗外看到会理农村传统居民的建筑都是四合院的形式，墙都被刷成白色，周围植被也保护得较好，村落的规模也不大。靠近金沙江的山坡上种植着成片的石榴，金沙江河谷地带种植着芒果，芒果已经有部分成熟，大部分都还挂在树上。

10:30 到达金沙江边"西祥公路"拉鲊（zha）渡口（见图 14）。据介绍，拉鲊渡口是著名的"南方丝绸之路"跨越金沙江的重要渡口。诸葛亮"五月渡泸，深入不毛"的渡口处是明代杨慎发配云南往返川滇时曾经的渡口，也是抗战时期"西祥公路"渡过金沙江的渡口，108 国道经过金沙江的轮渡码头。附近村民说，现在横跨金沙江的大桥是这几年才修好的，以前所有的人和大小车辆都需要靠渡口才能到对面。

12:20 我们在会理县黎溪镇的黎州村考察。黎州村村民的房屋都关着门，因此无法观察房屋结构和布局。

图 14　会理与攀枝花的拉鲊古渡，图片由笔者拍摄

12:40 吃饭。

15:30 到达会理会议遗址。

1935 年 5 月 12 日，中央政治局在四川省会理县东北郊的铁厂村，召开入川后的第一次中央政治局扩大会议，史称"会理会议"。参加会议的人员有中央政治局委员：张闻天（洛普）、毛泽东、周恩来、朱德、陈云、秦邦宪（博古）；政治局候补委员：王稼祥、邓发、何克全（凯丰）；一军团负责人：林彪、聂荣臻；二军团负责人：彭德怀、杨尚昆。会议由张闻天主持，毛泽东做了总结发言，会议开了两天。

会理会议总结并肯定了遵义会议以来的新的战略方针，批评了对遵义会议后形成的中央军事领导持怀疑态度的错误趋向，维护了党和红军领导层的团结，会议进一步巩固了毛泽东在党和红军中的领导地位，巩固了遵义会议的成果。会议决定全军继续北上，渡过大渡河向红四方面军靠拢，建立川陕甘根据地，并决定刘伯承同志任先遣司令，利用他在川军中的声望和熟悉地理民情等有利条件，为全军开路。

会理会议是继遵义会议之后又一次重要的政治局扩大会议，为实现

一、四方面军在川西北的胜利会师，起到了决定性的作用，为胜利完成长征提供了坚实的组织保障。

16:00 参观完会理会议遗址。

16:30 到达会理会议博物馆。

17:30 参观完会理会议博物馆。

2023 年 7 月 24 日，天气晴，星期一

14:00 彭文斌老师主讲《谣传、故事与历史：二战时期美军飞虎队在中国西南的遭遇》。彭老师从飞虎队的故事开始，然后讲述"洋娃子"是如何在大小凉山被叙述和谣传的。

钱杭老师总结："很感谢西南民族大学蒋彬老师、杨正文老师，还有中山大学的张应强老师，凯里学院的李斌教授以及谢景连教授，非常高兴能够参与这次学术工作坊。我要讲两点，第 点，我们要有大局观的意识，我们需要把我们所看到的、所听到的东西在宏大的背景下来理解。比如这次工作坊提到的很多知识分子或者说有抱负的知识分子，他们有着启蒙和救亡的意识。第二点就是逻辑与历史的统一，我们的逻辑与历史是需要契合，需要统一的。"

我说："我这次的主要任务是陪着硕士、博士、博士后的老师们穿越大小凉山。

第一，感谢这次学术工作坊，感谢主办方，老师们很辛苦，其中尤其是杨老师。感谢这个期间操劳且忙前忙后但很有序的师弟师妹们。

第二，我有两点很深的体会。一是学术遗产的可能性方面。主要有两点，学术与'国家'社会需求导向有很强的时代性特征；对民族学人类学学术精神的追寻，冒着生命危险的田野工作（田野调查），严谨治学的态度等等。二是研究方向的可能性方面，如钱杭老师对水库移民的研究，库域社会的概念；张老师提到的'国家'与地方，'国家'进程、制度开发与地方性传统，逐渐成形；杨老师提出的阶序社会的'国家'进入、社会融入与地方感知等问题，这里可以讨论出民族性思考、区域性思考，制度性设计等；彭老师提出的彝边问题等。"

广州中医药大学邓刚发言："有文字但很少看到碑文和宗祠的文字景观系统：凉山的彝族。无文字但能看到大量的碑文和宗祠的文字景观系统：黔东南的苗族。山川地理、走廊、交通道路、有两个江，交往的通

道，俊俏的峡谷道路，'国家'的介入道路交通的影响，景观的变化，地方的标志，马湖也是通道的一个点，盐的流动，物品的流动，通道上的流动。学术的传承，提供了很多的模仿的机会，不同视角的，礼物的流动。责任感开创的学术传统。

探险的人坐大巴车来，得到非常多的启发，关注区域、人群和流动，清水江和都柳江的整个区域。峡谷的切割，山水的阻断。文字景观的概念。面粉，或者碑刻。文字被谁掌握，文字什么时候掌握。碑刻与'国家'教化的关系。"

广西民族大学的杨箐华："新范式和坚持给了我很大的鼓舞，治学态度给了我们引领和启示，学问和学术研究的关系，先完成再完美，中国的西南与世界的知识体系和学术体系进行共同对话和交流。

汉人去哪里了？王朝'国家'的传统问题？地方社会的事实问题？

差异性问题，生活经历和学术背景，从比较的视野来观察当地人的生活，产生好奇或者产生出学术研究的一些前段，一大批的梯田，看到梯田如此的喜出望外。村医聊天，种植水稻切入交往的历史，有趣的故事，汉人先来，汉人彝化了，汉人不会说汉语，文献碑记，土人和彝人，看一个历史过程。

不同的人群合作交流和碰撞，会有时间上的表现。孟获殿叙事方式的改变，'国家'的知识精英与彝人之间的互动，民族身份上制度的划分。汉化的高山彝族，怎么去定义？怎么去互动？不同人群的结合和碰撞。"

郭建勋老师说："乐西这个路修通以后，社会治理的问题。河谷地带才是百年大计。第一个是边的问题，第二个族群边界，第三个族群问题。"

谢景连老师说："在田野中理解历史，相关研究文献的基础。多元共筑的共同体。真正的民族学人类学家，真正的田野工作（田野调查）。分支学科和研究方向不能等同于民族学人类学学科。"

总结部分，凯里学院李斌教授谈道："道路自信，村村通，组组通，寨子80%的通硬化路。彝族的家支，以前没有见过面，也没有互动，但这个力量，超乎我的想象，礼仪礼节相当隆重。家支不同的地区，传统的力量与现代治理之间的关系也值得思考。苗疆地区、清代地区、新疆六厅，真正的是从雍正年间才开始的。"

杨正文老师说："说不上总结，但是讲几点感受。刚才听到大家的发言，让我坚信，我们是一群会讲故事，能讲故事的人。我只讲一点，但这一点比较长。本次铸牢中华民族共同体意识，抗战时期藏彝走廊的学术工作坊，从7月17日上午，在乐山市开营之后，到今天到此刻，我们在短短的将近10天的时间里，穿越大小凉山、马边、屏山、雷波、美姑、昭觉、西昌、德昌、会理，还有攀枝花市的一小节地界。具体的行程公里数，只有等到租车公司到乐山结账后才知道。

路途的艰险与秀美，相信在每个人的心中会有所得，也会终生难忘。我们先后考察马边县的烟峰彝族新寨，雷波县瓦岗寨、嘎窝村，昭觉县"沐恩邸"社区的三个扶贫移民安置点。考察了马边烟峰古城遗址、三河口古镇遗址，雷波县黄琅古镇，永盛镇土司官寨遗址，拉鲊古渡，还有一段抗战时期的西祥公路以及抗战武汉大学遗址和一个水库移民整体搬迁的古镇，还参观了凉山工委遗址，红军长征会理遗址，红军长征路过会理纪念馆等红色文化遗产。见证了一些与我们此行有关的历史文献。我们在瓦岗寨看到了抗战时期遗落在民间的烈士遗物以及民间文物，还参加了一次彝族锅庄舞。其间，我们每天晚上举行学术交流，我先后举办四次学术会，钱杭教授、汪洪亮教授、彭文斌教授、阿洛秀英博士先后做了专题报告。汪洪亮教授的报告涉及边疆服务的工作，涉及抗战时期的边疆、边政与边疆建设；钱杭教授为我们梳理了"库域社会"的基本概念和研究方法，与我们这次走的线路当中与向家坝和白鹤滩两个大型水电站以及与现在移民有关的社区，对我们有很重要的启发意义。彭文斌教授的两次报告给我们重新梳理了大小凉山的学术史、学术传统和基本的学术概念，非常有价值。阿洛秀英的学术报告，从微观上让我们理解了凉山彝族的社会交往、礼物流动和基本的道德伦理，对我们很多第一次涉足小凉山的老师和同学应该是有帮助的。

我个人认为本次的学术考察和参观以及学术讲座、学术讨论都与我们的这次学术活动主题密切相关。本次游学的线路，既考虑彝汉交融互动频繁的雷马峨屏地区，也考虑了中国民族学人类学民族学重要的学术研究的区域，还考虑了抗战时期作为后方建设重要的这么一个地方，而且应该说还是一个红色文化考察学习之旅，对我们理解铸牢中华民族共同体意识，理解民族学人类学在铸牢中华民族共同体意识的责任担当方面应该有帮助的。游走的学术当然不是严格意义上的田野工作（田野调查），相信对于我们每个人来说，也是有所收获的。就我个人而言，这是我第一次把大小凉山放在一起穿越的经历，首先从空间让我强化了对大小凉山的理解，相信以后阅读大小凉山有关论著的话，会有不一样的感受。其次，我想说的是，一路走来，所看到的、所见到的，或者一路上生出和新的想法和问题意识，比如层级作为兵营和讯遗址的那些地方，或者也会想到不同王朝时期是怎么治理边疆和经营民族地区的，看了那些普遍的玉米、马铃薯、水稻，我们就会问是谁把这些东西传到了彝族社会，是什么时候传入的？或者什么是民族三交（交往交流交融）的途径。看了满山的芒果、石榴，会想到四川这几年大力发展规模化特殊农业，当然会跟老百姓带来致富的同时，我个人会对农民对于市场依赖和市场风险，感到担忧。

参观扶贫移民点会想到大量的彝族农民从山上搬迁到山下，从居住在顶层的这样一个模式变成楼居模式，从政府有意识分解他们的家支和居住的背景，到如何理解这个背景下重新整合和理解这些家支，如此等等，还有很多想法。此时此刻，作为本次活动的组织者之一，可以说，悬在心中的事稍微放下，明天还有一段行程，希望大家平安。

其实我要感谢的是所有的人，包括参加这次不同阶段的老师和同学，特别要感谢钱杭老师、彭文斌老师、汪洪亮老师、蒋彬老师、王海飞老师等等。感谢中山大学历史民族学人类学研究中心的张应强教授及其学术团队。感谢凯里学院的李斌教授、谢景连教授及其学术团队。还有我们西南民族大学西南民族院、民族学与社会学学院对本次的活动。最后要感谢为本次学术会议忙前忙后的郭建勋教授及其博士生团队。

谢谢各位！"

附录二　昭觉县"博什瓦黑"绘画文化考察田野日志

2023 年 2 月 19 日至 25 日，为开展好"民族地区重点人群返贫监测和精准帮扶情况追踪调查研究"课题，由我带队到凉山州昭觉县、布拖县开展为期一周的专项调研，调研团队有省社科院政治学所助理研究员、云南大学博士生廖子夏，省社科院公共管理研究所助理研究员严茜，省社科院政治学所助理研究员陈萌，四川大学公共管理学院博士生谢楠，省社科院民族学人类学硕士研究生何建桦（见图 1 和图 2）。

图 1　博什瓦黑岩画文化考察队人员（从左到右依次为
廖子夏、拉马文才、陈萌、谢楠、严茜）
（照片由何建桦拍摄）

图 2　博什瓦黑岩画文化考察队人员（从左到右依次为
廖子夏、拉马文才、陈萌、谢楠、何建桦）
（照片由严茜拍摄）

　　2 月 19 日除何建桦在西昌和大部队汇合外，我们一行 5 人从成都南站乘坐 C57 次动车前往西昌，这趟车早上 8:05 从成都南站出发中午 11:00 到达西昌动车站。与何建桦汇合后在西昌用完午饭出发前往昭觉县。开车师傅说，西昌到昭觉县这个季节，因路上无结冰且发生堵车的机率较少，最多只要 2 个半小时左右便可到达昭觉县县城。19 号是周日，我想一早去昭觉县，又担忧过早地打扰到那边的接待人员，所以便想去看看昭觉县的博什瓦黑岩画。

　　租车公司的师傅说："现在到'博什瓦黑'去的公路已修好了，是精准扶贫时修的沥青路，我载过很多客人去看过，现在到那里去也很方便了。'博什瓦黑'所在地的那个乡以前叫碗厂乡现已合并到解放沟镇了。

碗厂乡过了就是普格县的红莫依达乡，现在去普格那边的路已修好了。精准扶贫之前，这里的路很烂，全部是土路，这两年凉山这边的路变化很大的。"（见图3）

图3　通往博什瓦黑石刻的沥青路
（拉马文才，2023 年 2 月 19 日拍摄）

山脚下的图像

"博什瓦黑"是个彝族译音，有意为"岩石上的龙蛇"，有意为"神像画下的岩洞"。在我实地观察后，我认为这两个意思都还不能完全准确地理解"博什瓦黑"之意，我更趋向于认为"博什"是个方位词，就是山脚下或山崖下的意思。"瓦黑"是个名词，就是图像、岩画或画像的意思，综合起来就是"山脚下的图像"或者"山脚下的石刻"之意。理由有二：其一，"博什瓦黑"这些图像是刻在一个小山包上周围分布的黑色石头上的，所以这里不是一个山崖边也不是山岩边；其二，从语音上来辨别"博什"在凉山彝语所地方言中意为"山脚下"或者"山崖下"的，不是彝语蛇和龙，在彝语里把龙和蛇合用的情况是极低的，再说彝语里蛇是称为"布史"，但龙就称为"尔"或者"萨诺木呷"。

图4　博什瓦黑路标（路标显示往左可达普格县的红莫依达
乡，往右可达昭觉县碗厂乡）

（拉马文才，2023年2月19日拍摄）

作为一个古驿站古通道的博什瓦黑

这次实地考察后，我认为"博什瓦黑"在历史上曾经是个古驿站，而且这个古驿站的存续时间较长，可能与古代南方丝绸之路有关，是四川盆地联结云贵高原的一个重要场所。理由有三：其一，博什瓦黑往北经昭觉、喜德到越西、甘洛，后达石棉、汉源等与成都联系在一起；往南经普格、宁南到巧家，后到昭通，也能到昆明，这是一个古驿站古通道。其二，博什瓦黑是个水源地，普格县有两条从北向南的河流一条叫则木河（彝语叫"委洛"），另外一条叫色洛河（彝语叫"色洛"），这两条河流最后在普格的花山乡镇汇合，古代人没有现代的汽车、火车等交通工具，基本上都是靠人背马驮以及水运，因此选择河流或者水源地为路标，目的是防止迷路。因为有水的地方基本上都会有人居住或者生产生活，另外有水的地方人和马才有水喝才能生存，这次到"博什瓦黑"，它的旁边就有一条清澈见底的小溪水（见图5），这条小溪水可能就是则木河的源头。其三，从"博什瓦黑"往北或往北地势都比较平坦，更易于大量人和马以及物品的流动，这从"博什瓦黑"岩画上的《南诏王出巡图》《武士图》可以看出来。画中有 6 人骑马出巡，还有跟着马队奔跑的两只猎狗，所以我推测"博什瓦黑"岩画的内容更多是写实，包含很多历史信息。

图 5　博什瓦黑旁边清澈见底的小河

（拉马文才，2023 年 2 月 19 日拍摄）

因此，博什瓦黑岩画可以当作是历史上南来北往的一个重要驿站。当然从考古学的角度来看，这里暂时没有发现实物可进行考证，但这不是本书所要解答的，这里仅从历史、地理、水文的角度上来理解即可。

一个成形于唐代历经千年的博什瓦黑

"博什瓦黑"在 2006 年被国务院列为第六批全国重点文物保护单位，经专家鉴定为唐代南诏和宋朝大理时期所营造的大型密宗摩崖造像，主要镌刻南诏时期的岩画。这次实地考察后，我认为"博什瓦黑"岩画主要部分成形于唐代，但岩画是在唐代之前以及之后历经千年经不断完善形成的。主要理由有二：其一这些岩画里有很多内容为原始宗教文化的，如图腾崇拜、生殖崇拜、佛教图像、毕摩图像、僧人图像、神灵图像等，从这些带有原始宗教的图像可以推断出，这里的很多图像成形应该是早于唐代，后历经千年不断创造和累积起来变成我们现在看到的这些群像；其二这里有几张重要的图像被取名为《南诏王出巡图》即 6 人骑马的出行图，还有《卧佛图》以及拜佛和祈祷的图，还有龙、龟、麒麟等图像（见图6、图7、图8），这些都说明"博什瓦黑"岩画已有千年的历史。

图6 清晰可见的乌龟图
（拉马文才，2023年2月19日拍摄）

图7 清晰可见的鹰图（鹰嘴、鹰鼻、翅膀、尾巴）
（拉马文才，2023年2月19日拍摄）

图 8　清晰可见的佛像图（鼓眼、额头有珠或眼、耳垂）

（拉马文才，2023 年 2 月 19 日拍摄）

多元文化交流交往交融的中华文化共有的博什瓦黑

目前认为"博什瓦黑"文化主要由几个方面组成，第一彝族文化，主要由图像中的《毕摩做法图》《支格阿龙图》等组成；第二南诏文化，主要由图像中的《南诏王出巡图》《武士图》等组成；第三佛教文化，主要由图像中的《卧佛图》《拜佛图》等组成；第四图腾崇拜文化，主要由图像中的《龙图》（见图9）、《麒麟图》《鹰图》等组成。在实地考察后，我认为"博什瓦黑"的这些图像里还融合了很多苯教文化、道教文化和原始宗教文化的内容，还有一些古代传统佛教、道教、儒教绘画的传统。

图9 清晰可见的龙图（牙齿、眼睛、爪子、身躯）

（拉马文才，2023 年 2 月 19 日拍摄）

民族学人类学家林耀华（1987）参观"博什瓦黑"后写道："最近我到昭觉县的解放沟参观新发现的博什瓦黑石刻。看到画面中除了大量礼佛的内容和毕摩形象之外，还杂有一些幅表示男女两性生殖器崇拜内容的刻像。这些石刻也可能出于彝家先民之手，而生殖崇拜的象的形成又可能遥遥在其他刻像之前。"林先生作为训练有素的民族学人类学家，从文化的角度去认识和理解这些图像所蕴含的多元之意其实对我们重新认识"博什瓦黑"是有重要意义的。

因此我认为"博什瓦黑"岩画应该作为多元文化交往交流交融形成的中华共有文化来理解。想必"博什瓦黑"岩画会受到越来越多的关注。因我要赶回昭觉继续完成调研任务，只是匆匆地参观了"博什瓦黑"并为记。

附录三　普格县"日都迪撒、马布飞奎"文化考察田野日志

2023 年 8 月 1 日我带着两名研究生何建桦和刘聪从成都石羊场坐大巴出发前往西昌，路上嘱咐他们要随时关注山川、河流、城市、集镇、桥梁以及隧道等。下午五点左右到达西昌旅游客运站，下车进行核酸检测后就去找酒店入住并等待检测结果，随即跟普格县县委统战部部长以及文化和旅游局局长电话联系表明此次日都迪萨文化考察的打算，统战部部长说明天下午到达普格后联系。

8 月 2 日跟两名学生在酒店用完午餐后，联系车从西昌出发前往普格县城，从西昌到普格的路经过这几年的不断完善，路面条件较好，是沥青路四车道，车程大概需要 1 个半小时。下午三点我们到达普格县城，三点半到部长办公室简单介绍了这次文化考察的主要想法后，部长说你们这次也可以去看看马布飞奎，做凉山彝族研究日都迪萨、马布飞奎这些地名承载的文化记忆和历史意义是不言而喻的，于是我更加期待这次的文化考察了。

8 月 3 日，天气晴。凉山地区有特殊的地理气候条件，通过笔者长期的生活观察和研究经验了解到，每年 7 月 25 号到 8 月 10 号这段时间相对雨水较少、天气晴朗，也不会暴发山洪和泥石流等情况，是属于比较安全的时段。

8 月 3 日，早上九点我们从普格县城出发，同行有三名研究生何建桦、刘聪、剑联尔拉，其中剑联尔拉是刚考上省社科院金融学的硕士研究生；另有两名司机一个是文旅局的一个是教育局的；还有县督学吉此日呷，县教科局乃戈日优，县文旅局吉克阿优等一行共计 9 人（见图 1）。吉此日呷是我多年的好朋友且长期在普格一线工作，对普格的情况较熟悉，又有很好的人脉和亲属关系，对我们此次文化考察帮助较大；乃戈日优在教科局对阿都文化有特殊情感；吉克阿优是个诗人，对阿都文化有着自己独特的认识以及表达。

图1　考察组成员［从左到右边依次为剑联尔拉、乃戈日优、吉克阿优、吉此日呷、拉马文才、刘聪（女）、何建桦（女）］

图2　路遇珍稀物种：大凉山黑绵羊

图3 路遇牦牛— 大凉山牦牛

彝族火把节发源地、彝族阿都文化的中心之地——日都迪撒

日都迪撒，阿都土语"日"指水，"日都"就是出水的地方，"迪"就是坝子、平坝、土地的意思，"迪撒"就是一个好的坝子之意，整体之意就是出水且平坝的地方（见图4和图5）。

图4 两股清凉的泉水

图5　水草丰茂的坝子

　　日都迪撒作为凉山彝族火把节的发源地，已成为不争的事实，但通过这次文化考察我发现，日都迪撒应该是凉山彝族阿都文化的文化中心。理由有三：其一，凉山彝族阿都文化跟凉山彝族阿都土司的治理地理范围有关，从地理文化上看，日都迪撒恰恰是这个阿都土司治理的中心点，阿都土司从产生、到兴起到鼎盛、再到后来的治理中心都是今普格县、布拖县、昭觉县、金阳县等地，从文化地理学的视角看日都迪撒恰恰是这个中心；其二，日都迪撒是阿都区域中各个黑彝（几大黑彝：惹捏、吉扭、比补、吉狄、阿俄、莫什等）以及白彝（吉毕、吉此、火补、阿连、阿力、吉支、吉联、阿加、青萨等）等家支活动重要的中心区域，日都第撒周边的古村落遗迹以及留下的有关故事传说都在印证着这里早期是彝族阿都文化的中心；其三，日都迪撒是彝族阿都人群主要的人群迁徙、交流交往之地，也是联通布拖和普格县的必经之地。站在日都迪撒，往东就能到布拖县拖觉镇、往西就能到普格县的西洛镇、往南就能到普格县的甘天地、比牛拉达等地，往北就能到普格县乌科梁子和昭觉县的解放沟等地，这些都是凉山彝族阿都文化的主要核心区域。

古驿道、古驿站——马布飞奎

　　"马布"是个地名，"飞奎"是指悬崖上的垭口，马布飞奎就是马布悬崖上的山垭口，这次考察更加深了我对马布飞奎作为阿都文化中古驿站古驿道中的一个重要地点的体会和认识。

　　马布飞奎有着迁徙途中古驿道古驿站的重要历史文化记忆价值，还有这里流传下来的传说、故事、民间文学等价值，它也是联通布拖县和普格县的一个重要的地理文化社会人文节点（见图6和图7）。

图6　马布飞奎往东就能看到布拖县的拖觉镇坝子、阿布泽洛山
（阿都文化里的另一座名山）

图7　马布飞奎往南可以清楚地看到那条深深的古道

勤劳智慧美丽的彝族妇女代表，化身石像——吉钮莫诗落

"吉钮"是彝族黑彝姓氏，"莫"是指女性，彝族阿都文化里女性的名字几乎都有个"莫"字，代表母性，"诗落"是金灿灿的意思，在凉山很多勤劳智慧美丽的女人被叫作"诗落""诗薇（金花）""诗呷（金色）"，顾名思义，就是一位吉钮家金灿灿的女儿。

话说，吉钮家父亲听从女儿诗落的建议，放牧前和牧归后都把他们家的牛羊赶到草海子去喂水以便解决他们家牛羊无故大量死亡的问题。此后，诗落就远近闻名了，于是布拖一家看上了她。诗落很不愿意，她既念家又顾家又护家，也不愿意离开自己的亲人和父母以及家乡。

送亲队伍到马布飞奎时，新娘诗落一瞬间消失不见了，家人和亲人一直找了三天三夜，这三天三夜里下了不少场的红雪，最后在离家最近的地方（日都迪撒）找到了她，家人悲痛万分并将其进行火葬，火葬时尸体飞到这里，变成现在看到的石像，石像正眼看着家乡和亲人（见图 8）。

图 8　化身石像世代守望家乡——吉钮莫诗落

这些草海，同行的有人说 12 个，有人说 16 个，因行程时间有限，我们同行的人也就没有去数这些星罗棋布、牛羊成群的草海了（见图 9、图 10、图 11）。

图 9　青罗棋布的草海——述说着诗落家牛羊成群的故事

图 10　时至今日，星罗棋布的草海还是牛羊马的乐园

图 12　黑石群像述说着这里的牛羊成群

图 12　千米的百年索玛树述说着花与美丽姑娘的身世

人类学经典理论视野下的田野工作与民族志书写

附录四 两份问卷

问卷一:"凉山州推动巩固脱贫攻坚成果与乡村振兴有效衔接"调查问卷

访问员:　　　　　问卷编号:

尊敬的女士/先生:

您好!

为了了解凉山州推动巩固拓展脱贫攻坚成果与乡村振兴有效衔接的有关情况,现对"凉山州推动巩固脱贫攻坚成果与乡村振兴有效衔接"开展问卷调查,以摸清摸准干部和群众的具体期待,了解推进乡村振兴中存在的问题和建议。特邀请您填答本问卷。

2021 年 7 月 20 日

填答提示:

1. 填答问卷无需记名,并为您个人保密;

2. 答案也无对错之分,选择您的真实想法就可以了;

3. 除注明"多选"外,其余为单选题;在"＿"处填写文字。

4. 填完整个问卷,大约需要耽误您 15 分钟时间。

1. 您的家庭类型(2020 年前):(1)贫困户(2)易地搬迁户(3)非贫困户[(1)与(2)可以同时选]

2. 性别:(1)男　　　(2)女

3. 您的年龄:已满＿＿＿＿岁

4. 您的教育程度:

(1)从未上学　(2)小学　(3)初中　(4)高中/职高/中专

(5)大学(含大专)以上

5. 您的政治面貌:(1)中共党员　(2)民主党派　　(3)群众

6. 您的职业是:

(1)农民　(2)牧民　(3)半农半牧　(4)村组干部　(5)农民工

（6）做家务　（7）其他：

7. 您认为自精准脱贫以来，乡村改善最大的是哪些方面？（最多选择3项）

（1）住房　（2）村民增收　（3）道路　（4）通信网络　（5）用水
（6）用电　（7）小孩上学　（8）吃饭穿衣　（9）村民思想意识
（10）产业发展　（11）环境卫生变好　（12）文体活动多　（13）其他

8. 您对乡村振兴最大的期待是什么？（最多选择2项）

（1）农民生活富裕　（2）产业发展好　（3）村集体经济发展壮大
（4）村容村貌整洁优美　（5）文化生活丰富　（6）村党组织领导有力
（7）群众参与度高　（8）其他：

9. 您认为当前在巩固脱贫攻坚成果的工作中，政府最需要做的是什么？（最多选3项）

（1）发展特色种养业　（2）仓储保鲜、冷链物流设施建设　（3）发展电商（4）以工代赈　（5）扶贫车间　（6）公益岗位　（7）高速公路、铁路建设（8）"厕所革命"　（9）修建产业路　（10）防洪、灌溉的中小水利工程　（11）推进物流建设，快递进村

10. 您认为政府在提升脱贫地区公共服务水平方面，最需要做的是什么？（最多选2项）

（1）加强乡村寄宿制学校建设　（2）加强乡村小规模学校建设（3）加强职业院校建设　（4）继续资助困难学生　（5）继续改善农村义务教育学生营养（6）完善高血压等主要慢病的签约服务　（7）农村危房和房屋抗震改造（8）提升县级医院诊疗能力建设　（9）提升村级综合服务能力建设

11. 在帮扶农村低收入人口方面，您认为最有效的措施是什么？（最多选3项）

（1）支持低保人员就业　（2）对残疾儿童进行康复救助　（3）对生活不能自理的老人、未成年人、残疾人提供照料服务　（4）加大医疗救助资金投入　（5）为低保对象、特困人员、返贫致贫人口代缴养老保险（6）对失能特困老人进行兜底保障　（7）对丧失劳动能力纳入低保或特困人员救助供养范围

12. 在以后的东西部协作和定点帮扶中，政府最需要的帮扶是什么？

（1）资金支持　（2）产业合作（例如共建产业园区）　（3）劳务协

作 （4）人才支援和培养 （5）企业合作 （6）其他

13. 易地搬迁后可能存在哪些问题？（最多选3项）

（1）产业发展不便 （2）就业门路少 （3）住房面积小 （4）生活消费高 （5）安置点公共服务与管理水平较低 （6）其他：

14. 当前乡村产业发展中存在的最大困难是什么？

（1）产业项目与市场不对接 （2）投入资金不足 （3）缺乏经营管理人才 （4）缺乏技术 （5）同质化严重 （6）缺少龙头企业带动（7）村民参与低 （8）其他：

15. 据您估计，在5年内民族地区脱贫户返贫（致贫）的比例可能达到：

（1）20%以上 （2）19%~10% （3）9%~4% （4）3%以下（5）0%

16. 您知道目前我们这里的结婚彩礼（身价钱）大概是多少钱（农村）？

（1）5万~10万 （2）10万~20万 （3）20万~30万（4）30万以上

17. 您知道目前我们这里的结婚彩礼（身价钱）大概是多少钱（城镇）？

（1）5万~10万 （2）10万~20万 （3）20万~30万（4）30万以上

18. 您认为结婚彩礼在农村（农村）多少钱是合适的？

（1）5万~10万 （2）10万~20万 （3）20万~30万（4）30万以上 （5）不给

19. 您认为结婚彩礼在城镇（城市）多少钱是合适的？

（1）5万~10万 （2）10万~20万 （3）20万~30万（4）30万以上 （5）不给

20. 您认为目前葬礼上的铺张浪费情况怎么样？

（1）还可以 （2）比较严重 （3）特别严重 （4）应该严厉禁止

21. 您怎么看待葬礼？

（1）应该办 （2）不该办 （3）管控下办（4）葬礼上要严格控制人

22. 目前办理一个葬礼大概需要花费多少钱？

（1）5万~10万 （2）10万~20万 （3）20万~30万（4）30万以上

23. 您一般一年参加几次你们家支活动?

(1) 1~3 次　(2) 3~5 次　(3) 5~10 次　(4) 10 次以上

24. 你觉得家支活动一年几次合适?

(1) 1 次　(2) 2 次　(3) 3 次　(4) 3 次以上

25. 你们一家一年赶礼的钱大概多少钱?

(1) 2 千　(2) 5 千　(3) 5 千~1 万　(4) 1 万以上

26. 请您谈谈对"巩固脱贫攻坚成果与乡村振兴有效衔接"的其他意见和建议。

非常感谢您的参与!

问卷二:"大小凉山地区推动乡村振兴与实现高质量发展"调查问卷

访问员:_____   问卷编号:_____

尊敬的女士/先生:

您好!

为了深入贯彻落实省委党史学习教育"我为群众办实事"的安排部署,四川省社会科学院民族与宗教研究所开展"开门问计"活动。现对"大小凉山地区推动乡村振兴与实现高质量发展"开展问卷调查,以摸清、摸准干部和群众的具体期待,了解推进乡村振兴中存在的问题和建议。特邀请您填答本问卷。

2022 年 7 月 28 日

填答提示:

1. 填答问卷无须记名,并为您个人保密;

2. 答案也无对错之分,选择您的真实想法就可以了;

3. 除注明"多选"外,其余为单选题;在"_____"处填写文字;

4. 填完整个问卷,大约需要耽误您 15 分钟时间。

1. 您的家庭类型(2020 年前):(1)贫困户   (2)易地搬迁户(3)非贫困户〔(1)与(2)可以同时选)〕

2. 性别:(1)男   (2)女

3. 您的年龄:已满_____岁

4. 您的教育程度:

(1)从未上学(2)小学(3)初中   (4)高中/职高/中专(5)大学(含大专)以上

5. 您的政治面貌:(1)中共党员   (2)民主党派   (3)群众

6. 您的职业是:

(1)农民   (2)牧民   (3)半农半牧(4)村组干部   (5)农民工(6)做家务   (7)其他:_____

7. 您认为精准脱贫以来,乡村改善最大的是哪些方面?(最多选择 3 项)

(1)住房   (2)村民增收   (3)道路   (4)通信网络   (5)用水

（6）用电　　（7）小孩上学　　（8）吃饭穿衣　　（9）村民思想意识

（10）产业发展　　（11）环境卫生变好　　（12）文体活动多

（13）其他

8. 您对乡村振兴最大的期待是什么？（最多选择 2 项）

（1）农民生活富裕　　（2）产业发展好　　（3）村集体经济发展壮大

（4）村容村貌整洁优美　　（5）文化生活丰富　　（6）村党组织领导有力

（7）群众参与度高　　（8）其他：

9. 您认为当前在乡村振兴的工作中，政府最需要做的是什么？（最多选 3 项）

（1）发展特色种养业　　（2）仓储保鲜、冷链物流设施建设　　（3）发展电商　　（4）以工代赈　　（5）扶贫车间　　（6）公益岗位　　（7）高速公路、铁路建设　　（8）"厕所革命"　　（9）修建产业路　　（10）防洪、灌溉的中小水利工程　　（11）推进物流建设，快递进村

10. 您认为政府在提升脱贫地区公共服务水平方面，最需要做的是什么？（最多选 2 项）

（1）加强乡村寄宿制学校建设　　（2）加强乡村小规模学校建设　　（3）加强职业院校建设　　（4）继续资助困难学生　　（5）继续改善农村义务教育学生营养　　（6）完善高血压等主要慢病的签约服务　　（7）农村危房和房屋抗震改造　　（8）提升县级医院诊疗能力建设　　（9）提升村级综合服务能力建设

11. 在帮扶农村低收入人口方面，您认为最有效的措施是什么？（最多选 3 项）

（1）支持低保人员就业　　（2）对残疾儿童进行康复救助　　（3）对生活不能自理的老人、未成年人、残疾人提供照料服务　　（4）加大医疗救助资金投入　　（5）为低保对象、特困人员、返贫致贫人口代缴养老保险　　（6）对失能特困老人进行兜底保障　　（7）对丧失劳动能力纳入低保或特困人员救助供养范围

12. 您认为在以后的东西部协作和定点帮扶中，政府最需要的帮扶是什么？

（1）资金支持　　（2）产业合作(例如共建产业园区)　　（3）劳务协作　　（4）人才支援和培养　　（5）企业合作　　（6）其他

13. 您认为当前我们最亟需的乡村振兴的长效机制是什么？

具体机制	请下面四个选项中选一个
保持主要帮扶政策总体稳定	A. 最需要 B. 比较需要 C. 一般 D. 不太需要
健全防止返贫动态监测	A. 最需要 B. 比较需要 C. 一般 D. 不太需要
农村低收入人口常态化帮扶	A. 最需要 B. 比较需要 C. 一般 D. 不太需要
巩固"两不愁三保障"	A. 最需要 B. 比较需要 C. 一般 D. 不太需要
易地扶贫搬迁后续扶持	A. 最需要 B. 比较需要 C. 一般 D. 不太需要
加强扶贫项目资产管理和监督	A. 最需要 B. 比较需要 C. 一般 D. 不太需要

14. 在脱贫攻坚与乡村振兴政策有效衔接方面，我们这里最需要哪些政策？

	政策	请从下面4个中选择1个
财政投入政策	保留并调整优化原财政专项扶贫资金	A. 最需要 B. 比较需要 C. 一般 D. 不太需要
	继续实施涉农资金统筹整合试点	A. 最需要 B. 比较需要 C. 一般 D. 不太需要
金融服务政策	再贷款帮扶	A. 最需要 B. 比较需要 C. 一般 D. 不太需要
	脱贫人口的小额信贷	A. 最需要 B. 比较需要 C. 一般 D. 不太需要
	特色产业信贷和保险	A. 最需要 B. 比较需要 C. 一般 D. 不太需要
土地支持政策	新增建设用地指标	A. 最需要 B. 比较需要 C. 一般 D. 不太需要
	城乡建设用地增减挂钩结余指标交易	A. 最需要 B. 比较需要 C. 一般 D. 不太需要
人才支持政策	对外引入专业人才	A. 最需要 B. 比较需要 C. 一般 D. 不太需要
	定向培养专业人才	A. 最需要 B. 比较需要 C. 一般 D. 不太需要
	用好现有的专业人才	A. 最需要 B. 比较需要 C. 一般 D. 不太需要

15. 易地搬迁后可能存在哪些问题？（最多选 2 项）

（1）产业发展不便　（2）就业门路少　（3）住房面积小　（4）生活消费高　（5）安置点公共服务与管理水平较低　（6）其他

16. 为乡村振兴提供借鉴，精准扶贫是否存在下列问题？

可能存在的问题	请下面4个选项中选1个
在初期顶层设计不足	A. 很严重 B. 比较严重 C. 不严重 D. 不存在

可能存在的问题	请下面 4 个选项中选 1 个
养懒汉现象	A. 很严重 B. 比较严重 C. 不严重 D. 不存在
部分群众"等靠要"思想	A. 很严重 B. 比较严重 C. 不严重 D. 不存在
个别地区堆大户现象	A. 很严重 B. 比较严重 C. 不严重 D. 不存在
攀比心理	A. 很严重 B. 比较严重 C. 不严重 D. 不存在
资金使用效率不高	A. 很严重 B. 比较严重 C. 不严重 D. 不存在
各种考核太多	A. 很严重 B. 比较严重 C. 不严重 D. 不存在
外部输血多，造血少	A. 很严重 B. 比较严重 C. 不严重 D. 不存在
社区发展基金没有用好	A. 很严重 B. 比较严重 C. 不严重 D. 不存在
村集体经济发展薄弱	A. 很严重 B. 比较严重 C. 不严重 D. 不存在

17. 当前乡村产业发展中存在的最大困难是什么？

（1）产业项目与市场不对接　（2）投入资金不足　（3）缺乏经营管理人才　（4）缺乏技术　（5）同质化严重　（6）缺少龙头企业带动（7）村民参与程度低　（8）其他：

18. 据您估计，在 5 年内民族地区脱贫户返贫（致贫）的比例可能达到：

（1）20% 以上　（2）19%~10%　（3）9%~4%　（4）3% 以下

（5）0%

19. 您知道目前我们这里的结婚彩礼（身价钱）大概是多少钱（农村）？

（1）5 万~10 万　（2）10 万~20 万　（3）20 万~30 万

（4）30 万以上

20. 您知道目前我们这里的结婚彩礼（身价钱）大概是多少钱（城镇）？

（1）5 万~10 万　（2）10 万~20 万　（3）20 万~30 万

（4）30 万以上

21. 您认为结婚彩礼在农村（农村）多少钱是合适的？

（1）5 万~10 万　（2）10 万~20 万　（3）20 万~30 万

（4）30 万以上　（5）不给

22. 您认为结婚彩礼在城镇（城市）多少钱是合适的？

（1）5 万~10 万　（2）10 万~20 万　（3）20 万~30 万

（4）30 万以上　（5）不给

23. 您认为目前葬礼上的铺张浪费情况怎么样？

（1）还可以　（2）比较严重　（3）特别严重　（4）应该严厉禁止

24. 您是怎么来看葬礼?

（1）应该办　（2）不该办　（3）管控下办

（4）葬礼上要严格控制人

25. 目前办理一个葬礼大概需要花费多少钱?

（1）5万~10万　（2）10万~20万　（3）20万~30万

（4）30万以上

26. 您一般一年参加几次你们的家支活动?

（1）1~3次　（2）4~6次　（3）7~10次　（4）10次以上

27. 你觉得家支活动一年几次合适?

（1）1次　（2）2次　（3）3次　（4）3次以上

28. 你们一家一年赶礼的钱大概在好多?

（1）2千　（2）5千　（3）1万~5万　（4）1万以上

29. 您觉得你们这里发展哪些产业比较好? 精准扶贫以来产业发展情况怎么样?

30. 您知道目前我们这里的一场葬礼上一般要花费多少钱? 您觉得合适吗? 您觉得葬礼上杀几头牛才合适? 平常一般是怎么处理的?

31. 您的村和乡被合并了吗? 您是怎么看合村合乡政策?

请您谈谈"巩固脱贫攻坚成果与乡村振兴有效衔接"的其他意见和建议。

非常感谢您的参与!

后记

　　本书力图系统性、整体性地呈现民族学人类学的理论、田野工作（田野调查）与民族志，以及这三者之间的紧密相连、意义互补、必非先后的深度嵌合之关系。因此本书选取民族学人类学的经典理论，如大小传统理论、仪式理论、阈限理论、仪式习俗理论、文化理论、权力理论、"国家"理论、现代性理论、全球化理论、世界体系理论、中国式现代化理论等，以及这些理论视野下如何较好地实现田野工作（田野调查）和民族志撰写，或者带给田野工作（田野调查）可能的方向，或者带给民族志撰写可能的新范式转换等。

　　从学习民族学人类学开始到开设"田野调查和民族志"课程，从紧张繁忙的备课到教学相长的讲课，从开始时的雄心壮志，再到写作途中满满的挫败感，最后壮士断腕般负重前行，终写成此书稿。可以说，这是一段艰辛困苦但却又收获满满的旅程。本书期望对涉及的民族学人类学理论和概念进行全方位的深度把握和解读。从浩如烟海的案例中选出本书需要的典型性田野案例和故事，再从大量的民族志出版物和材料中选出适合本书的民族志作品，这些都是本书撰写过程中的难点却又是不得不面对的；但囿于笔者的阅读、参考、时间和能力水平所限，在理论的把握和解读、田野案例和故事的选取以及民族志著作的介绍上难免存在诸多遗漏及不当之处，还请读者朋友们批评指正。

本书在撰写过程中，参考和借鉴了诸多学者的观点。另外，得益于在课堂教学中与学生们进行的热烈且富有启发性的讨论，也得益于与众多的师友们长期的交流、指导和帮助，在此表示深深的敬意与感谢。感谢西南财经大学出版社刘佳庆编辑对本书在选题、编校、出版等过程中做出的大量细致的工作，没有她的努力和积极作为，本书不可能这么快就与读者见面。感谢四川省社会科学院的领导以及各职能部门的大力支持！感谢四川省社会科学院民族与宗教研究所领导和同事们的宽容、勉励和指导！

　　这部著作的完成还要特别感谢我的妻子和孩子，此书献给他们！

拉马文才

2024 年 4 月于成都市百花潭公园